초원 이충익의 『담노談老』 역주

― 조선을 다시보게 만드는 한 철인의 혁명적 『노자』 풀이

海松 김학목 역주

통나무

초원담노 상편上篇

추서 推序

도올橋机 김용옥金容沃

나는 고전의 초역을 감행하는 사람들, 그리고 남이 걸어가지 않았던 길을 헤쳐가며 개척자적 업적을 내는 사람들을 존경한다. 김학목 박사는 조선역사에서 『노자』연구에 몸바친 선현들의 작품을 우리말화하고, 그 내용이 일반인들에게 료해될 수 있도록 해설하는 번역서·연구논문을 꾸준히 발표해왔다. 『율곡 이이의 노자』『박세당의 노자』『홍석주의 노자』, 그리고 『초원담노』에 이르기까지, 그의 연구업적은 우리 학계에 뚜렷한 궤적을 남기고 있다. 조선왕조에 『노자』를 주석한 사람들의 학문경계가 우리가 피상적으로 알고 있는 것보다는 훨씬 더 심오하고 폭넓다는 사실을 사계에 알린 사람으로서 김학목을 능가하는 학자를 손꼽기는 어려울 것이다.

나는 김학목을 통해 조선왕조의 『노자』주석가들의 실상實相을 파악하였고 그의 번역서에 많은 은혜를 입었다. 한국학계의 사람들은 후학의 업적을 과감하게 인정하는 데 매우 인색한 성향이 있는데, 이제 우리는 학연·혈연·

지연 따위에 기반을 둔 권위주의나 허세를 과감하게 벗어던져야 한다. 김학목의 문제의식이 우리에게 던져준 충격은 단지 『노자』주석가가 우리 역사에도 많이 있다(우리가 알고있는 것보다 더 많을 수도 있다)는 사실의 천명에 그치는 것이 아니라, 조선사상사 자체가 송유宋儒의 지엽적 개념들에 대한 집요한 탐구만으로써 점철되어 있는 것이 아니라 그러한 비좁은 도덕형이상학의 세계관Weltanschauung을 뛰어넘는 해탈된 사유에 대한 끊임없는 동경이 상당수의 지적 거성들의 가치관의 배면에 배접되어 있었다는 사실, 그리고 역사의 진보나 현상의 부패한 국면의 타개가 반드시 "실학實學"이니 하는 따위의, 서구적 근대성Modernity의 개념에 꿰맞추어진 지적 노력에 국한되지 않는다는 사실을 유감없이 선포하는 데 있다. 조선왕조의 『노자』연구는 그 자체로 하나의 새로운 케리그마Κήρυγμα라고 할 수 있다. 그 케리그마는 조선사상사의 이해를 더없이 풍요롭게 만든다.

김학목이 나에게 언젠가 이런 말을 한 적이 있다: **"초원은 조선의 왕필입니다. 아니! 왕필보다 더 낫지요."** 나는 이 말을 들었을 때, 김 박사의 언어가 너무 성급하다고 생각했다. 그러나 그가 그런 말을 했을 때는 그 나름대로 초원의 텍스트에 대한 매우 진지한 성찰을 가지고 있었을 것이고, 또 초원이라는 인간에 대한 무한한 공감과 애착을 가지고 있었을 것이다. 김 박사의 진술에 대한 소견은 독자들이 초원의 텍스트와 씨름하면서 스스로 판단해야 할 과제상황이라고 나는 생각한다.

초원이 누구인가? 이런 문제는 내가 전혀 논의할 주제가 아니다. 초원에 대한 모든 역사적 정황이 이 책에 자세히 기술되어 있기 때문이다. 그러나 초원은 다산의 친구인 연천 홍석주의 치밀한 『노자』연구보다도 최소한 30년 이상을 앞서서 『노자』를 주석하였음에도 불구하고(그러니까 초원은 연천보다

한 세대를 앞서는 인물이다) 그 문제의식에 있어서는 조선왕조 사상계의 모든 기미羈縻를 벗어던진 구극적 해탈의 극상極相을 과시하고 있다. 율곡의 다양한 사상에 대한 통섭적 배려에서 출발한 조선학계의 『노자』인식은 신유학적 개념의 족쇄를 벗어날 수 없었을 뿐 아니라 그 가치관에 있어서도 "이노해노 以老解老"의 순결한 내재적 논리를 존중할 용기가 부족했다. 그러나 오직 초원만이 이러한 구속에서 벗어났다. 그 비결은 무엇일까? 그 해답은 오직 초원의 삶의 처절한 체험 속에 내재하는 것이다. 초원의 삶을 모르고 초원의 텍스트를 운운할 수 없다. 맹자도 일찍이 말하지 않았던가? "어찌 그 사람을 모르고 그 책을 운운할 수 있단 말인가!"(「만장」하8).

초원의 삶은 "죽음"의 연속이었다. 초원은 끊임없이 죽고 끊임없이 부활하였다. 그의 삶 속에서는 예수의 십자가도 오히려 왜소하게 보일지도 모른다. 그의 삶 속에는 이미 공맹의 권위도 죽었고, 송유를 등에 엎은 노론의 허세도 죽었고, 조선왕조체제에 대한 일말의 희망도 다 죽어버렸다. 이러한 죽음의 폐허에서 그가 발견한 노자! 그 노자의 모습에 무슨 개칠이 필요할 것인가? 그는 그 폐허에서 만난 노자를 있는 그대로, 스스로 그러한 그 모습대로, 그려나간다.

제1장에서 유·무를 통섭하고, 제2장에서 선·악의 분별경계를 지워버리고, 제3장에서 모든 사회계층간의 불평등구조를 제거한다. 초원은 이미 유·불·도라는 시니피앙의 일각에 자신의 사유를 안착시키지 않는다. 초원은 『도덕경』에 나오는 모든 개념을 고정적인 실체로 파악하지 않는다. 그는 서양철학의 모든 존재론적 계층사유를 파괴시킨다. 혼돈(무無)과 질서(유有)의 통섭적 변경에서 시공의 모든 가능성을 제시한다. 관념(본체)과 현실(현상)은 끊임없이 해체되면서 "일一"을 지향해간다. 스스로 그러하게. 조금 수수께끼

같은 이야기이지만, 전라남도 지역의 사찰의 현액에서 볼 수 있는 원교 이광사의 글씨, 오체五體의 만획을 일획으로 융섭하는 그 오미奧味를 향수할 수 있는 심미안을 지니지 못한 사람은 초원『담노』에 담겨져 있는 무궁한 시니피에를 징철澄澈하기 어려울 것이다.

김학목은 우리 학계의 귀한 존재이다. 정통 유가철학이나 도가철학은 물론, 명리학·상수학·도가의 양생술에 이르기까지 매우 폭넓은 변방적 사유를 자신의 학문적 체험 속에 진입시키면서도 치열한 필로로지의 정도正道 수련의 기초를 고집하고 있다. 그의 학문적 체험이 앞으로도 더욱 치열한 내공을 통하여 대성하기만을 빌고 또 빈다. 단지 학자로서 보다 정밀한 인식론적인 반성을 심화시켜야 한다는 것을 간곡히 당부하면서 추천의 서를 대신한다.

2013년 12월 3일
천산재天山齋에서

역주자의 말

초원椒園 이충익李忠翊의 『도덕경道德經』 주석서 『초원담노椒園談老』의 초역을 끝낸 지가 어제 같은데 벌써 10년 이상 세월이 훌쩍 흘렀다. 1998년 2월에 서계西溪 박세당朴世堂의 『도덕경』 주석서 『신주도덕경新註道德經』 연구로 박사학위를 한 옮긴이는 조선조 유학자들의 『도덕경』 주석서를 모두 번역·출간하고자 하는 의욕으로 가슴이 불타고 있었다. 그래서 먼저 1999년 8월에 박세당의 『신주도덕경』을 『박세당의 노자』라는 이름으로, 다음 2001년 3월엔 이이李珥의 『순언醇言』과 홍석주의 『정노訂老』를 『율곡 이이의 노자』와 『홍석주의 노자』라는 이름으로 모두 예문서원을 통해 출간했다.

곧이어 『초원담노』와 보만재保晩齋 서명응徐命膺의 『도덕지귀道德指歸』도 출간하고자 시간 강사로 쫓기는 틈을 타 모두 번역을 마쳤지만 예상치 못한 난관에 부딪혔다. 대중성 없는 전문서적은 판매가 거의 되지 않아 출판이 어렵다는 것이었다. 마침 그 당시에 한국학술진흥재단에서 명저나 고전의 번역을 적극 지원하기 시작했기에 그곳을 통해 출간하겠다는 생각으로 서두르지 않았다. 그런데 옮긴이가 현실적인 사정으로 학계에 계속 남아 있지를 못하고 기업에서 일하게 되면서 또 기업을 그만 둔 후에는 이전부터 관심을 두었던 명리학 공부에 빠지면서 출간은 엄두도 내지 못하고 있었다.

그러던 중 2009년 우연히 충남대 철학과 이종성 교수와 통화를 하다가 출간을 권했고, 또 필요한 자료를 더 구해주셔서 이전에 번역해 두었던 『초원담노』를 틈틈이 다시 살피고 교정하며 부족한 것을 보충해서 이제야 겨우 그 출간 준비를 마쳤다. 전문자료를 찾으려면 큰 도서관을 방문해야 하는 것이 한적한 벽촌에 거주하는 역자에게는 큰 번거로움이었는데, 이 교수님의 도움으로 모든 일이 쉽게 진행되었다. 서명응의 『도덕지귀』는 이미 조민환·장원목·김경수의 공역으로 세상에 나왔기 때문에 이 분들의 번역서를 구해 대조해보고 서로의 시각에 차이가 많으면 이것까지 출간하겠다.

다행스럽게도 2013년 도올 김용옥 선생께서 『초원담노』의 가치를 알고 전화를 주시면서 많은 격려와 함께 통나무에서 출간을 권하셨다. 학계를 떠난 뒤 거의 글을 쓰지 않던 옮긴이에게 이 교수님의 도움과 도올 선생님의 응원은 큰 힘이 되었으니 깊이 감사드린다. 그리고 일찍이 고대 도서관에서 번거로움을 무릅쓰고 『초원담노』를 복사해준 박원재 박사와, 읽기 어려운 글자에 막혀 문의하면 언제나 귀찮아하지 않고 바로 해결해주는 오랜 친구 노성두 선생에게도 고마움을 표한다. 또한 힘든 직장 생활에도 불구하고 묵묵히 지켜보며 격려해 주는 집사람의 뒷바라지에 대해서는 어떤 말로도 그 은혜를 다 표현할 수 없다. 그 내조에 조금이라도 보답하고자 이 책의 공을 모두 아내 권현옥님께로 돌린다.

2013년 4월초 소래에서

해송海松 김학목金學睦

이충익의 생애와 『초원담노』

1. 이충익의 생애[1]

서경숙의 박사학위 논문인 『초기 강화학파의 양명학에 관한 연구』의 분류를 따르면 초원椒園[2] 이충익李忠翊(1744~1816)은 중기 강화학파의 한 사람이다. 서경숙은 하곡霞谷 정제두鄭齊斗(1649~1736)를 중심으로 직계제자를 초기강화학파로, 재전제자를 중기 강화학파로, 재전제자 이후를 말기 강화학파로 분류하기 때문이다. 양명학으로 인하여 집권세력 노론의 핍박을 두려워한 같은 소론의 정치적 비난으로, 정제두가 40세 때는 서울에서 경기도 안산으로 60세 때 1709년에는 다시 강화도로 이거하면서 강화학파는 그에게 이충익의 양부인 해악海嶽 이광명李匡明(1701~1778)이 수학하고 손녀사위가 되어 집안 대대로 강화도에 정착하여 배움으로써 소수의 사람들이 주로 혈연·혼인·지연으로 얽히면서 시작되었다.

이충익은 정종定宗의 열번째 아들 덕천군德泉君 곧 후생厚生의 후손으로서

---

1) 『이충익의 생애』에 대한 내용은 계명대학교 계명한문학회에서 1994년에 출간한 『한문학연구』 제9집에 실려 있는 박준호의 『椒園 李忠翊의 生涯와 詩』를 주로, 2000년 10월에 성균관대학교 대학원에서 박사학위를 한 서경숙의 학위논문 『初期 江華學派의 陽明學에 關한 硏究』와 『국사대사전』 등을 부수적으로 참고하여 정리했다.
2) 이충익의 호가 초원椒園인 것은 그가 마니산 부근 초피산椒皮山 자락에 살았기 때문이다.

명문가 출신이다. 김장생金長生의 문인인 5대조 경직景稷은 호조판서를 역임
하였고 인조반정과 병자호란 때 공을 세운 일등원종공신一等原從功臣이다. 글
씨에 뛰어난 고조高祖 정영正英은 이조판서와 형조판서를 거쳤고, 증조曾祖
인 대성大成은 병조참판과 이조참판을 지냈는데, 슬하에 이조판서를 지낸 진
유眞儒·예조판서를 지낸 진검眞儉·진휴眞休·세자세마世子洗馬를 지낸 진급
眞伋·진위眞偉 등이 있었다. 진급眞伋의 셋째 아들 곧 광현匡顯의 삼남일녀
중 둘째로 태어난 이충익은 17세쯤에 진위의 외아들인 광명의 양자가 된다.
광명이 정제두의 아들 후일厚一(1671~1741)의 큰딸과 혼인하여 딸만 둘 두었기
때문이다.

왕족이라는 이충익의 가문도 그 조부대의 당파 싸움 때문에 몰락을 당한
다. 숙종의 뒤를 이어 즉위한 경종景宗은 자식 없이 병약했기 때문에 당시
노론老論 사대신四大臣은 하루 빨리 왕세자를 정할 필요가 있다고 주장하니,
이것이 관철되어 1721년 왕의 동생 연잉군延礽君 곧 후의 영조가 세제世弟로
책봉되었다. 소론少論 측에서 그 부당함을 상소했으나 뜻을 이루지 못했다.
그 후 김창집의 건의에 따라 왕세제가 정무政務를 대리하게 되자 소론은 승
지 김일경金一鏡을 시켜 노론 사대신을 사흉四凶으로 공격하게 하는 한편, 목
호룡睦虎龍을 시켜 역모를 무고케 하였다. 사대신 이하 노론 일파가 이로 인
해 극형을 당해 정계에서 실각하게 되자 소론은 집권하게 되었고, 목호룡은
동성군東城君이라는 작위까지 받았다. 그러나 세제 연잉군이 왕위에 오르자
다시 소론 일파는 쫓겨나고 참살 당한다. 이충익의 백조부伯祖父 이진유李眞
儒는 소론 주모자 중 한·사람이었다.

영조의 등극에 여전히 불만이 많던 소론 중 숙종 때 과거에 급제한 윤지尹
志는 그 아버지가 김일경의 옥사에 연좌되어 죽고, 자신은 제주도를 거쳐 나

주에 귀양가 20년 이상을 보내고 있는 것에 불만이 많았다. 윤지는 이 때문에 동지를 규합하였고 민심을 자극하기 위하여 조정을 비방하는 글을 나주 객사에 붙였다가 발각되어 처형당했다. 그런데 윤지의 문서 상자에서 영조 6년에 이미 장살杖殺당한 백조부 이진유와 중조부 이진검[3]의 서찰 뭉치가 발견되어 집안 자손들에게 추율追律하게 되니, 직계는 벼슬길이 막히고 가까운 후손들도 귀양가게 된다. 이 일로 이충익은 12살이라는 어린 나이에 생부 광현이 경상도 기장으로, 양부 광명이 함경도 갑산으로 유배가는 비극을 당한다. 이충익은 이때에 생부 광현을 5년 정도 모시다가 후에는 양부 광명도 모시게 된다. 그런데 설상가상으로 이충익이 18세 때에 형 문익文翊(1735~1761)이, 33세 때는 생부가, 35세 때는 양부마저 세상을 떠나 거듭되는 불행을 당하였다.

이충익은 생부와 양부를 여읜 이후에 과거도 단념하고 거의 20여년 정도를 곧 양부 사후 동량·송악·장단·서강 등으로 떠돌며 살다가 노년에야 강화도로 돌아온다. 귀향 후 그는 뼈저린 가난 속에서 학문에 몰두하다가 73세로 한 많은 생을 마친다. 그는 이처럼 불행으로 연속되는 자신의 고달픈 생애에 대해 시로 표현한 경우가 많았다. 박준호는 이것에 대해 "초원의 시를 일별할 때, 가문의 몰락이라는 현실에서의 좌절이 주는 갈등葛藤과 여수旅愁, 그리고 삶의 좌표가 타의에 의해 박탈된 데서 느끼는 울울鬱鬱한 심정 등을 표출한 것이 가장 많은 부분을 차지하고 있음을 알 수 있다"라고 평가한다. 이충익은 안동 권씨와의 사이에서 면백勉伯(1767~1830)을 비롯해 일남사녀를 두었고, 면백은 삼남일녀를 두었다. 면백의 큰 아들 시원是遠(1790~1866)은 이조판서를 역임했는데, 그의 친손자가 바로 『당의통략黨議通略』을 지은 영재寧齋 이건창李建昌(1852~1898)이다.

---

3) 이진검은 학문은 물론 그림과 글씨로 유명한 원교員嶠 이광사李匡師의 아버지이다.

2. 조선조 『노자』 주석의 흐름과 『초원담노』

역자는 현존하는 조선조 『도덕경』 주석 곧 율곡 이이의 『순언』·서계 박세당의 『신주도덕경』·보만재 서명응의 『도덕지귀』·초원 이충익의 『초원담노』·연천 홍석주의 『정노』를 모두 번역하면서 자세히 고찰했다. 그러면서 느낀 점은 그 주석자들이 성리학적 사유체계로 인한 당시의 모순과 폐단을 해결하기 위하여 노자의 사상을 주목했다는 것이다. 아이러니하게도 노자의 사상은 조선조 초기에 불교와 함께 이단으로 배척되었음에도 불구하고[4] 16세기에 성리학 심화가 절정에 오르면서 도리어 성리학을 보완 또는 비판하기 위하여 새로운 모습으로 완전히 탈바꿈하여 등장한다.

율곡 이이(1536~1584)의 『순언』(1580년이나 그 이전)[5]은 사림이 조정에 대거 등

---

4) 『三峯集』 10卷, 「序」, "유학은 리를 주로 하여 심과 기를 다스리니, 그 하나를 근본으로 하여서 둘을 기르는 것이다. 노자는 기를 주로 하여 양생을 도로 하고, 석가는 심을 주로 하여 부동을 종지로 하니, 제각기 그 하나를 지켜서 둘을 버리는 것이다. 노자가 무위하려고 하는 것은 일의 시비를 따지지 않고 모두 없애버리는 것이다.(儒主乎理而治心氣, 本其一, 而養其二. 老主乎氣, 以養生爲道, 釋主乎心, 以不動爲宗, 各守其一, 而遺其二者也. 老欲無爲, 不計事之是非, 而皆去之.)"

5) 『龜峯集』의 「玄繩編」 35쪽부터 37쪽에 있는 '與叔獻書'에서 『醇言』에 대해 다음처럼 언급하고 있다. "지난번 성혼과 향양에 모여 형이 새로 엮은 『순언』 한 질을 보았는데, (형의) 재주 넘치는 기질이 그렇게 하도록 한 것 같았습니다. …. 한탄스럽게도 다르게 되어 있는 것을 굽혀 같게 하고자 해 노자의 원래 의미를 잃었고, 우리 유학의 입장에서도 구차하게 일치시키려 했다는 혐의가 있었습니다. ….(日者, 與浩原相會于向陽, 見兄新編醇言一帙, 似爲才氣所使. …. 歉屈異而欲同之, 失老子本旨, 而於吾道, 亦有苟同之嫌. …)"라고 언급하고 있다. 그런데 구봉 송익필의 이 말은 1750년 정월 상순에 작성된 것으로서 『醇言』 「跋」에 있는 홍계희(1703:숙종29~1771:영조47)의 말 곧 "선생께서 이 책을 지으니 구봉 송 선생께서 '『노자』 본래의 의미가 아니고 구차하게 [유학에] 일치시키려는 혐의가 있습니다'라고 만류했다.(當先生之編此也, 龜峯宋先生止之曰, 非老子之本旨, 有苟同之嫌。)"라는 구절의 출처이다. 「玄繩編」의 배열순서로 볼 때, 구봉의 편지는 庚辰(1580)년 7-8월에 작성된 것이니, 『醇言』은 그때와 아주 가까운 시기 곧 아무리 늦어도 2-3년 전에 이미 저술되어 있었던 것으로 봐야 한다.

용되면서 지금까지 갈고 닦았던 주자성리학의 형이상학적인 사변 체계로 명분을 세워 조금도 양보하지 않고 서로 정쟁을 시작하는 것에 대한 반동이다. 이이는 국운이 바람 앞의 등불처럼 위태로운데도 선조 8(1575)년부터 동서분당이 시작되어 점점 치열해지는 것을 보고 이것을 바로잡으려고 성리학에서 강조되지 않던 '마음 비움'과 '절제'를 『도덕경』에서 차용하여 도체·심체·수기치인 등의 성리학적인 체계로 다듬어 성리학의 단점을 보완·비판하고자 했다. 곧 그는 정쟁을 가라앉히려고 필요한 구절들을 발췌하여 처음으로 『도덕경』 주석을 냈던 것이다.

서계 박세당(1629~1703)의 『신주도덕경』(1681)은 임진왜란(1592~1598)과 병자호란(1636~1637)이라는 엄청난 고난을 당하고도 여전히 집권세력이 예송논쟁과 같은 성리학적 명분론에 빠져 헤어나지 못하는 것에 대한 비판이다. 박세당은 질박함을 강조하는 『도덕경』 전체를 『논어』의 "문질빈빈文質彬彬"을 축으로 주석함으로써 주자성리학의 폐단을 한껏 꼬집었다. 그런데 박세당은 묘하게도 그의 주저 『사변록』에서 부정한 성리학의 형이상학적 사유방법으로 『도덕경』을 해석했으니, 그 까닭은 질박함을 강조하는 노자의 사상을 당시의 사람들이 익숙한 사유방식으로 주석하여 문식에 치우친 당시의 세태를 바로잡기 위한 것이다.

보만재 서명응(1716~1787)의 『도덕지귀』(1769~1777)는 영조의 탕평책 성공 후 당쟁이 완화되면서 압도적인 서양 문물의 영향 아래 가치론 위주의 성리학을 벗어나 자연과학까지 아우를 수 있는 형이상학적인 사유체계를 전통과학 상수학에서 탐구한 것이다. 그리고 이충익(1744~1816)보다 다소 늦은 정통 주자학자 연천 홍석주(1774~1842)의 『정노』(1813)는 원시유학을 토대로 주자성리학에서 성리학만을 제거하여 주자학을 경세의 학으로 다시 정초하는 동시에 박세당의 『신주도덕경』을 비판하기 위한 것이다. 곧 홍석주는 주자학이 원시 유학의 사유체계를 벗어나지 않았음을 증명하기 위해 『도덕경』을 주석했다는 말이다.[6]

이와 같은 『도덕경』 주석의 흐름 속에서 홍석주의 『정노』보다 앞서 있는 것으로 보이는 강화학인 이충익의 『초원담노』는 놀랍게도 양명학의 영향 아래 불교의 사유체계를 더해 노자의 무위 사상에 따라 통치체제를 부정하고 있다. 그런데 그의 이와 같은 체제부정은 집안 아저씨이면서 스승인 이광려 李匡呂(1720~1783)의 『독노자오칙』(?)의 영향이다. 『독노자오칙』은 『도덕경』의 핵심 구절과 『논어』의 미생고 비판을 가지고 노자의 무위를 짧게 정리한 글이다. 이광려와 이충익은 윗대의 당쟁 패배로 말할 수 없는 고통을 당했기 때문인지 모르겠지만 서슬 퍼런 유학독존의 시대에 노자의 무위론에 따라 대담하게 유학을 송두리째 부정하고 있다.

성리학은 중국철학을 형이상학적으로 가장 정교하게 정리한 사유체계이고, 그것을 통치이데올로기로 적용하여 가장 화려하게 꽃피운 국가가 조선이다. 그런데 문명의 발달을 반대하는 노자의 사상이 시공을 초월하여 조선조에서 성리학의 단점을 수정·보완하기 위해 등장하여 마침내 강화학파에 가서 유학 그 자체까지 부정하고 있으니 참으로 묘하다. 이광려와 이충익은 남긴 저술도 별로 없어 그들의 사상을 탐구하는 데 어려움이 많다. 이런 점에서 『독노자오칙』과 『초원담노』는 이들의 사상을 알아보는 귀중한 자료인데, 아직까지 우리의 학계에서는 성리학 연구에 중점을 두고 있어 도가철학에는

---

6) 김학목, 『강화학파의 노자 주석에 관한 연구』, 인천대학교 인천학연구원, 22-91쪽, 2013년. 인천대학교 인천학연구원 홈페이지 발간물에서 연구총서를 클릭하면 PDF 화일을 다운받아 참고할 수 있다.

크게 관심을 기울이지 않고 있다.

『초원담노』에 나타나는 이충익의 사상은 한마디로 표현하면 노자의 무위론 재현이다. 인仁과 의義는 물론 그 어떤 것으로도 세상을 교화시키려고 하지 않음으로써 세상을 평화롭게 하겠다는 것이 노자의 무위론이다. 이충익이 노자의 무위를 계승하여 주장하는 이유는 인이나 의와 같은 덕목으로 세상을 교화시키려고 하면 사람들이 교묘하게 머리 사용하는 방법을 알게 되어 도리어 세상을 어지럽게 만든다는 것이다. 성리학을 보완·비판하는 조선조『도덕경』주석의 흐름이 강화학파에 와서 마침내 노자의 사상을 그대로 되살려내고 있으니, 성리학의 정교한 형이상학적 사유체계로 말미암은 폐단에 대한 반동이라고 할 수 있다.

조선조『도덕경』주석의 흐름이 모두 성리학을 벗어나고자 하는 일련의 흐름 속에 있음을 앞에서 간략히 설명했다. 이충익은 이와 같은 성리학 부정의 흐름을 이어받아 극단적으로『도덕경』을 노자의 시각으로 주석하는 데까지 나아갔으니, 그 이유 중의 하나가 윗대의 당쟁 패배로 집안이 재기불능의 상태로 떨어져 말할 수 없는 고통을 당한 탓이 크다고 할 수 있겠다. 그는 노자의 무위론에 따라 독존유술의 시대에 교화의 시행을 부정함은 물론 원초적으로 지적사유로 인한 이념의 대립과 의견의 충돌이 생기지 않도록 하고 있기 때문에 성리학과 유학은 물론 지적 작업을 바탕으로 한 모든 학문을 부정할 수밖에 없다.

이충익이『초원담노』1장에서부터 유有와 무無를 동일한 것으로 보는 이유는 지적인 사유가 더해지지 않은 실질의 상태 곧 '진리'[道]는 있는 듯 없는 듯 존재하기 때문이다. 있는 듯 없는 듯 존재하는 것은 바로 유이면서 무이고 무이면서 유인 것이다. 이충익의 사상은 이런 점에서 양명학의 심즉리心卽理나 불교의 색즉시공色卽是空 공즉시색空卽是色이 지적인 사유자체를 거부하는 형태로 묘하게 결합되어 있다. 그가 위진현학의 귀무론貴無論과 숭유론崇有論을 비판하는 이유도 지적인 사유자체를 부정하기 때문이다. 무를 주장하든 유를 주장하든 지적인 사유자체를 강화시키는 것은 노자의 무위를 벗어나기 때문이다.

3. 『초원담노』와 『노자주』의 비교 평가

일반적인 평가에 의하면, 왕필王弼(226~249)의 『노자주老子注』는 노자 『도덕경』의 의도를 가장 명쾌하게 잘 드러낸 기존의 주석이다. 그런데 역자가 이미 오래 전에 홍익출판사를 통해 『노자 도덕경과 왕필의 주』를 출간하고 또 지금까지 연구하고 검토한 바로는 이충익(1744~1816)의 『초원담노』가 왕필의 『노자주』보다 훨씬 더 노자의 의도를 잘 드러내고 있다. 그것도 서슬 퍼런 독존유학의 시대에 성리학은 물론 원시유학의 시각마저 벗어나 노자의 시각 그대로 『도덕경』의 무위자연無爲自然에 대해 왕필의 『노자주』는 물론 다른 어느 주석보다도 간결하고 정교하게 잘 설명하고 있다.

유가는 물론 어느 학파의 사상이든지 평화로운 세상을 궁극적인 목표로 추구한다는 점에서는 모두 동일하다고 할 수 있다. 유가儒家가 인의仁義를 묵가墨家가 겸애兼愛를 강조하는 것 역시 세상의 평화를 이루기 위함이다. 그런데 노자의 사상이 여타의 다른 학파와 다른 점은 묘하게도 세상의 평화를 위해서는 아무것도 하지 말고 있는 그대로 놔두어야 한다는 것이다. 세상을 아름답고 선하게 만들기 위해 인의는 물론 다른 어떤 것도 강조하면 할수록 잘못되니, 아무것도 하지 않고 있는 그대로 놔두어 모든 것이 스스로 변화하게 해야 한다는 것이 바로 노자 사상의 핵심인 무위자연이다.

왕필은 『도덕경』 2장·11장·40장의 유有와 무無를 통해 지성의 한계에 대해 반성하게 하는 동시에 마음을 비우게 함으로써 절대적인 도와 합일하게 한다.[7] 곧 우리의 지성을 통해서는 결코 도와 합일할 수 없으니, 마음을 비워 천인합일의 상태에서 소박하게 살라는 것이다. 왕필 『노자주』의 이런 점은 유有와 무無로 이루어진 사물의 자연스러운 존재 방식에서 무를 강조하는 것처럼 드러나지만 그 목적은 유를 무화시켜 유위를 없애고 무위를 이루기 위함이다. 우리의 지성은 '그 이면'[무]에 의해 드러나는 '어떤 것'[유]을 절대적인 것이라고 착각하여 뭔가를 이루려고 하니, 그런 환상을 벗어나라는 것이 왕필 『노자주』의 핵심이다.

그런데 이충익은 2장의 주석을 통해 유·무의 상대적 구조보다는 아름다움이나 선을 강조하는 유위有爲 때문에 세상과 모든 생명이 잘못된다고 보고 곧바로 무위의 절대적인 세계에 접근하려고 한다. 곧 왕필이 유·무라는 사물의 존재 구조를 통해 마음 비움을 강조하고, 결국 마음 비움을 통해 무위에 도달할 수 있음을 강조하는 것보다 더 간략하게 무위에 대해 설명하고 있다. 왕필이 '존재'[유]의 '이면'[무]은 우리의 지성으로 파악할 수 없으니 마음을 비우라고 외치는 것과 달리 이충익은 세상을 아름답게 교화시키려는 유위 때문에 잘못되니, 곧바로 아무 것도 하지 말아야 한다고 주장한다.

왕필이 『도덕경』의 유·무를 기반으로 노자의 무위를 설명했다면, 이충익

---

7) 자세한 내용은 한국철학회의 『철학』 제63집에 실려 있는 졸고 『王弼의 「老子注」에서 有·無에 대한 考察』이나 홍익출판사를 통해 출간한 역자의 『노자 도덕경과 왕필의 주』를 참고하기 바란다.

은 박樸 곧 질박함을 있는 듯 없는 듯 존재하는 실질로 보고 무위를 강조했다. 이충익에게 실질은 있는 듯 없는 듯 존재하기 때문에 곧 왕필의 유·무론처럼 유의 상대적 이면으로 무가 있어 유의 근원이 되는 것이 아니기 때문에 왕필을 비판하는 것은 당연하다. 왕필은 유의 근원으로 무 곧 비어 있음을 설명하고 이어서 마음 비움을 내세우면서 무위를 강조하니, 마음을 비우고 하는 행위가 무위이기 때문이다. 곧 왕필은 존재의 근원을 무로 보기 때문에 사람들이 근원으로 돌아가기 위해 마음을 비우면 무위하게 된다고 보는 것이다.

이충익은 사람들의 참된 삶이 있는 듯 없는 듯 존재하는 질박한 실질에 있다고 보고 『도덕경』 1장의 '항구한 유'[常有]와 '항구한 무'[常無]가 질박함의 모습이라고 한다. 그에게 상유常有와 상무常無는 존재의 실질로 있는 듯 없는 듯 드러나지 않고 존재하면서 우리의 삶과 언제나 함께 하는 것이다. 곧 질박함은 있는 듯 없는 듯 존재하기 때문에 비록 상유와 상무로 이름 붙였을지라도 절대로 이름으로 드러낼 수 있는 것이 아니고 또한 서로 다른 것이 아니다. 이충익은 무와 유에 대해 이처럼 왕필과 달리 이원적인 분석을 용납하지 않으니, 질박함은 지적인 분별을 통해 다가갈 수 있는 것이 아니다.

이충익은 왕필의 유·무론과 달리 존재의 근원에 대해 사람들이 분석하도록 유도하지 않고 도리어 분석 그 자체를 무화시키게 한다. 존재의 근원에 대해 유와 무로 세분하여 따질 때, 사람들 개개인의 성향에 따라 얼마든지 다른 주장을 할 수 있고, 이로 인해 분별력이 발달되어 언제든지 무슨 상황에 대해 나름대로 논리정연하게 설명할 수 있으니, 조선조 당쟁과 같은 혼란은 바로 여기에서 발생한다. 이런 점에서 성리학과 같은 정교한 형이상학적 사유의 틀은 사람들을 도의 세계로 이끄는 것이 아니라 도리어 대립하고 다투도록 하는 근원이다. 노자가 『도덕경』 48장에서 "배움을 시행하면 날마다 보태고, 도를 시행하면 날마다 덜어낸다"는 의미가 이충익에게서 이렇게 드러난다.

이충익이 보기에 왕필의 유·무론에는 지적 사유력을 강화시키는 치명적인 약점이 있다. 이충익은 노자의 질박함으로 사람들이 분석지를 강화시키지 못하도록 차단하고자 『도덕경』 1장에서부터 특이하게 바로 유와 무를 하나로 보게 했던 것이다. 곧 그는 존재의 근원에 대해 유와 무로 세분해서 따지지 못하게 했던 것이다. 그가 32장의 주에서 "질박함으로 도의 크게 온전함을 비유했다"라고 한 것은 바로 형이상학적 논의를 무화시키는 얼개로 『도덕경』을 해석하기 위함이다. 그가 다른 어떤 주석보다 『도덕경』을 특히 짧게 설명한 이유 중의 하나도 사람들이 분별지를 강화시키지 않도록 하기 위한 것으로 보인다.[8]

이충익의 유·무관에는 불교의 '색즉시공色卽是空, 공즉시색空卽是色'과 양명학의 '심즉리心卽理'가 묘하게 무위자연과 결합되어 있다. 그는 1장에서 질박한 실질로서의 유와 무가 서로 다르지 않다고 하고, 2장에서 아름다움을 이름으로 드러내어 강조하면 그 때문에 추함이 나오듯이 실질을 이미 벗어난 유와 무가 상생한다고 한다. 곧 유와 무는 이름 없는 실질의 상태에서는 하나이지만 드러내는 순간부터 그것과 함께 상반된 것이 나와 서로 상생한다는 것이다. 다시 말해 무엇이든 구분하여 강조하면 할수록 세상은 그 본래 의도와 상반되게 엇나가니, 노자의 말대로 무위자연해야 한다는 것이다.

아무 구분이 없을 때 실질은 있는 듯 없는 듯 있기 때문에 유와 무가 하나

---

8) 자세한 내용은 옮긴이의 『강화학파의 노자 주석에 관한 연구』 175-256쪽을 참고하기 바란다.

이듯이 선과 악도 본래 하나인데, 그것을 선과 악으로 나누어 백성들을 교화시키려고 하면, 도리어 백성들은 그 의도를 알아차리고 결국 다른 길로 달아나버려 잘못된다는 것이 이충익의 관점이다. 이 때문에 아무리 선하고 아름다운 것일지라도 절대로 드러내어 강조해서는 안 되고 저절로 스스로 변화하도록 놔두어야 하니, 그것이 바로 무위자연의 교화이다. 이충익이 보기에 통치자가 이것을 깨달아 말없이 조용히 아무 것도 시행하지 않을 때 세상이 평화롭게 된다는 것이 바로 노자의 지상 목표인 무위자연이다.

이충익은 헤게모니 쟁탈전에서 패배한 가문의 후손으로서 독존유술의 시대에 유학의 이념을 벗어나 『도덕경』을 노자의 시각대로 주석했다. 그 주석의 이면에는 물론 양명학과 불교의 영향도 있지만 조선후기로 갈수록 심각하게 폐단을 드러내는 주자성리학은 물론 그 원초적 기반인 원시유학까지 노자의 무위자연의 잣대로 비판함으로써 진리를 새롭게 정초하려는 의도가 숨어 있다. 이충익은 조선조 유학자들이 성리학의 새로운 활로를 『노자』에서 모색했던 것을 이어받아 유학의 이념마저 완전히 벗어났다. 곧 이충익은 율곡 이이·서계 박세당·보만재 서명응의 『노자』 주석을 통한 성리학 비판을 이어받아 유학 그 자체까지도 부정하는 것으로 그 주석을 마무리했다는 것이다.

아득히 먼 옛날 춘추시대에 나왔던 노자의 사상이 2천년 이상의 엄청난 세월이 지난 다음 독존유술의 조선시대에 노자의 사상이 그대로 되살아났으니, 초원 이충익의 독특한 식견 때문이다. 『순언』에서 시작된 대부분의 『도덕경』 주석이 한결같이 성리학을 비판했지만 『초원담노』처럼 노자의 입장에서 원시유학을 비판하지는 않았다. 그런데 이충익이 『도덕경』 주석의 최고 권위인 왕필의 『노자주』를 압도하는 간결하고 정교한 논리로 조선조의 통치 이념인 유학을 비판했으니, 『초원담노』는 조선시대 지성사에서는 물론 중국

『도덕경』주석사에서도 큰 획을 그었다고 평가해야 하는 자랑스러운 우리의 문화유산이다.

왕필(226~249)보다 1,500년 정도 이후에 태어난 이충익(1744~1816)이 귀무론을 대표하는 왕필의 『노자주』는 물론 이것과 대립하는 숭유론 및 많은 주석들을 참조했으니, 이충익의 주석이 왕필의 주석보다 훌륭할 수밖에 없다고 말한다면, 그런 점은 당연히 인정해야 한다. 그러나 그런 이유로 『초원담노』의 탁월함이 평가 절하될 수는 없다. 『초원담노』의 간결함과 정교함은 그대로 빛을 발하기 때문이다. 다만 피비린내 짙게 풍기는 당쟁의 반동 곧 가문의 당쟁 패배로 어린 시절부터 겪은 혹독한 아픔과 헤어날 길 없는 좌절 때문에 이념의 대립을 무화시키는 노자의 사상에 강렬하게 매혹되어 이토록 훌륭한 주석을 남겼을 수도 있다는 생각에 가슴 한편이 몹시 저민다.

4. 판본문제

필사본으로 전해지는 『초원담노』의 첫 줄에 『초원담노椒園談老』라는 서명을 쓰고 여섯 글자 정도의 공백 아래 바로 북해초횡본北海焦竑本이라는 말이 있는 것으로 볼 때, 『초원담노』의 저본은 명대明代 북해北海 초횡焦竑(1541~1620)의 『노자익老子翼』이다. 이충익이 『노자익』을 저본으로 택한 이유는 초횡이 같은 양명학 계열의 학자이면서 자신처럼 불교와 도교에 해박하고 다양한 주석 곧 한비자韓非子의 해석부터 초횡 그 자신의 『필승筆乘』까지 합해 모두 65가家의 설이 수록되어 있기 때문으로 보인다. 이충익은 『노자익』을 통해 노자에 대한 다양한 관점을 섭렵하는 동시에 자신의 입장을 확고하게 정리했던 것 같다.

각 주석자들의 글과 지금까지의 연구결과로 볼 때, 율곡 이이는 송대宋代 동사정董思靖의 『도덕진경집해道德眞經集解』를, 서계 박세당은 송원대宋元代 진심陳深의 『노자품절老子品節』을, 보만재 서명응은 명대明代 설혜薛蕙의 『노자집해老子集解』를, 연천 홍석주는 송원대宋元代 오징吳澄의 『도덕진경주道德眞經註』를 저본으로 사용하였다. 그렇다면 조선조 학자들은 이미 여기에서 거론한 것 이상으로 다양한 『노자』 주석들을 읽고 있었다고 봐야 한다. 그런데 이충익이 이처럼 여러 주석이 유통되고 있는 상황에서 『노자익』을 참고한 것은 무엇보다 무위자연을 노래하는 『노자』의 도를 다양하게 탐구하기 위한 것으로 보인다.

앞에서 이미 거론했지만 이충익에게 '항구한 도'[常道]는 '질박한 실질'[樸]이다. 이것은 우리의 삶에 반드시 필요하지만 너무 평범하고 일상적인 것이어서 마치 공기처럼 있는 듯 없는 듯 드러나지 않고 우리의 삶과 항구히 함께 하는 것이다. 곧 이충익이 보기에 1장에서 말하는 '항구한 도'[常道]는 '항구한 유'[常有]나 '항구한 무'[常無]로서 알 듯 모를 듯 우리의 삶에 언제나 깊이 스며있는 아주 소박한 것들이다. 거듭 설명하는 것으로 이와 같은 이충익의 관점 때문에 역자는 대승불교의 '색즉시공色卽是空, 공즉시색空卽是色'과 양명학의 '심즉리心卽理'가 『초원담노』에 교묘하게 결합되어 있다고 보는 것이다.

이와 같은 이충익의 사유구조로 볼 때, 그가 『노자익』을 『초원담노』의 저본으로 택한 이유는 같은 양명학자로서 단지 그곳에 실려 있는 다양한 주석을 참고하기 위한 것으로 보인다. 사실 1장의 "무명천지지시無名天地之始, 유명만물지모有名萬物之母" 구절과 "상무욕이관기묘常無欲以觀其妙, 상유욕이관기요常有欲以觀其徼" 구절을 이충익이 "무無는 천지의 시작에 대해 이름붙인 것이고, 유有는 만물의 어미에 대해 이름붙인 것이다"로 끊어 읽고, "'항구한 무'[常無]에서 그 '오묘함'[妙]을 보고자 하며, '항구한 유'[常有]에서 그 '미묘함'[微]을 보고자 한다"로 끊어 읽는 것은 아주 중요하고 특이한데, 『노자익』을 따른 것이 아니다.

초횡은 송원대宋元代 정역동丁易東의 말을 빌어 "무명천지지시無名天地之始, 유명만물지모有名萬物之母" 구절을 "무명이 천지의 시작이고, 유명이 만물의 어미이다"로 끊어 읽고, "상무욕이관기묘常無欲以觀其妙, 상유욕이관기요常有欲以觀其徼" 구절을 "항상 무욕 그것으로 그 묘한 점을 살피고, 항상 유욕 그것으로 그 비어 있음을 살피라"로 끊어 읽어야 한다고 본다.[9] 그런데 이런 관점은 바로 위에서 확인할 수 있듯이 이충익의 관점과는 서로 다르다. 위에서 언급된 이충익의 관점은 이어지는 1장의 해설에서 확인할 수 있듯이 『초원담노』 전체를 관통하는 핵심 곧 형이상학적 논의를 없앰으로써 무위를 이룩하려는 출발점이다.

이충익은 『노자』 1장의 유有와 무無 및 상무常無와 상유常有를 특이하게 해석하고 이것을 기반으로 2장의 첫 구절 "천하개지지미지위미天下皆知美之爲美, 사악이斯惡已, 개지선지위선皆知善之爲善, 사불선이斯不善已"까지 "천하가 모두 아름다움이 아름다운 것이 되는 줄 아는 것, 이런 것은 악한 것일 뿐이고, 모두 선함이 선한 것이 되는 줄 아는 것, 이런 것은 선하지 않은 것일 뿐이다"라고 해석한다. 진실로 아름답고 선한 것 곧 도道는 있는 듯 없는 듯 알 듯 모를 듯 드러나지 않는 것이다. 그런데 세상 사람들이 모두 알도록 드러낸

---

9) 『老子翼』, 1章 註, "丁易東云, 無名天地之始, 有名萬物之母, 或以無名有名爲讀, 或以無與有爲讀. 然老子又曰, 道常無名, 始制有名, 是可以無與有爲讀乎. 常無欲以觀其妙, 常有欲以觀其徼, 有常無常有爲讀者, 有無欲有欲爲讀者. 莊子曰, 建之以常無有, 正指老子此語, 則於常無常有斷句似也. 然老子又曰, 常無欲, 可名於小, 是又不當以莊子爲證, 據老子以讀老子, 可也"

다면 그런 것은 아름답고 선한 것이 아니라 도리어 추악한 것이라는 것이다.

　이와 같은 이충익의 관점은 1장을 토대로 교화 그 자체를 부정하는 것인데, 『노자익』에는 이런 설명이 없다.[10] 사실 2장의 첫 구절에 대한 그의 관점은 인의仁義를 아름다운 것이라고 외치는 유가의 교화를 근본적으로 부정하는 것이다. 이런 점에서 그가 비록 『노자익』을 『초원담노』의 저본으로 했을지라도 그곳에 있는 여러 주석을 단순히 참고하기 위한 것이지 그 사상을 받아들이기 위한 것이 아님을 알 수 있다. 곧 그는 성리학을 보완·수정하려는 조선조 『노자』 주석의 흐름을 극단적으로 계승하여 마침내 유학을 부정하고 노자의 무위자연을 되살리기 위해 다양한 주석이 실려 있는 친숙한 『노자익』을 참고했을 뿐이라는 말이다.

---

10)『老子翼』, 2章 註, 傾, 不平也。生成形傾和隨, 皆以喻美惡善不善相形而有。處, 上
　　聲。夫, 音符。

초원담노 椒園談老

북해초횡본 北海焦竑本

초원담노
상편
上篇

1장

道可道非常道, 名可名非常名。無, 名天地之始, 有, 名萬
物之母。故常無欲以觀其妙, 常有欲以觀其徼。此兩者,
同出而異名, 同謂之玄。玄之又玄, 衆妙之門。

도道를 도라고 할 수 있으면 '항구한 도'[常道]가 아니고 이름을 이름이라고 할
수 있으면 '항구한 이름'[常名]이 아니다. 무無는 천지의 시작에 대해 이름붙인
것이고, 유有는 만물의 어미에 대해 이름붙인 것이다. 그러므로 '항구한 무'[常
無]에서 그 '오묘함'[妙]을 보고자 하며, '항구한 유'[常有]에서 그 '미묘함'[徼]을
보고자 한다. 이 두 가지는 나온 곳이 같은데 이름이 달라서 같이 '현묘하다'[玄]
고 한다. 현묘하고 또 현묘한 것이 모든 묘한 것의 문이다.

談老 道之可道者, 行之緣, 而跡之寄也。名之可名者, 形之喩, 而物
之號也。若夫常道者, 理絶於行跡之先。常名者, 趣隱於形物之表。
常道者, 至矣尙矣, 非言之所及也。常名者, 名出於自然。如道之名
道, 其假借於行跡者, 固可名之名。然往來無窮, 聖愚之所共由, 萬
古長存, 而不能廢者, 卽所謂常道也。

도를 도라고 할 수 있는 경우는 행위로 말미암는 것이고 자취에 의지하
는 것이다. 이름을 이름이라고 할 수 있는 경우는 형태로 이르는 것이고
사물로 부르는 것이다. '항구한 도'[常道]라면 이치가 행위와 자취의 앞
에 동떨어져 있다. '항구한 이름'[常名]이라면 의미가 형태와 사물의 바깥

에 숨어있다. 항구한 도란 지극하고 높아 말로 표현할 수 있는 것이 아니다. 항구한 이름이란 이름이 '저절로 그렇게 되는 것'[自然]에서 나왔다. 만약 도를 도라고 이름 붙인다면, 그것은 행위와 흔적에서 빌려온 것이니, 진실로 이름 붙일 수 있는 이름이다. 그러나 오고 감에 끝이 없어 성인이나 어리석은 자들이 함께 말미암는 것이고 만고에 길이 보존되어 폐할 수 없는 것이 바로 이른바 항구한 도이다.

天地未有, 名之曰無, 萬物旣生, 名之曰有, 無非對有之無, 有非自無爲有。無乃常無, 而非可名之無, 則其妙不測。有亦常有, 而非可名之有, 則其徼無際。能觀不測之妙, 與無際之徼, 則有無之爲常有無, 而非可名之有無, 可知矣。

천지가 아직 있지 않은 것에 대해 무無라고 이름 붙이고, 만물이 이윽고 생겨나오는 것에 대해 유有라고 이름 붙이는데, 무無는 유有에 상대적인 무無가 아니고, 유有는 무無에서 유有로 된 것이 아니다. 무無는 바로 '항구한 무'[常無]이어서 이름 붙일 수 있는 무無가 아니니, 그 오묘함을 헤아릴 수 없다. 유有도 '항구한 유'[常有]이어서 이름 붙일 수 있는 유有가 아니니, 그 미묘함이 끝이 없다. 헤아릴 수 없는 오묘함과 끝이 없는 미묘함을 꿰뚫어 볼 수 있다면, 유有와 무無는 '항구한 유'[常有]와 '항구한 무'[常無]가 되어서 이름 붙일 수 있는 유有와 무無가 아님을 알 수 있다.

無乃特無, 故不殊於有, 有乃獨有, 故不別於無。二者名雖異, 而同其常, 而同出於自然, 斯之謂玄矣。常有, 故卽有卽無, 常無, 故亦有亦無, 斯之謂又玄。逆而入, 則一眞¹⁾歷然, 順以出, 則萬化森如。此卽衆妙開闔之門, 而千歧萬徑, 所共由以之遁者也。

---

1) 일진—眞은 일진법계—眞法界 곧 오직 하나인 참된 세계로서 절대 무차별의 우주 실상을 지시하는 불교의 세계관을 반영한 것이다.

무無가 그냥 독자적으로 무無이기 때문에 유有와 다르지 않고, 유有가 그냥 혼자서 유有이기 때문에 무無와 구별되지 않는다. (유有와 무無) 둘은 이름이 비록 다를지라도 '항구한 것'[常]은 동일하고 '저절로 그렇게 되는 것'[自然]에서 나온 것은 같으니, 이것을 '현묘하다'[玄]고 한다. '항구한 유'[常有]이기 때문에 바로 유有이면서 바로 무無이며, '항구한 무'[常無]이기 때문에 또한 유有이면서 또한 무無이니, 이것을 또 '현묘하다'[玄]고 한다. 거꾸로 들어가면 하나인 참됨이 뚜렷하고, 순서대로 나오면 갖가지 변화가 무성하다. 이것이 바로 모든 묘함이 열리고 닫히는 문이고, 모든 갈림길과 지름길이 함께 경유해서 만나는 것이다.

해설 이상 1장[2]의 주석에 나타나는 이충익의 특성을 간략히 표현하면, 유가 무이고 무가 유라는 것이다. 왕필이 『노자주』에서 대상화된 유의 근원을 그 상대적 이면인 무로 보면서 마음 비움을 주장하는 것과 달리 이충익은 아예 처음부터 유와 무를 나누지 못하게 하고 있다. 이충익이 이렇게 하는 이유는 성리학을 비롯하여 복잡한 형이상학적 사유를 무화시키기 위함이다. 존재의 실질적인 근원은 유이면서 무이고 무이면서 유이기 때문에 사유를 통해 도달할 수 없을 뿐만 아니라 언어로 규정할 수도 없으니, 사유와 분별을 없앰으로써 없는 듯이 있고 있는 듯이 없는 지속적인 실질을 있는 그대로 보라는 것이다.

이와 같은 이충익의 사유에는 그에 앞서 조선조 성리학을 비판·부정하는 『도덕경』 주석의 역사가 담겨 있다. 실질을 언어로 규정하여 분석하고 따

---

2) 아세아문화사에서 2000년에 출간된 『한국도교문화의 초점』에 실린 심경호의 논문 『椒園 李忠翊의 「談老」에 관하여』 461-462쪽에 1장의 주석에 대한 그의 번역이 있고, 또한 2011년 충남대학교 민홍석의 박사학위 논문 『李忠翊 「椒園談老」의 復歸思想에 관한 研究』 부록에 『초원담노』 주석에 대한 번역이 있으니 참고하기 바란다.

지면 학문적 특성이나 개인적 취향·이익에 따라 각기 다양하게 정리할 수밖에 없다. 춘추전국시대에 여러 사상이 화려하게 꽃피는 것은 제자백가들의 순수한 학문적 특성과 취향이 여러 가지 방향으로 정리된 결과라고 할 수 있고, 성리학 일색의 조선조에 당쟁이 시작되는 것은 각 학자들의 학문적 특성과 개인적 사욕이 뒤얽힌 결과라고 할 수 있다. 그러니 도 또는 실질을 언어로 규정하여 정리하는 순간부터 각자의 다양한 입장에서 자신의 주장을 고수할 수밖에 없다.

더구나 이전에 없던 거대한 형이상학적인 체계 곧 주자성리학을 익힌 학자들의 주장은 정교했고, 정교한 만큼 의견의 대립은 양보 없이 치열했다. 이와 같은 성리학적 한계를 노자의 사상으로 처음 보완한 것이 율곡 이이의 『순언』으로 『도덕경』의 마음 비움과 절제를 강조한 것이다. 그 후 서계 박세당의 『신주도덕경』은 성리학적 명분론에 빠져 실질적인 민생이나 국익과 무관하게 정쟁만 일삼는 관료들을 비판하기 위해 『도덕경』의 질박함을 외친 것이다. 보만재 서명응의 『도덕지귀』를 거쳐 마침내 초원 이충익은 노자의 무위로 논쟁과 정쟁의 씨앗인 형이상학적 논의 자체를 없애려고 하니, 이것이 바로 『초원담노』이다.

이충익은 1장의 주석에서 무無에 대해 천지가 아직 있지 않은 것으로, 유有에 대해 만물이 이윽고 생겨나오는 것으로 이름 붙이고, 이어서 이것들이 서로 상대적인 것도 아니고 파생적인 것도 아닌 상무常無와 상유常有여서 서로 같고 또 이름으로 규정할 수 있는 것이 아님을 꿰뚫어 보라고 하니, 형이상학적인 논의를 무화시키기 위함이다. 당시 민생과 국익이라는 동일한 실질 때문에 다양한 정치적 주장이 나왔는데, 결국 각기 다른 주장 그 자체에 매몰되어 민생과 국익을 돌아보지 못했다. "거꾸로 들어가면 하나인 참됨이 뚜렷하고, 순서대로 나오면 갖가지 변화가 무성하다"라는 그의 말에는 이와 같은 비판의식이 짙게 깔려 있다.

이와 같은 이충익의 언급은 성리학적 사유를 벗어나는 것이고, 양명학을 기반으로 하는 강화학파의 특성을 드러내는 것이다. 성리학자들은 천지가 있기 이전인 무無에 대해 태극太極으로서의 리理로 보고, 만물 곧 유有가 생장·소멸하는 것에 대해 기氣의 이합집산으로 본다. 그런데 유有가 무無이고 무無가 유有라는 이충익의 말에는 심즉리心卽理라는 양명학적 사유를 바탕으로 색즉시공色卽是空 공즉시색空卽是色이라는 대승불교의 공空사상까지 깔려 있는 것으로 봐야한다. 이충익이 형이상학적인 논의 그 자체를 무화시키기 위해 양명학과 대승불교의 사상을 밑바탕에 묘하게 깔고 있다는 말이다.

이충익은 유와 무가 서로 이름이 다르지만 '항구한 것'[常]에서 동일하고 '저절로 그렇게 되는 것'[自然]으로부터 동일하게 나온 것에서 '현묘하다'[玄]고 하며, 유이면서 무이고 무이면서 유인 것에 대해 또 '현묘하다'[玄]고 하니, 그의 이런 주석은 양명학과 대승불교의 사상을 노자의 사상과 결합한 결과이다. 곧 이충익은 『도덕경』 주석에 양명학적 사유와 불교적 사유를 결합해 형이상학적인 체계 그 자체를 무화시킴으로써 당시 체제 이데올로기인 성리학의 부정적인 면을 극복하려고 했다는 말이다. 이런 점에서 이충익의 『초원담노』는 사상사적으로 조선시대 『도덕경』 주석의 마지막 종착지로 평가해야 한다.

시간적으로 볼 때, 연천 홍석주의 『정노』가 조선조 『도덕경』 주석의 끝이다. 그러나 홍석주의 『정노』는 정통주자학자가 주자성리학에서 성리학을 제거해 주자학을 원시유학과 직결시킴으로써 체제이데올로기로 재정립하려고 했다는 점에서 『도덕경』 주석의 최종 귀착지로 평가할 수 없다. 곧 홍석주의

『정노』가 시간적으로 가장 뒤에 있을지라도 주자학을 경세의 학으로 다시 내세우려고 한 이상 절대로 조선조 『도덕경』 주석의 종착지로 평가될 수는 없다는 것이다. 성리학을 비판·부정하는 『도덕경』 주석의 흐름에 따라 새로운 세계를 갈망하는 조선 후기의 시대적인 요청에 개방적인 자세로 임한 것은 이충익의 『초원담노』이다.

부가적으로 덧붙일 것은 이와 같은 이충익의 사상이 이광려의 『독노자오칙』을 그대로 이어받은 것이라는 점이다.[3] 이것에 대해서는 아래에서 인용한 『독노자오칙』을 읽어보면 바로 알 수 있으니 더 설명할 필요도 없다. 『독노자오칙』 전체의 번역과 그것에 대한 논문은 부록에 있으니 참고하기 바란다.

이름은 천지에서 시작된다. 그런데 천지의 시작이 있는 것은 그 이름이 없는데도 '그 무엇'[其物]이 있는 것이다. 이미 있어 말하지 않을 수 없으므로, "있는 것은 만물의 어미에 대해 이름 붙인 것이다"라고 했다. 그러니 비록 사물과 이름을 함께 할지라도 사물과 함께 사물 취급할 수 없는 것이 바로 사물의 어미이다. 『노자』에서 '천지의 시작'과 '만물의 어미'라고 했던 것은 바로 '있는 것'[有]과 '없는 것'[無]으로 이름 붙였다는 것뿐이지 두 가지로 말하려는 것은 아니다. 이것은 『도덕경』 1장인데, 둘째 구절에서 갑자기 이름을 말한 것은 이름을 가지고 실질을 구분하고, 드러나는 것을 가지고 드러나지 않는 것을 인식하기 위함이니, 의미는 말 밖에 있다. 그러므로 "이 두 가지는 나온 곳이 같은데 이름이 다르니, 하나로 현묘하다(玄)고 한다"라고 했고, 또 "현묘하고 또 현묘한 것이 모든 묘한 것의 문이다"라고 했다. 이것은 묵묵히 마음속으로 알고 있어야 하는 것이지, 이름으로 말해서는 안 되는 것이

---

3) 자세한 내용은 옮긴이의 『강화학파의 노자 주석에 관한 연구』 142-150쪽을 참고하기 바란다.

다. 이 뒤로 2장부터 끝장까지는 대개 이름으로 말하는 나머지 것들일 뿐이다.(名始於天地。而有天地之所始焉, 無其名, 而有其物。旣有矣, 不得不言, 故曰, 有, 名萬物之母。雖與物共名, 不可以與物而物之, 乃物之母也。其曰天地之始, 萬物之母, 乃名之有無耳, 非二言也。此爲經之首章, 而第二句便說名, 所以因名辨實, 由顯而識微, 意在言外者也。故曰, 此兩者同出而異名, 同謂之玄。又曰 玄之又玄, 衆妙之門。此以心存默識, 而不可以名言也。自此以下第二至末章, 蓋其名言之餘耳。)

2장

天下皆知美之爲美, 斯惡已, 皆知善之爲善, 斯不善已。
故有無相生, 難易相成, 長短相形, 高下相傾, 聲音相和,
前後相隨。是以聖人處無爲之事, 行不言之敎。萬物作
焉而不辭, 生而不有, 爲而不恃, 功成而不居。夫唯不居,
是以不去。

천하가 모두 아름다움이 아름다운 것이 되는 줄 아는 것, 이런 것은 추한 것일
뿐이고, 모두 선함이 선한 것이 되는 줄 아는 것, 이런 것은 선하지 않은 것일
뿐이다. 그러므로 유有와 무無가 서로 낳아주고 어려움과 쉬움이 서로 이루어지
며, 긴 것과 짧은 것이 서로 드러나고 높은 것과 낮은 것이 서로 비교되며, 성聲
과 음音이 서로 조화를 이루고 앞과 뒤가 서로 연결된다. 이 때문에 성인은 아
무 것도 시행함이 없는 일삼음을 지키고 말없는 교화를 행한다. 만물이 어떤
것을 일으켜도 말하지 않고, 무엇인가 내놓아도 있다고 하지 않으며, 무엇을
시행해도 그것에 의지하지 않고, 공을 이루어도 머물지 않는다. 오직 머물지
않기 때문에 떠나가지 않는다.

談老 美善可名, 而不出於自然, 則天下皆知美善之可欲, 而惡與不
善, 相因以成。有有必有無, 有難必有易, 長短高下, 熾然存立, 乃至
巧歷所不能算。是故聖人不恃其爲, 不居其功, 乃能反乎自然, 常其
美善, 而長不去也。

아름다움·선함에 이름을 붙여 저절로 그렇게 되는 것에서 나오지 않게 되니, 천하가 모두 아름다운 것·선한 것이 욕심낼만한 것이라는 것을 알게 되어, 추한 것·선하지 않은 것이 서로 말미암아서 이루어진다. 유가 있으면 반드시 무가 있게 되고, 어려운 것이 있으면 반드시 쉬운 것이 있게 되며, 장·단과 고·하가 불붙듯이 존립하니, 이에 있는 재주를 다해 헤아려도 헤아릴 수 없는 지경까지 가게 된다. 이 때문에 성인은 시행하는 것에 의지하지 않고, 공을 차지하지 않아서, 바로 저절로 그렇게 되는 것으로 되돌릴 수 있으니, 그 아름다움과 선함을 항구하게 지속시키고 오래 떠나지 않게 한다.

해설 2장의 첫 구절 곧 "천하가 모두 아름다운 것이 아름다운 것이 되는 줄 알게 되면, 이런 것은 추한 것일 뿐이고, 모두 선한 것이 선한 것이 되는 줄 알게 되면, 이런 것은 선하지 않은 것일 뿐이다"라는 말은 아래에 인용된 이광려의 『독노자오칙』과 관련이 깊다.

아름다움은 아름다운 것의 실질이고, 선함은 선한 것의 실질이지만, 아름다움이 아름다운 것이 되고, 선함이 선한 것이 됨은 그 이름 때문이다. 이름으로 실질이 드러나면, 선한 것과 추한 것이 그것으로부터 나오니, 도의 흥폐와 천하의 치란이 여기에서 갈라진다. ……. 대개 옛날에서 현재로 더욱 가까워지자 백성들이 도에 대해 의심하기 시작했다. 이미 천하는 날로 어지러워지고 풍속은 날로 야박해지니, 성인께서도 형세를 어떻게 할 수 없으셨다. 부득불 천하 사람들이 추함이 추한 것인 줄 알도록 하고 선하지 않음이 선하지 않은 것인 줄 알도록 함으로써 선으로 나아가게 했다. 그러므로 "천하가 모두 아름다움이 아름다운 것인 줄 알게 하니 ……. 선하지 않은 것일 뿐이다"라고 했다.(美者美之實, 善者善之實, 而美之爲美, 善之爲善, 其名也。名實

形矣, 善惡之所由生, 而道之興替, 天下之治亂係焉。……。蓋去古益遠, 而民
始疑於道矣。旣而天下日亂, 風俗日薄, 聖人亦無如勢何。不得不使天下之人,
知惡之爲惡, 不善之爲不善, 以進人於善。故曰天下皆知美之爲美云云, 至不
善已。

위의 인용문의 내용은 통치자들이 세상을 통치할 목적으로 사람들에게
아름답고 선한 것을 드러내어 본받게 하면, 백성들이 단순히 아름답고 선하
게만 되는 것이 아니라 꾸미는 것까지 배우기 때문에 마침내 혼란이 온다는
것이다. 그래서 노자가 2장의 첫 구절을 말함으로써 거꾸로 의도적으로 그렇
게 교화하는 것이 도리어 나쁜 것임을 알아 시행하지 못하도록 했다는 것이
이광려의 설명이다.

이충익은 2장에서의 유有와 무無를 통해 리理와 기氣를 논리적으로 분리시
켜 놓은 성리학적 사유를 은근히 비판한 것으로 볼 수도 있다. 여기서의 유와
무는 1장처럼 존재의 궁극으로서의 유와 무가 아니기 때문이다. 비록 이충익
이 직접적으로 표현하지는 않았을지라도 성리학에서 무형의 리理를 여기서
의 무無로 유형의 기氣를 여기서의 유有로 볼 경우, 이런 비판이 가능해지면
서 그 주석의 의미가 생동감 있게 되살아난다. 10장 등의 주석에서도 이를
뒷받침하는 구절을 찾아 볼 수 있다.

신고 껴안는 것은 틈이 있기 때문이다. 하나로 됨을 세워 감히 틈이 없게 된
다음에 도道와 기器가 융합되어 분리되지 않을 수 있다.(載之抱之, 爲有間
矣。一之設無敢間, 然後道器融, 而能無離矣。)

위의 인용문에서 "하나로 됨을 세워 감히 틈이 없게 된 다음에 도道와
기器가 융합되어 분리되지 않을 수 있다"는 말은 도道로서의 리理와 기器로

서의 기氣가 분리되어서는 안 된다는 말이니, 리理와 기氣를 논리적으로 구분하는 성리학적 사유를 부정하는 것이 된다. 이와 같은 이충익의 언급은 사실 성리학의 형이상학적 기반뿐만 아니라 수양론적 구조까지 송두리째 흔들고 있다는 점에서 중요하다. 이충익의 시각으로 볼 때, 당시 위정자들이 성리학적 리理를 바탕으로 명분을 내세우면서도 자신이 속한 당의 이익이나 사욕을 벗어나지 못하고 있는 것은 근본적으로 리理와 기氣를 분리시켜 정교하게 사유하는 학문의 영향 곧 성리학의 영향 때문이다.

이와 같은 주석에서 성리학을 벗어나 새로운 세계를 개척하려는 이충익의 의지를 읽을 수 있을 때, "유가 있으면 반드시 무가 있고, 어려운 것이 있으면 반드시 쉬운 것이 있으며, 장단과 고하가 불붙듯이 존립하니, 이에 있는 재주를 다해 헤아려도 헤아릴 수 없는 지경까지 가게 된다"는 주석의 의미가 되살아난다. 이충익은 당쟁으로 복잡한 당시 조정의 상황과 그 폐단을 성리학이 아니라 노자의 사상을 기준으로 매섭게 꼬집으며 비판했던 것이다.

『대연유고岱淵遺藁』에서 "돌아가신 아버지(초원 이충익)께서는 … 일찍이 저(대연 이면백)에게 '세상이 이 지경이 된 것은 당론黨論의 재앙 때문이다. 당론은 어진 사람과 호걸들이 할 일이 아니니, 조용히 있는 것이 오직 선과 함께하는 것일 것이다. 선한 것을 선하게 여기기는 진실로 본래 어렵다는 것을 알지 못하면, 끝내 또한 잘못될 뿐이다'라고 하셨다"[1]라는 것으로 볼 때, 이충익이 얼마나 당쟁에 대해 몸서리치며 싫어했고, 또 그것을 노자의 무위로 해결하려고 했는지 알 수 있다.

---

1) 『岱淵遺藁』卷之二, 「先考妣合窆誌」, "椒園君, …, 嘗語勉伯曰, 世之至此, 黨論禍之也。黨論非賢豪所爲, 其默然惟善之與乎。善善固自難, 非識, 終亦失之而已。"

3장

不尙賢, 使民不爭, 不貴難得之貨, 使民不爲盜, 不見可欲, 使心不亂。是以聖人之治, 虛其心實其腹, 弱其志强其骨, 常使民無知無欲, 使夫知者不敢爲也。爲無爲則無不治。

현자를 높이지 않아 백성들이 다투지 않게 하고, 얻기 어려운 재화를 귀하게 여기지 않아 백성들이 도적이 되지 않게 하며, 욕심날 만한 것을 드러내지 않아 마음이 어지러워지지 않게 한다. 이 때문에 성인의 다스림은 마음을 비우고 배를 채워주며, 뜻을 약하게 하고 뼈를 강하게 하며, 항상 백성들이 알고 싶은 것과 하고 싶은 것을 없게 하며, (통치자들 중에서) 지혜로운 자가 감히 어떤 일도 하지 못하게 한다. 아무 것도 함이 없음을 행하면 다스려지지 않는 것이 없다.

談老 尙賢而賤愚, 則愚者有所跂, 而不安其所矣。貴金玉而賤什器, 則農工不甘美其衣食, 而失其業矣。高名顯位以夸示於人, 則榮願無窮, 而俗亂矣。聖人之治, 以民爲本。而以不善人爲資, 不善人不安於不善, 而鶩善之可欲, 則是不善人爭起爲盜亂, 而聖人失其資矣。是以聖人之爲治, 使民黜其心志, 而養其腹骨, 知與欲無得以滑其中。然後農工專其業, 而無羸瘠矣。若知者, 謂民, 不可使知之, 而吾獨可以用知焉, 下之應上, 捷於桴響。故上之知者, 亦不敢爲知, 而知亦無所用, 天下之俗, 始玄同矣。

현자를 높이고 어리석은 자를 천대하니, 어리석은 자가 (현명해지려고) 맹목적으로 힘쓰며 자신이 있는 곳을 편하게 여기지 않는다. 금과 옥을 귀하게 여기고 잡다한 기구를 천하게 여기니, 농업과 공업에 종사하는 사람들이 그들의 의복과 먹을거리를 맛나고 아름다운 것으로 여기지 않고 그들의 직업을 버린다. 높은 명예와 드러나는 직위를 사람들에게 과시하니, 영화를 바라는 것은 끝이 없어지고 풍속은 어지러워진다. 성인의 다스림은 백성을 근본으로 한다. 그런데 좋지 않은 자들을 '구제할 대상'[資]으로 취급하면 좋지 않은 자들이 좋지 않은 것에 불안해서 욕심낼만한 좋은 것으로 달려가니, 이것은 좋지 않은 자들이 다투어 일어나 도적질을 하고 난을 일으켜서 성인이 구제해야 할 대상을 잃어버리는 것이다. 이 때문에 성인의 다스림은 백성들이 마음과 뜻을 물리쳐 배와 뼈를 기르도록 하고 '알고 싶은 것'[知]과 '하고 싶은 것'[欲]이 중심을 어지럽히지 못하도록 한다. 그렇게 한 다음에야 농업과 공업에 종사하는 사람들이 자신들의 일에 전념해서 쇠약해지지 않는다. 만약 『노자』원문의 '지혜로운 자'[知者]를 백성들이라고 하고는, 그들이 무엇인가 알게 해서는 안 되고 (통치자) 자신들만 앎을 사용해도 된다는 것이라면, 아랫사람들이 윗사람을 본받는 것은 (북을 칠 때 그 진동에)북채가 울리는 것보다 빠르다. 그러므로 위에서 지혜로운 자가 또한 감히 앎을 행하지 않으면, 지혜가 또한 사용될 곳이 없어져서 천하의 풍속이 비로소 현묘하게 같아진다.

해설 3장도 2장의 연장선에서 보면 된다. 아름답고 선한 것을 드러내지 않아야 하듯이 귀한 것과 욕심낼만한 것도 드러내지 말아야 하니, 사람들이 그것을 얻기 위해 자신의 삶을 내팽개치고 목숨 걸고 달려가기 때문이다. 무위의 다스림은 선한 것과 아름다운 것은 물론 귀한 것과 욕심낼만한 것들을 백성들에게 보여주지 않아 백성들이 모두 제 자리에서 삶에 충실하도록 하는 것이다. 무위의 다스림은 할 일이 없게 하는 다스림으로 이상 본문의 내용처럼 통치자들이 무위의 다스림을 실행하면 세상은 저절로 아름답고 평화롭게 된다는 것이다. 만약 세상이 이미 무위의 다스림을 벗어났으면, 그것을 되돌리게 하는 방법은 2장의 첫 구절로 선하고 아름다운 것을 드러내는 것이 세상을 혼란스럽게 하는 것임을 깨닫게 하여 자연스럽게 더 이상 그렇게 하지 못하도록 하는 것이다.

4장

道冲而用之, 或不盈。淵兮, 似萬物之宗。挫其銳, 解其
紛, 和其光, 同其塵。湛兮似或存, 吾不知其誰之子, 象
帝之先。

도는 비우면서 작용해 그 무엇으로도 채울 수 없을 듯하다. 그러니 깊은 연못
이 만물의 근본인 듯하다. 그 예리함을 꺾어 분란을 해소하고 그 빛남을 뒤섞
어 더러움을 같이한다. 맑고 고요하게 있는 것 같은데도 나는 그것이 누구의
자식인지 알 수 없으니, 상제보다 앞서 있는 듯하다.

談老 道在天地之間, 冲然若虛然, 酌焉而不竭, 注焉而不滿。器之
大小, 無不取足, 而不知何時止而不盈。此所以淵深不測, 而爲萬物
宗也。不知誰之子, 稱謂路絶也。象帝之先, 形似喩窮也。

도는 천지의 사이에서 아무 것도 없는 듯이 비우니, 아무리 취해도 다하
지 않고 아무리 쏟아 넣어도 채워지지 않는다. (사람의) 그릇은 크든 작
든 흡족함을 취하지 않은 적이 없어 어느 때 멈추고 채우지 않아야 될
줄 모른다. 이런 까닭에 헤아릴 수 없는 깊은 연못이 만물의 근본이 된
다. "그것이 누구의 자식인지 알 수 없다"는 것은 (알 수 있는) 길이 끊어
졌음을 지칭해서 말한 것이다. "상제보다 앞서 있는 듯하다"는 것은 형
체가 비슷한 것으로 궁극을 설명한 것이다.

해설 4장의 설명 역시 2장을 기반으로 해야 한다. 노자가 보는 도는 드러내어 밝히는 것이 아니라 드러내어 밝히는 것을 없애는 것이다. 곧 아름다운 것과 선한 것을 드러내면 도리어 혼란이 오니, 어떻게 교화해야 하겠다는 생각을 비워 없앰으로써 세상을 평화롭게 만들겠다는 것이다. 도가 비어 있어 그무엇으로도 채울 수 없다는 것이나 그 예리함을 꺾어 분란을 해소하겠다는 것이나 모두 2장의 첫 구절을 토대로 할 때 이해가 쉬워진다.

5장

天地不仁, 以萬物爲芻狗, 聖人不仁, 以百姓爲芻狗。天地之間, 其猶橐籥乎, 虛而不屈, 動而愈出。多言數窮, 不如守中。

천지는 어질지 않아 만물을 '지푸라기로 엮어 만든 강아지'[芻狗][1]처럼 취급하고, 성인은 어질지 않아 백성을 지푸라기로 엮어 만든 강아지처럼 취급한다. 천지는 아마도 풀무와 같을 것이니, 비어 있어 다하지 않고 움직이면 움직일수록 더욱 더 내놓는다. 말이 많으면 자주 궁해지니 마음속으로 지키고 있는 것만 못하다.

> **談老** 天地之道, 日月運行, 一寒一暑, 而百昌生。君子之道, 恭己南面, 垂衣裳, 而羣生遂。是以草不謝榮於春風, 人不歸樂於帝力。如有呴兪[2]之惠, 自用其仁愛, 以橫施於民, 民所不懷而應之以詐者,

---

1) '추구芻狗'의 의미에 대해서는 이충익의 정확한 입장을 알 수는 없다. 그래서 이것에 대해 두 가지 해석이 가능하다. 각 글자마다 의미를 둔 왕필과 하상공의 주를 따를 경우 '꼴과 개'로 해석할 수 있고, 두 글자를 하나의 단어로 본 『장자』의 주석을 따를 경우 옛날 중국에서 무당이나 박수가 사용하기 위한 것으로써 지푸라기로 엮어 만든 강아지로 해석할 수 있다. 어느 쪽으로 해석하든 하찮은 것에 대한 비유이다. 그런데 옮긴이가 굳이 지푸라기로 엮어 만든 개로 번역한 것은 특별한 근거가 있기 때문이 아니라, 『도덕경』 주석을 남긴 박세당과 서명응은 물론 홍석주까지 모두 그렇게 보았기 때문이다. 곧 이충익은 자신에 앞서 있는 조선조 학자들의 『노자』 주석을 대부분 본 것으로 여겨지는데 달리 주석하지 않았음을 근거로 이렇게 해석했다.

2) 『莊子』 「駢拇」, "屈折禮樂, 呴兪仁義, 以慰天下之心者, 此失其常然也。"

有之。故不如守中。無爲, 芸芸而自化者矣。

천지의 도는 해와 달의 운행으로 한 때는 춥고 한 때는 더운데도 온갖 것들이 생겨나온다. 군자의 도는 공손히 남쪽을 향해 의상을 드리우고 있는 것인데도 모든 것들이 제대로 된다. 이 때문에 초목이 봄바람 때문에 꽃을 피웠다고 하지 않고, 사람들이 임금님의 힘 때문에 즐거운 삶을 누리게 되었다고 하지 않는다. 만약 따뜻하게 인도하는 은혜를 가지고 스스로 그 어짊과 사랑을 사용해 백성들에게 마음대로 베푼다면, 백성들 중에는 편하게 여기지 않고 속이는 것으로 대응하는 자들이 있을 것이다. 그러므로 마음속으로 지키고 있는 것만 못하다. 아무 것도 하지 않고 있으면 성대하게 되어 저절로 교화된다.

해설 5장의 설명도 역시 이상에서 설명한 것처럼 동일하게 보면 된다. 천지가 세상을 조화롭게 이어지게 할 수 있는 것은 무심하기 때문이다. 곧 천지는 만물을 관심 밖의 것으로 여겨 아무 것도 하지 않는데, 도리어 만물은 계절에 따라 조화를 이루며 이어진다. 성인도 이것을 본받아 백성들에게 무심하게 있으면서 아무 것도 하지 않으니, 백성들은 임금의 도움 없이도 자신들이 잘 산다고 큰소리 칠 정도로 세상이 평화롭게 되는 것이다.

6장

谷神不死, 是謂玄牝。 玄牝之門, 是謂天地根, 綿綿若
存, 用之不勤。

계곡의 신령함은 죽지 않으니, 이것을 현묘한 암컷이라고 한다. 현묘한 암컷의
문을 천지의 뿌리라고 하는데, 실낱처럼 보존되면서도 그 작용에는 지침이
없다.

談老 天之神道, 四時不忒, 而下觀而化也。 聖人以神道設教, 而猶
不敢夸以示人。 名其神曰, 谷。 谷者, 虛而下也, 名其德曰, 不死。 僅
不死而已, 未遽曰, 長生, 唯其謙卑, 幽潛之極。 故能一開一闔, 而爲
天地之根。 及其用之於事物, 又其微眇之極, 不取盈焉, 不作强焉。
而百昌由是而生, 羣生藉之而遂。 谷之爲物所歸, 而牝之能勝牡, 唯
聖人與焉。

하늘의 신령스러운 도는 사시를 어기지 않고 아래로 드러나면서 변화
한다. 성인께서는 신령스러운 도로 교화를 베풀면서도 오히려 감히 사람
들에게 알리려고 하지 않으신다. 그 신령스러운 것에 이름 붙여 '계곡'
[谷]이라고 한다. 계곡은 비어 있고 아래에 있는 것이니, 그 덕에 이름 붙
여 '죽지 않는 것'[不死]이라고 한다. 겨우 죽지 않고 있을 뿐이라 서슴없
이 길이 산다고 하지 않으니, 겸손히 낮추고 아득히 잠겨있는 극치일 뿐
이다. 그러므로 한번 열리고 한번 닫히면서 천지의 뿌리가 된다. 그것을

사물에 사용하면, 또 그 미묘한 극치가 가득 채움을 취하지 않고 강함을 만들지 않는다. 그런데도 온갖 것들이 이로 말미암아 나오고 모든 것들이 이것에 의지해서 이루어진다. 계곡이 사물의 귀의처가 되고 암컷이 수컷을 이길 수 있는 것은 성인께서만 함께 하실 수 있는 것이다.

해설 6장의 설명 역시 동일한 맥락이니, 자신을 비워두고 아무 것도 관여하지 않는 신묘한 도에 대해 계곡이라고 한 것이다. 계곡이 자신을 비움으로써 아무 것도 관여하지 않아 마치 실낱처럼 미미하게 존재하는데도 모든 것이 이루어지게 하고 지치는 기색도 전혀 없으니, 신묘한 도인 것이다.

7장[1]

天長地久。天地所以能長且久者, 以其不自生。故能長
生。是以聖人後其身而身先, 外其身而身存, 非以其無
私耶。故能成其私。

천지는 장구하다. 천지가 장구할 수 있는 까닭은 스스로 아무것도 낳지 않기
때문이다. 그러므로 길이 낳을 수 있다. 이 때문에 성인은 자신을 앞세우지 않
아 자신이 앞서고, 자신을 도외시하여 자신이 보존되니, 그것은 사사롭게 함
이 없기 때문이 아니겠는가? 그러므로 자신의 사사로움을 이룰 수 있다.

談老 天地不自生, 孰生之與。道生之與。非也。道者, 循天地之運,
而名其所由行者, 曰道。苟無天地, 道之名, 無緣立也。神生之與。非
也。神者, 攬天地之變, 而名其爲之根者, 曰神。苟無天地, 神之名,
不獨存也。蓋以天地塊然, 不可以狀, 故以道與神喩之。道與神之
名, 固足以該天地之運變。然亦非能處天地之外, 而生天地者也。

천지가 스스로 아무 것도 낳지 않았다면, 무엇이 (만물을) 낳았겠는가?
도가 낳은 것인가? 아니다. 도란 천지의 운행을 따르는 것이어서 천지가
말미암아 가는 것에 대해 이름붙인 것이 도이다. 그러니 만일 천지가 없
다면 도라는 이름이 성립될 근거가 없다. 신묘함이 낳은 것인가? 아니다.

---

1) 심경호의 논문 『椒園 李忠翊의 「談老」에 관하여』 464-465쪽에 7장 주석에 대한 그의
번역이 있으니 참고를 바란다.

신묘함이란 천지의 변화를 총괄하는 것이어서 천지가 근본으로 여기는 것에 대해 이름붙인 것이 신묘함이다. 만일 천지가 없다면 신묘함이라는 이름이 독자적으로 존재하지 못한다. 대개 천지는 홀로 있어 무엇이라고 형용할 수 없으므로, 도와 신묘함으로 설명했다. 도와 신묘함이라는 이름은 진실로 천지의 운행과 변화를 충분히 포함할 수 있지만, 또한 천지의 밖에 있으면서 천지를 낳을 수 있는 것은 아니다.

若夫莊生所謂, 未有天地, 自²⁾古而固存, 神鬼神帝, 生天生地者, 推原本始, 而强爲之字。如下經所謂, 有物混成, 先天地生者。然復曰, 天法道, 道法自然, 夫道不能自道, 亦曰法自然也。何以能生天地也。旣不可, 曰自然生道, 則道之不生天, 審矣。曰然則竟孰生之。道爲之始, 神爲之根, 莫爲之, 莫使之。不得不然而然, 謂之自然。因其自然之生, 而不以生自生, 故能長生。如使自生以累其自然, 久矣其敝也。何也, 人之生也, 同乎自然。若自私焉以自生而益生焉, 未有不傷其生者。聖人旣能達生之情, 故能法天地, 而無私。

장자³⁾가 말한 것처럼 "(도는) 천지가 생겨나기 이전 옛날부터 확고하게 존재해서 귀신과 상제를 (신묘하게 하지 않음으로써)⁴⁾ 신묘하게 하고, 천지

---

2) 필사본에는 '自'자 다음에 '生'자가 더 있다.

3) 춘추시대春秋時代의 송宋나라 사람으로 이름은 주周인데 보통 장자莊子라고 존칭한다. 그의 주장이 노자의 사상에 기초를 두었으므로 노장老莊이라고 병칭하기도 한다. 또한 장주가 지은 책 10권을 『장자莊子』라고 하는데, 『남화진경南華眞經』이라고 부르기도 한다.

4) "神鬼神帝, 生天生地。" 구절의 ( )속 해석에 대해서는 곽상주를 참고해 부가한 것이다. "아무 것도 없는데, 어떻게 신령함을 낳을 수 있는가? 귀신과 상제를 신령하게 하지 않았는데도 귀신과 상제가 저절로 신령스럽게 되니, 이것이 바로 신령스럽게 하지 않음으로 신령스럽게 하는 것이며, 천지를 낳지 않았는데도 천지가 저절로 나오니, 이것이 바로 낳지 않음으로 낳는 것이다. 그러므로 신령스럽게 하는 것으로는 정말 신령스럽게 하기에 부족하지만 신령스럽게 하지 않으면 신령스럽게 된다. 그러니 공들이는 것에 어찌 만족하겠으며 일삼는 것에 어찌 의지하겠는가?(無也, 豈能生神哉。不神

를 (낳지 않음으로써)[5] 낳았다"[6]는 것이라면, 근원을 미루고 시작을 뿌리로 해서 억지로 그것에 별명을 붙인 것이다. 그러니 아래 25장에서 이른바 "뒤섞여 이루어진 무엇인가가 천지가 나온 것보다 앞서 있다"는 말과 같다. 그러나 다시 "하늘은 도를 본받고 도는 저절로 그런 것을 본받는다"라고 했으니, 도는 스스로 도가 될 수 없어 또한 "저절로 그런 것을 본받는다"라고 했던 것이다. 그런데 어떻게 (도가) 천지를 낳을 수 있겠는가? 이미 그렇게 할 수 없어 저절로 그런 것에서 도가 나왔다고 했다면, 도가 하늘을 낳을 수 없는 것이 분명하다. 그렇다면 결국 무엇이 낳았단 말인가? 도가 시작이 되고 신묘함이 뿌리가 되지만 어느 것도 그렇게 만들지 않았고 시키지 않았다. 그렇지 않을 수 없어 그런 것이라면, 그것을 '저절로 그런 것'(自然)이라고 한다. 저절로 그렇게 낳는 것으로 말미암고 낳는 것으로 스스로 낳지 않기 때문에 길이 낳을 수 있다. 만약 스스로 낳는 것으로써 저절로 그런 것에 장애가 되게 한다면 그 폐단이 오래도록 지속될 것이다. 왜 그런가 하면, 사람이 무엇인가 낳는 것도 저절로 그런 것에서는 동일하기 때문이다. 만약 저절로 나오는 것에 스스로 사사롭게 해서 낳음을 보탠다면 그 낳음을 해치지 않는 경우가 없다. 성인은 이미 낳는 실정에 통달했기 때문에 천지를 본받아 사사로움을 없앨 수 있다.

해설 천지가 장구하며 모든 것을 이룰 수 있는 것은 앞에서와 같이 모두 자신을 비워두기 때문이다. 이충익의 복잡한 설명도 결국 이것을 설명하기 위한

鬼帝而鬼帝自神, 斯乃不神之神也, 不生天地而天地自生, 斯乃不生之生也。故夫神之果不足以神, 而不神則神矣。功何足有, 事何足恃哉。)"
5) 동일하게 곽상주를 참고한 것이니, 바로 위에 인용한 각주를 보면 된다.
6) 『莊子』「大宗師」, "夫道, 有情有信, 無爲無形。可傳而不可受, 可得而不可見。自本自根, 未有天地, 自古以固存。神鬼神帝, 生天生地。在太極之上, 而不爲高, 在六極之下, 而不爲深, 先天地生, 而不爲久, 長於上古, 而不爲老。"

것이다. 천지의 근원은 도도 신묘함도 아니고 저절로 그런 것이다. 저절로 그런 것은 아무 것도 낳지 않지만 천지만물이 영원히 유지되게 하는 것이다. 그런데 위의 마지막 주석에서 이충익의 강한 비판 의식을 읽을 수 있어야 한다. 아무 것도 낳지 않음으로써 곧 아무 것도 조작하지 않음으로써 도를 따라야 하는데, 사람들이 사사롭게 자신이나 당파의 이익을 위해 그렇게 하지 않고 있다고 이충익은 강하게 당시의 시대상을 나무라고 있기 때문이다.

8장

上善若水。水善利萬物而不爭, 處衆人之所惡, 故幾于
道。居善地, 心善淵, 與善仁, 言善信, 政善治, 事善能,
動善時。夫唯不爭, 故無尤。

최고로 잘하는 것은 물처럼 하는 것이다. 물은 만물을 잘 이롭게 하면서도 다
투지 않고, 사람들이 싫어하는 곳으로 흘러가기 때문에 도에 가깝다. 거하는
곳으로는 땅을 좋은 것으로 여기고, 마음 씀씀이로는 연못을 좋은 것으로 여
기며, 허여하는 것으로는 어진 것을 좋은 것으로 여기고, 말하는 것으로는
믿음 있는 것을 좋은 것으로 여기며, 바르게 하는 것으로는 다스려지는 것을
좋은 것으로 여기고, 일하는 것으로는 능한 것을 좋은 것으로 여기며, 움직이
는 것으로는 때에 알맞은 것을 좋은 것으로 여긴다. 그런데 단지 다투지 않으
므로 허물이 없다.

談老 無所對待, 自然而善, 謂之上善。易係所謂繼之者善, 而孟子以
爲良能也。水之利萬物, 而處所惡, 及其所善七者, 皆出於自然之良
能。故能不爭而無尤。

대립하는 것 없이 저절로 그렇게 되어 '좋은 것'[善]을 '최선'[上善]이라고
한다. 『주역』[1] 「계사전」에서 말한 "계속 이어가는 것이 좋은 것이다"[2]

---

1) 오경五經의 하나로 복서卜筮를 통하여 윤리 도덕을 설명한 책이다. 『역경易經』이라고도
   한다.
2) 『周易』「繫辭上」, "一陰一陽之謂道, 繼之者善也。"

라는 것인데, 맹자[3]는 그것을 '본유적인 능력'[良能][4]이라고 여겼다. 물이 만물을 이롭게 하고 남들이 있기 싫어하는 곳으로 흘러가며 (본문의) 일곱 가지를 좋게 할 수 있으니, 이것은 모두 저절로 그렇게 되는 본유적 능력에서 나왔기 때문이다. 그러므로 다투지 않고 허물이 없다.

해설　사물 중에서 가장 도에 가까운 것이 물인데, 위에서 기술한 것처럼 물이 최고의 모범이 될 수 있는 것은 자신을 비워버림으로써 절대로 다른 사물과 경쟁하지 않고, 사물이 천성적으로 가지고 있는 특성에 모든 것을 맡겨 놓기 때문이다. 그런데 이충익이 여기서 물과 관련하여 '본유적 능력'[良能]을 말한 것은 의미가 깊다. 본유적 능력 곧 양능은 양명학과 무관하지 않지만 그 보다 더 깊이 관련하여 생각해 볼 것은 바로 있는 듯 없는 듯 알 듯 모를 듯 존재하는 1장에서의 '항구한 도'[常道]·'항구한 무'[常無]·'항구한 유'[常有]이다.

유가에서는 물론 다른 학파에서도 자신들이 중요하게 여기는 무엇인가를 내세우고 사람들이 그것을 실천하도록 강조하니 그것이 바로 교화이다. 그런데 이충익의 관점을 따를 경우, 절대로 무엇인가 내세우고 교화시켜서는 안 된다. 물이 흘러가듯 사람들이 그냥 본유적으로 갖춘 능력에 따라 아는 듯 모르는 듯 모든 것이 저절로 이루어지게 하는 것이 노자의 무위이기 때문이다. 곧 이충익이 1장에서 영원한 도를 있는 듯 없는 듯 알 수 없게 존재하는

---

3) 맹자孟子는 전국시대戰國時代 추鄒나라의 철인哲人으로 이름은 가軻이고 자字는 자여子輿이다. 학업을 자사子思의 문인門人에게서 받았다. 『맹자孟子』 7편을 저술하여 왕도王道와 인의仁義를 존중하였으며 성선설性善說을 주창하였다. 후세에 공자 다음 간다 하여 아성亞聖이라 일컬었다.

4) 『孟子』 「盡心章句上」, "孟子曰, '人之所不學而能者, 其良能也; 所不慮而知者, 其良知也.'"

것이라고 하고, 이어 여기서 물을 본유적 능력과 관련시키는 이유는 아는 듯 모르는 듯 저절로 실천하는 것이 무위임을 강조하기 싶기 때문이다.

9장

持而盈之, 不如其已。揣而銳之, 不可長保。金玉滿堂,
莫之能守。富貴而驕, 自遺其咎。功成名遂, 身退, 天之
道。

움켜잡고 채우는 것은 그만두는 것만 못하다. 단련해서 날카롭게 하는 것은
오래도록 보존할 수 없다. 금과 옥이 집안에 가득하면 아무도 지킬 수 없다. 부
귀한데도 교만하면 스스로 허물을 남긴다. 공명이 이루어지면 자신은 물러나
는 것이 하늘의 도이다.

談老 拱璧籲金可藏, 而有至於滿堂, 則無緣保守。富貴而驕, 功成
名遂, 而身不退, 猶持盈揣銳, 金玉之滿堂。

손에 쥘 정도의 벽옥과 바구니에 담을 정도의 황금은 숨길 수 있지만,
집안에 가득한 것이라면 지킬 방법이 없다. 부귀한데도 교만하고, 공명
이 이루어졌는데도 자신이 물러나지 않는 것은 움켜잡고 채우며 단련
해서 날카롭게 하며, 금과 옥이 집안에 가득한 것과 같다.

해설 하늘의 도는 비우는 것이기 때문에 자신의 역할이 끝나면 미련 없이
바로 물러난다. 그런데 사람의 도는 비우지를 못해 자신의 역할이 끝나도 욕
심을 부리며 더욱더 유지하려고 한다. 사람들이 영원할 수 없는 것은 바로 자
신의 마음을 비우지 못하는 욕심 때문이다.

10장

載營魄抱一, 能無離乎。專氣致柔, 能嬰兒乎。滌除玄
覽, 能無疵乎。愛民治國, 能無爲乎。天門開闔, 能爲雌
乎。明白四達, 能無知乎。生之畜之, 生而不有, 爲而不
恃, 長而不宰, 是謂玄德。

영백을 싣고 하나로 됨을 껴안아서야 분리되지 않을 수 있겠는가? 기를 오로
지 하고 부드러움을 이루어서야 아기처럼 될 수 있겠는가? 씻어내고 제거하며
현묘하게 보아서야 흠을 없앨 수 있겠는가? 백성을 사랑하고 나라를 다스리
려서야 무위할 수 있겠는가? 하늘의 문을 열고 닫아서야 암컷이 될 수 있겠는
가? 분명하게 사방으로 통달해서야 앎을 없앨 수 있겠는가? 낳아 주고 길러줌
에 낳아 주면서도 자신의 것이라고 하지 않고, 무엇인가 위해주면서도 그것에
의지하지 않고, 길러주면서도 주재하지 않으니, 이것을 현묘한 덕이라고 한다.

談老 載之抱之, 爲有間矣。一之設無敢間, 然後道器融, 而能無離
矣。專之致之, 不無欲矣, 神欲行, 而後乘御息, 而能嬰兒矣。滌之
除之, 斯爲疵矣, 滌無所滌, 除無所除, 然後能無疵矣。愛之治之,
斯有爲矣。愛無所愛, 治無所治, 然後能無爲矣。一開一闔, 變化著,
而不見其首, 則能爲雌矣。四達皇皇, 萬物覿, 而恒視其所一, 則能
無知矣。

싣고 껴안는 것은 틈이 있기 때문이다. 하나로 됨을 세워 감히 틈이 없게 된 다음에 도道와 기器가 융합되어 분리되지 않을 수 있다. 오로지 하고 이루려고 하는 것은 '하려고 함'[欲]이 없는 것이 아니니, 신묘하게 행한 다음에 타고 제어하는 것이 멈추어서 아기처럼 될 수 있다. 씻어내고 제거하면 바로 흠이 되니, 씻어냄에 씻어내는 것이 없고 제거함에 제거하는 것이 없게 된 다음에 흠이 없을 수 있다. 사랑하고 다스리면, 이것은 유위有爲이다. 사랑함에 사랑하는 것이 없고 다스림에 다스리는 것이 없게 된 다음에 무위할 수 있다. 한번은 열리고 한번은 닫혀서 변화가 나타날지라도 그 머리를 드러내지 않는다면 암컷이 될 수 있다. 사방으로 통달해서 만물이 주목할지라도 언제나 하나로 되어 있는 것을 본다면 앎을 없앨 수 있다.

해설 세상을 다스릴 수 있는 훌륭한 도가 있을지라도 절대로 그것이 드러나게 해서는 안 된다. 드러나게 하는 순간 모든 사람들이 그것을 본받으려고 하는 동시에 드러내는 것을 배우기 때문이다. 곧 2장에서 힘써 강조했던 것이 여기서 다시 이렇게 논의되고 있는 것이다. 정말 훌륭한 다스림은 드러내는 것이 없도록 하는 다스림이니, 그것이 바로 할 일이 없도록 하는 무위의 다스림이다. 이충익의 표현을 빌린다면, 사랑함에 사랑하는 것이 없고 다스림에 다스리는 것이 없는 것, 그리고 한번은 열리고 한번은 닫혀서 변화가 나타날지라도 그 머리를 드러내지 않는 암컷이 바로 무위이다.

11장

三十輻共一轂, 當其無, 有車之用。埏埴以爲器, 當其
無, 有器之用, 鑿戶牖以爲室, 當其無, 有室之用。故有
之以爲利, 無之以爲用。

서른 개의 바퀴살이 하나의 바퀴통을 둘러싸고 있는데, 바퀴통 가운데 빈 공
간이 있어야 수레의 효용이 있다. 흙을 반죽하고 이겨서 그릇을 만드는데, 그
릇 가운데 빈 공간이 있어야 그릇의 효용이 있다. 창문을 뚫어서 집을 만드는
데, 집 가운데 빈 공간이 있어야 집의 효용이 있다. 그러므로 유는 이로움이 되
고 무는 효용이 된다.

> **談老** 有非無, 無以用其利, 無非有, 無以致其用。知有無之相卽, 而
> 爲利用, 則同出異名之旨見矣。
>
> 유有는 무無가 아니면 그 이로움을 사용할 길이 없고, 무無는 유有가 아
> 니면 그 효용을 이룰 방법이 없다. 유와 무가 서로에게 있어 이로움과 효
> 용이 되는 것을 알면, 1장에서의 "나온 곳이 같은데 이름이 달라진다"는
> 구절의 뜻을 알게 된다.

해설 유와 무는 서로 분리되어 있는 것이 아니라 함께 있어야만 그 이로움
과 효용이 있다. 곧 유는 무에 의지해야만 자신의 이로움을 드러내고, 무는

유가 있어야만 자신의 효용을 이룰 수 있다. 그것들이 서로 분리되어 있다면 처음부터 아예 그것들의 이로움과 효용이 있을 수 없다는 것이다. 이런 점을 1장의 유와 무에 적용시키면, 유에는 무가 포함되어 있고, 무에는 유가 포함되어 있다는 것이 곧 유와 무가 처음부터 서로 분리되어 있지 않다는 것이 바로 상유常有와 상무常無인 것이다.

12장

五色令人目盲, 五音令人耳聾, 五味令人口爽, 馳騁畋
獵, 令人心發狂, 難得之貨, 令人行妨。是以聖人爲腹不
爲目。故去彼取此。

오색은 사람들의 눈을 멀게 하고, 오음은 사람들의 귀를 먹게 하며, 오미는 사람들의 입을 까다롭게 하고, 말 타고 사냥하는 것은 사람들의 마음을 미치게 하며, 구하기 힘든 재물은 사람이 바른 길을 가지 못하게 한다. 이 때문에 성인은 배를 위하고 눈을 위하지 않는다. 그러므로 저것을 버리고 이것을 취한다.

談老 爲腹, 外於心知也, 不爲目, 耳目內通也。

배를 위하니 마음으로 아는 것을 도외시하고, 눈을 위하지 않으니 이목이 내면으로 통한다。

해설 사람들이 마음을 비우지 못하는 원인은 바로 오색·오음·오미·구하기 힘든 보화처럼 욕망을 자극하는 것들에 매달려 벗어나지 못하기 때문이다. 그러니 성인의 다스림은 이런 것들을 사람들에게서 멀어지게 하여 자신을 성찰하게 하는 것이다.

13장

寵辱若驚, 貴大患若身。何謂寵辱若驚。寵爲下, 得之若驚, 失之若驚。是謂寵辱若驚。何謂貴大患若身。吾所以有大患者, 爲吾有身, 及吾無身, 吾有何患。故貴以身爲天下者, 可以寄天下, 愛以身爲天下者, 可以託天下。

총애를 받거나 욕을 당하거나 놀란 것 같고, 큰 환란을 자신처럼 귀중하게 여긴다. 총애를 받거나 욕을 당하거나 놀란 것 같다는 말은 무슨 의미인가? 총애를 받음은 남의 아래 사람이 되는 것인데, 총애를 얻어도 놀란 것 같고 잃어도 놀란 것 같다. 이것이 총애를 받거나 욕을 당하거나 놀란 것 같다는 말이다. 큰 환란을 자신처럼 귀중하게 여긴다는 말은 무슨 의미인가? 나에게 큰 환란이 있는 것은 내가 나 자신을 의식하기 때문이니, 내가 나 자신을 의식하지 않게 된다면 나에게 무슨 근심이 있겠는가? 그러므로 자신으로 천하 위하기를 귀중하게 하는 자라면 천하를 맡길 수 있고, 자신으로 천하 위하기를 사랑하는 자[1]라면 천하를 부탁할 수 있다.

---

1) 주석의 첫 구절 "자신을 의식하면서 삶을 기르면, '귀(耳)·눈(目)·입(口)·코(鼻)·마음(心)·앎(知)'(六鑿)이 왕성해지지만 '집안의 살림살이를 지나치게 하여 해친다(有其身以養生, 則六鑿紛然, 而淫渗內政。)"에서 "자신을 의식하면서 삶을 기르면(有其身以養生)" 구절을 잘 살펴야 초원이 바라본 본문의 의미가 드러난다. 곧 그는 '자신을 의식하지 않아 자신을 천하로 여기고 천하를 자신으로 여겨야 천하를 맡길 수 있다'는 의미로 본문을 해석했다. 그래서 주석에서 '자신을 의식하면서 삶을 기른다면 치국의 근본인 수기 곧 내면의 바름마저도 이룰 수 없다'고 했던 것이다.

談老 有其身以養生, 則六鑿紛然, 而淫渗內政。忘形遺照,[2] 然後可
以赴蹈水火, 而不焚溺。有其身以爲天下, 則畏首畏尾, 而危害外薄。
驚寵辱, 齊得失, 然後可以御萬變, 而無憂慄。

자신을 의식해서 삶을 기르면, '귀·눈·입·코·마음·앎'[六鑿][3]이 왕성
해지지만 집안의 살림살이를 지나치게 하여 해친다. 형체를 버리고 자
신을 잊은 다음에야 물속으로 들어가고 불길 속으로 뛰어들지라도 빠
지지 않고 화상을 입지 않는다. 자신을 의식해서 천하를 위한다면, 앞
을 조심하고 뒤를 조심하지만 외면의 박함을 위험하게 하고 해친다. 총
애를 받거나 욕을 당함에 놀란 듯이 해 득실을 하나로 본 다음에야 모
든 변화를 제어해서 근심과 두려움을 없엘 수 있다.

해설 사람들이 마음을 비우지 못하는 근본적인 이유는 바로 자신을 의식
하기 때문이다. 자신을 의식하면 의식할수록 욕망의 노예가 되어 내면의 본
성을 해치게 된다. 자신을 의식하지 않으면, 화와 복을 하나로 봐서 벼슬이
높아져도 놀란 것 같고 낮아져도 놀란 것 같다. 곧 득실을 동일하게 볼 수 있
을 정도로 마음을 비우면, 변화에 휘둘리지 않고 도리어 제어하니, 근심과 두
려움이 없어진다는 것이다.

---

2) 『椒園談老』, 50章註, "사는 곳에서 죽을 곳으로 가는 사람들도 열에 셋이니, 형체를
버리고 자신을 잊어버릴 수 없어 그 자신을 의식하기 때문이다.(自生而之死地者, 十有
三, 由不能忘形遺照,* 而有其身故也。)" *유조遺照는 『한어대사전』을 참고할 때, "중
생의 모습을 버리고 자신을 잊어버린 정신의 경지를 말한다.(謂舍棄眾生相, 進入忘我
的精神境界。)"
3) 『莊子翼』「外物」, "室無空虛, 則婦姑勃豀, 心無天遊, 則六鑿相攘。구절의 呂注 六
鑿, 即耳目口鼻心知也。"

14장

視之不見, 名曰夷, 聽之不聞, 名曰希, 搏之不得, 名曰
微. 此三者, 不可致詰, 故混而爲一. 其上不皦, 其下不
昧, 繩繩兮, 不可名, 復歸於無物. 是謂無狀之狀, 無物
之象, 是謂惚恍, 迎之不見其首, 隨之不見其後. 執古之
道, 以御今之有, 能知古始. 是謂道紀.

보아도 보이지 않는 것을 '평이하다'[夷]고 이름 붙이고, 들어도 들리지 않는
것을 '성글다'[希]고 이름 붙이며, 만져보아도 느껴지지 않는 것을 '은미하다'
[隱]고 이름 붙인다. 이 세 가지는 어떻게 분별할 수 없으므로 뒤섞어서 하나로
여긴다. 그것은 위로 빛나지도 않고 아래로 어둡지도 않으면서 줄처럼 이어지고
있어 무엇이라고 이름 붙일 수 없는데, 아무것도 없음으로 되돌린다. 이것을
형태 없는 형태 사물 없는 모양이라고 말하며, 이것을 황홀한 것이라고 말하
니, 맞이해도 그 앞을 볼 수 없고 뒤따라가도 그 뒤를 볼 수 없다. 옛날의 도를
가지고 현재의 있는 것들을 다스리면, 옛날의 시작을 알 수 있다. 이것을 '도의
핵심'[道紀]이라고 한다.

談老 雖不見不聞不得, 旣視之聽之搏之, 又爲之名曰, 希夷微焉.
又是三者, 混而爲一, 則蓋亦離無而涉有矣. 然其上見光者, 不皦,
則不可謂有矣, 其下爲土者, 不昧, 則不可謂無矣. 不有, 故可謂無,
然無不竟無. 故謂無狀之狀, 無物之象, 而名之曰, 惚恍. 於是乎, 非
無非有, 卽有卽無, 常有常無之影貌, 顯矣. 然是繩繩不絶者, 逆而

迎之, 不見其首, 從而隨之, 不見其後。循復無端, 相與爲一體者, 卽
莊生所謂道樞, 而執古以御今者, 卽所謂得其環中, 以應無窮者。用
無以利有, 執古以御今, 固聖人宥世應物之妙。而但以世人隨流逐末,
浸失本眞。故欲於御今之際, 念念契於古始, 則衆妙之門啓, 而能爲
道之綱紀。

비록 보지 못하고 듣지 못하며 느끼지 못했을지라도 이미 보고 듣고 찾
았으니, 또 그것들에 대해 '성글다'[希]·'평이하다'[夷]·'은미하다'[微]고 이
름 붙인다. 또 이 세 가지를 뒤섞어서 하나로 여기게 되면, 대개 또한 무
無와 나란히 하고 유有에 통한 것이다. 그런데 그것이 위로 빛을 드러내
는 것이 밝지 않으니 유有라고 말할 수 없고, 아래로 흙이 되는 것이 어
둡지 않으니 무無라고 말할 수 없다. 있지 않으므로 없다고 할 수 있지
만, 그러나 없는 것이 끝내 없는 것이 아니다. 그러므로 형태 없는 형태
사물 없는 모양이라고 말하고 그것에 대해 황홀하다고 이름 붙인다. 이
런 점에서 무도 아니고 유도 아니면서 유이고 무이니, (1장에서 말한) '항
구한 유'[常有]와 '항구한 무'[常無]의 모습이 드러난다. 그러나 이것은 줄
처럼 이어져 끊임없는 것으로 맞이해도 그 앞을 볼 수 없고 뒤따라가도
그 뒤를 볼 수 없다. 아무 단서도 없는 것으로 순환하며 되돌아가 서로
함께 일체가 되게 하는 것은 바로 장자가 말한 도추道樞이니, "옛것을 가
지고 지금을 제어한다"는 것은 바로 이른바 "고리의 중심을 얻어 끝없
이 응한다"[1]는 것이다. 무無를 효용으로 삼아 유有를 이롭게 하고, 옛것
을 가지고 현재 있는 것들을 제어하니, 진실로 성인께서 세상을 도우며
사물에 응하는 묘함이다. 그런데 단지 세상 사람들은 흐름을 따라 말단
을 쫓아감으로써 점점 근본과 참됨을 상실한다. 그러므로 (성인께서) 현

---

1) 『莊子』「齊物論」, "是亦彼也, 彼亦是也。彼亦一是非, 此亦一是非。果且有彼是乎哉。
果且无彼是乎哉。彼是莫得其偶, 謂之道樞。樞始得其環中, 以應无窮。是亦一无窮,
非亦一无窮也。故曰莫若以明。"

재 있는 것들을 제어할 때에 생각마다 옛날의 시작에 합치하고자 하시는 것이라면, 모든 묘한 문을 열어 도의 핵심이 되게 할 수 있는 것이다.

해설 천지의 도 곧 성인의 다스림은 가장 아름답고 훌륭한 것마저도 드러나지 않도록 하는 것이니, 보아도 볼 수 없고 들어도 들을 수 없으며 만져도 촉감이 없는 것이다. 드러나지 않도록 하면서 다스리는 것은 그것을 앞세워도 그 앞모습이 보이지 않고 그것을 뒤따라가도 뒷모습을 볼 수 없으니, 있는 것도 아니고 없는 것도 아닌 형태 없는 모양으로 신묘하게 있다. 그런데 사람들은 이것을 모르고 훌륭하고 아름다운 것을 드러냄으로써 말단을 쫓아가니, 근본에서 멀어지게 되는 원인이다.

15장

古之善爲士者, 微妙玄通, 深不可識。夫唯不可識, 故
强爲之容。豫若冬涉川, 猶若畏四隣, 儼若客, 渙若氷
將釋, 敦兮其[1]若樸, 曠兮其若谷, 渾兮其若濁。孰[2]能[3]濁
而靜之, 徐淸。孰能安以久動之, 徐生。保此道者, 不欲
盈。夫唯不盈, 故能蔽, 不新成。

옛날의 훌륭한 선비는 정미하고 심오하며 현묘하게 통달하여 깊이를 알 수 없
었다. 오직 알 수 없기 때문에 억지로 다음처럼 형용한다. 머뭇거리는 것이 겨
울에 내를 건너는 듯하고, 멈칫멈칫하는 것이 사방의 이웃을 두려워하는 듯하
며, 조심스러운 것이 손님인 듯하고, 풀리는 것이 얼음 녹듯이 하며, 돈독한 것
이 촌사람 같고, 텅 빈 것이 골짜기 같으며, 뒤섞인 것이 흐린 물 같다. 누가 흐
린 것을 참고 가만히 있으면서 서서히 맑아지게 하겠는가? 누가 편안하게 있는
것을 참고 오래도록 움직이면서 서서히 무엇인가 나오게 하겠는가? 이 도를 보
존하고 있는 자는 채우려 하지 않는다. 단지 채우지 않으므로 낡은 것을 참고
아무것도 새롭게 이루지 않는다.

談老 澄濁者, 旣能濁矣, 而又靜之, 徐淸。不能濁, 則或有舍此濁
者, 革取淸者。不能靜而徐, 則或有撓濾以求速淸者。持安者, 旣能

---

1) 필사본에는 '其'자가 없어 『焦竑老子翼』을 참고해서 보충했다.
2) 필사본에는 '孰'자 앞에 '其'자가 있어 『老子翼』을 참고해서 지웠다.
3) 『焦竑老子翼』, 15章註, "純甫曰, '能讀如耐.'"

安矣, 而又久動之, 徐生。不能安, 則或有更駕畏途, 而棼治亂絲者。
不能久動而徐, 則或有益生而修藥。於无妄者, 卽濁而淸, 無別淸之
者, 卽安而生, 無別生之者。保此道而不欲盈, 不敢以有爲, 故能敝
而不新成。聖人所以善救人物者, 以此安者, 美事也。

혼탁한 것을 맑게 하는 방법은 처음부터 혼탁한 것에 대해 참고 또 가만히 있으면서 서서히 맑아지게 하는 것이다. 혼탁한 것을 참지 못하니 혼탁한 것을 버리거나 고쳐서 맑게 하는 방법을 취한다. 가만히 있음으로 서서히 하는 것에 대해 참지 못하니, 요란스럽게 걸러 빨리 맑아지기를 구한다. 편안하게 있는 것을 지키는 방법은 처음부터 편안하게 있는 것에 대해 참고 또 오래도록 움직여서 서서히 무엇인가 나오게 하는 것이다. 편안하게 있는 것을 참지 못하니, 거마를 바꿔 길을 위태롭게 하며 질서정연한 것을 어지럽혀 실 찾는 것을 혼란스럽게 한다. 오래도록 움직이면서 서서히 하는 것에 대해 참지 못하니, 삶을 보태려고 고치고 치료한다. 함부로 함이 없을 경우, 혼탁하면 혼탁한 그대로 맑게 하니 별도로 맑게 하려는 것이 없고, 편안하게 있으면 편안하게 있는 그대로 내놓으니 별도로 내놓는 것이 없다. 이 도를 유지하고 아무것도 채우려고 하지 않아 감히 작위하지 않으므로 낡은 것을 참고 새롭게 이루지 않는다. 성인께서 사람과 사물을 잘 구하시는 까닭은 이렇게 편하게 여기는 것으로써 일을 아름답게 하기 때문이다.

然傳曰, 懷與安, 實敗名, 易係曰, 其亡其亡, 繫于苞桑。四肢[4]安則
疹疾作, 國家安則船樂興。聖人之戒於安, 以其近死亡也。夕惕若厲,
不敢怠忽, 所謂動也。無欲速, 無見小利, 所謂久動。

그런데 『좌전』[5]에서 "남의 은총을 생각하고 자신이 있는 곳을 편안하

---

4) 필사본에는 '肢'자가 '支'자로 되어 있다.
5) 『좌전』은 『춘추좌씨전春秋左氏傳』의 준말로 『춘추春秋』의 해석서이다. 노나라 사관

게 여기는 것은 실로 공명을 무너뜨리는 것이다"[6]라고 하였고, 『주역』 「비괘否卦」에서 "망하게 되지 않을까 망하게 되지 않을까 두려워하여야 무더기로 나있는 뽕나무에 매어 있듯이 편안하게 되리라"[7]라고 하였다. 사지가 편안하면 두창과 병이 생기고, 국가가 편안하면 놀고 즐기는 풍조가 일어난다는 것이다. 성인께서 편안하게 있는 것에 대해 경계하신 것은 그렇게 하는 것이 죽게 되고 망하게 되는 데 가까워지기 때문이다. 그러니 "저녁까지 두려워하며 위태롭게 여겨"[8] 감히 나태하거나 소홀히 하지 않는 것이 이른바 '움직이는 것'[動]이다. 빨리 하고자 하지 않고 작은 이익을 드러내지 않는 것이 이른바 '오래도록 움직이는 것'[久動]이다.

해설 15장 역시 마음을 비우고 작위하지 말라는 것이다. 도를 체득한 훌륭한 선비는 마음을 비우고 행동하기 때문에 남들이 보기에는 이렇게 행동하는 것도 아니고 저렇게 행동하는 것도 아닌 것처럼 보일 수 있다. 마음을 비웠기 때문에 잘못된 것이 있을지라도 그대로 두고 봄으로써 저절로 바르게 되도록 하고, 편안한 상태에 처해 있을지라도 따분해 하지 않고 그대로 오래도록 머물러 있음으로써 새로운 것이 나오도록 한다.

그런데 이충익이 『좌전』과 『주역』에서 편안하게 있는 상태를 경계하라고 한 말을 인용한 것은 이런 말들 때문에 노자의 이 구절을 오해하지 말라는 것이다. 노자의 말은 마음을 비우고 행동해야 모든 일이 제대로 된다는 것이다. 『주역』이나 『좌전』의 말은 게으르고 퇴폐한 것을 경계해야 개인이나 국

좌구명左丘明이 지었다고 하는데 삼십권이다.
6) 『左傳』 「僖公」, "公子曰, '無之.' 姜曰, '行也. 懷與安, 實敗名.'"
7) 『周易』 「否」, "九五, 休否, 大人吉, 其亡其亡, 繫于苞桑."
8) 『周易』 「乾」, "九三, 君子終日乾乾, 夕惕若厲無咎."

가가 편안하게 된다는 것인데, 그럴지라도 노자의 말대로 그것을 드러나지 않게 오래도록 움직이며 천천히 해야 된다는 것이다.

부가적으로 살펴볼 것은 "누가 흐린 것을 참고 가만히 있으면서 서서히 맑아지게 하겠는가? 누가 편안하게 있는 것을 참고 오래도록 움직이면서 서서히 무엇인가 나오게 하겠는가?"라는 노자의 말에 대해 이충익이 "함부로 함이 없을 경우, 혼탁하면 혼탁한 그대로 맑게 하니 별도로 맑게 하려는 것이 없고, 편안하게 있으면 편안하게 있는 그대로 내놓으니 별도로 내놓는 것이 없다"라고 주석한 것이다. 당쟁에 패한 가문의 후손으로서 뼈아픈 현실을 반추하면서 비판하는 말이다.

16장

致虛極, 守靜篤。萬物竝作, 吾以觀其復。夫物芸芸, 各
復歸其根。歸根曰靜, 靜曰, 復命, 復命曰, 常, 知常曰
明。不知常, 妄作凶。知常, 容。容乃公, 公乃王, 王乃天,
天乃道, 道乃久, 沒身不殆。

비어 있음에 도달하기를 지극하게 하고, 고요함을 지키기를 돈독하게 하라.
만물이 함께 일어나면, 나는 이것으로써 만물이 되돌아가는 것을 살핀다. 사물
이 성대하게 되면 제각기 자신의 근본으로 되돌아간다. 근본으로 돌아가는
것을 고요함이라고 하고, 고요함은 명을 회복하는 것이라고 하며, 명을 회복하
는 것을 항구함이라고 하고, 항구함을 아는 것을 밝음이라고 한다. 항구함常을
알지 못하면 함부로 흉한 일을 저지른다. 항구함常을 알면 모든 것을 포용한다.
모든 것을 포용해야 공평하고, 공평해야 왕이며, 왕이어야 하늘이고, 하늘이어야
도이며, 도이어야 오래 지속되어서 죽기까지 위태롭지 않다.

談老 方其竝作, 芸芸之時, 自有復命歸根之妙。在此爲守靜致虛之
要道, 方是常有常無之玄門。不然, 則芸芸爲妄作, 而虛靜爲頑空,
何所觀其徵妙哉。

(사물이) 함께 일어나 성대하게 될 때는 명을 회복하고 근본으로 돌아가
는 묘함이 저절로 있다. 그러니 여기에서 고요함을 지키고 비어 있음에
도달하는 중요한 도를 행하면, 이것이 항구한 유常有와 항구한 무常無의

현묘한 문이 될 것이다. 그렇게 하지 않으면 성대한 것이 함부로 일어나는 것이 되고, 비어 있음과 고요함이 고루하고 공허한 것이 되니, 어디에서 미묘함과 오묘함을 보겠는가?

해설 이곳의 말은 드러내는 것을 모두 없앴을 경우 곧 마음을 비웠을 때 나타나는 효과에 대한 것이다. 마음 비우기를 지극하게 해서 고요해지면, 그 고요해진 마음을 다시 돈독하게 하여 사물이 어떻게 다시 근본으로 되돌아가는지를 살필 수 있게 되고, 결국에는 하늘은 물론 도와 하나가 되어 오래 지속될 수 있다는 것이다.

17장

太上不知有之。其次親之譽之, 其次畏之, 其次侮之,
信不足, 有不信。猶兮其貴言, 功成事遂, 百姓皆謂我自
然。

'최상'[太上]은 (백성들이) 그것이 있음을 알지 못한다. 그 다음은 가까이하고 기
리고, 그 다음은 두려워하며, 그 다음은 모멸하니, 믿음이 부족하여 믿지 않는
것이다. 머뭇거리며 말을 아끼면 공이 완성되고 일이 이루어지니, 백성들은 모
두 "나 스스로 그렇게 했다"고 말한다.

談老 信足, 則自信, 不待言也, 信不足, 而有不信, 則無所用言。故
貴言及其功成事遂, 則百姓無待乎言, 而信乎自然。不知有之, 信足
故也。

믿음이 충분하면 저절로 믿으니 말할 필요가 없고, 믿음이 부족하여 믿
지 않으면 말을 쓸 곳이 없다. 그러므로 말을 아끼는 것이 공이 완성되
고 일이 이루어지는 데 이르게 되면, 백성들이 말에 의지함이 없이 스
스로 그렇게 했다고 믿는다. (백성들이) 최상이 있음을 알지 못하는 것은
믿음이 충분하기 때문이다.

해설 여기서 '최상'[太上]은 최상의 통치자나 통치술로 봐야 한다. 곧 드러나

지 않게 다스리는 통치자나 통치술이기 때문에 백성들이 위에서 어떻게 다스리고 있는지 조차도 모른다는 말이다. 그 다음의 통치자나 통치술은 최상이 불가능해 가까이 하고 기리도록 하고, 그 다음은 두려워하도록 하니, 결국 백성들이 믿지 않고 모멸하게 되는 지경까지 가는 것이다.

그런데 "믿음이 충분하면 저절로 믿으니 말할 필요가 없고, 믿음이 부족하여 믿지 않으면 말을 쓸 곳이 없다"는 이충익의 주석이 아주 재미있다. 곧 믿음이 충분하거나 부족하거나 모두 말할 필요가 없으니, 차라리 입 다물고 곧 교화를 시행하지 말고 지켜보고 있으면 백성들이 스스로 그렇게 만들었다고 말할 정도로 세상만사가 저절로 제대로 된다고 하고 있기 때문이다.

18장

大道廢, 有仁義, 智慧出, 有大僞. 六親不和, 有孝慈, 國家昏亂, 有忠臣.

위대한 도가 없어지자 어짊과 의로움이 있게 되었고, 지혜가 나오자 큰 속임수가 있게 되었으며, 육친이 불화하자 효성과 자애가 있게 되었고, 나라가 혼란해지자 충신이 있게 되었다.

談老 何以知大道廢, 而有仁義也. 以親不和國昏亂, 而有忠孝, 知之. 何以知智慧出, 而有大僞. 以有違情以徇忠孝之名者, 知之.

위대한 도가 없어지자 어짊과 의로움이 있게 되었다는 것을 어떻게 알았는가? 육친이 불화하고 나라가 혼란해지자 충신과 효자가 나오는 것을 가지고 알았다. 지혜가 나오자 큰 속임수가 있게 되었다는 것을 어떻게 알았는가? 실상을 어기고 충신과 효자라는 이름을 따르는 것을 가지고 알았다.

해설 여기 18장의 '위대한 도'[大道]는 앞장 17장의 '최상'[太上]이라고 할 수 있다. 어짊·의로움·지혜·효성·자애는 모두 위대한 도 곧 최상이 없어진 다음에 나오는 것들이다.

19장

絶聖棄智, 民利百倍。絶仁棄義, 民復孝慈。絶巧棄利,
盜賊無有。此三者, 以爲文, 不足。故令有所屬, 見素抱
樸, 少私寡欲。

거룩함을 끊고 지혜로움을 없애버리면, 백성들이 백배로 이롭게 된다. 어짊을
끊고 의로움을 없애버리면, 백성들이 효성과 자애를 회복한다. 교묘함을 끊고
이로움을 없애버리면 도적이 없어진다. 이상의 세 가지를 아름다움으로 삼으
면 충분하지 못하다. 그러므로 속할 곳이 있게 했으니, 소박한 것을 알고 껴안
게 하며 사사로움과 욕심을 적게 한다.

談老 聖知分上, 自無聖知, 衆人則不識不知, 而天下治矣。何必太息
言仁義, 而後利哉。未有重孝慈而蘄不和, 賢忠信而蘄昏亂者。然則
孝慈忠信, 所以爲不和昏亂之文美, 而不足以顧然者。故孝慈忠信,
還之和靖, 而名不立焉, 則幾矣。見素抱樸, 少私寡欲, 則聖智仁義,
還源反本, 不待絶棄, 而自無所用矣。

거룩함과 지혜로움은 최상으로 구별되는데 스스로 거룩함과 지혜로움
을 없애버리면, 뭇 사람들은 느끼지 못하고 알지 못하지만 천하가 다스
려진다. 어째서 반드시 한숨 쉬며 어짊과 의로움을 말한 다음에 이롭게
되겠는가? 효도와 자애를 중요하게 여기면서 불화를 바라고, 충성과 믿
음을 어질게 보면서 혼란을 바라는 경우는 없다. 그렇다면 효도·자애·

충성·믿음은 불화와 혼란에서 드러나는 아름다움이지만 그렇게 되기를 원해서는 충분하지 못한 것이다. 그러므로 효도·자애·충성·믿음이 조화롭고 고요한 곳으로 되돌아가 이름으로 내세워지지 않으면 거의 제대로 된 것이다. 소박함을 알고 껴안으며 사사로움과 욕심을 적게 하면, 거룩함·지혜로움·어짊·의로움이 근본으로 되돌아가니, 끊고 버리기를 기다리지 않아도 저절로 사용할 곳이 없게 된다.

해설 세상에서 가치 있다고 여기는 거룩함·지혜로움·어짊·의로움 등을 강조할 것이 아니라 아예 드러나지 않도록 하면 세상이 다스려진다는 것이다. 그런데 이런 것들을 없애라고만 하면 사람들이 무엇을 기준으로 행동해야 할지를 모르니, 마음을 비울 때 드러나는 소박함을 따르고, 사사로움과 욕심을 줄이면서 살라고 구체적인 행동지침을 제시하여 준 것이다.

20장

絶學無憂。唯之與阿, 相去幾何, 善之與惡, 相去何若。
人之所畏, 不可不畏, 荒兮其未央哉。衆人熙熙, 如享
太牢, 如春登臺。我獨怕兮其未兆, 如嬰兒之未孩, 乘
乘兮若無所歸。衆人皆有餘, 而我獨若遺。我愚人之心
也哉, 沌沌兮。俗人昭昭, 我獨若昏, 俗人察察, 我獨悶
悶。忽兮若晦, 寂兮似無所止。衆人皆有以, 我獨頑似
鄙。我獨異於人, 而貴食母。

학문을 끊어 버리면 근심이 없다. 공손하게 대답하는 것과 태만하게 대답하
는 것의 차이가 얼마나 되겠으며, 선과 악의 차이가 얼마나 되겠는가? 사람들
이 두려워하는 것을 두려워하지 않아서는 안되니, 넓고 멀어서[1] 끝이 없는 듯
하다. 뭇 사람들이 즐거워하는 것이 큰 잔치를 벌이는 것 같고 봄날 누대에 오
르는 것 같다. 나만 조용히 어떤 조짐도 내비치지 않으니, 아직 웃을 줄 모르
는 어린 아기처럼 하고, 떠돌며 돌아갈 곳이 없는 듯이 한다. 뭇 사람들은 충분
히 가지고 있는데 나만 (모두) 잃어버린 것 같다. 나는 어리석은 사람의 마음이
라 아는 것이 없구나![2] 속인들은 또랑또랑한데 나만 흐리멍덩하고, 속인들은
초롱초롱한데 나만 어수룩하다. 소홀히 하는 모양이 어두운 듯하고, 고요하게
가만히 있는 모양이 머물 곳이 없는 것 같다. 뭇 사람들은 모두 쓸모가 있는데
나만 미련하고 촌스럽다. 나만 남들과 달리 유모[3]를 귀하게 여긴다.

---

1) 『老子翼』, 20章註, "…。荒, 廣遠也。……。"
2) 『老子翼』, 20章註, "沌, 如渾沌之沌, 無知也。"
3) 『老子翼』, 20章註, "食, 音嗣, 食母, 乳母也。見禮記內則篇。"『도장』본에 禮記의

談老 天下皆知善之爲善, 斯惡已。惡不自惡, 待善而成。然則善之與惡, 猶唯之與阿, 相去不能以豪釐。知善之爲善, 而有爲爲善者, 鮮有不始於爲善, 而終於爲不善。蓋知善之爲善, 徇迹而迷本焉, 則大道廢, 而智慧出。厭然不知惡之爲惡, 而自以爲爲善者, 以惡之去善, 無幾何也。人之畏, 是有甚於索性爲惡者, 而其亦可畏而可憂, 孰大於是。衆人不知憂畏, 於是, 方將心飫之, 方將目營之。

천하가 모두 선한 것이 선한 것이 되는 줄 알게 되면, 이런 것은 악한 것일 뿐이다. 악한 것이 저절로 악해지는 것이 아니라 선한 것이 있음으로 이루어지는 것이다. 그렇다면 선과 악은 공손하게 대답하고 태만하게 대답하는 것과 같아 서로의 차이가 털끝만큼도 없다. 선한 것이 선한 것이 되는 줄 알고 선이 되는 것을 시행함이 있을 경우는 선이 되는 것에서 시작하지만 불선이 되는 것에서 끝나지 않음이 거의 없다. 대개 선한 것이 선한 것이 되는 줄 알고 그 흔적을 따라가다 근본에 헛갈리게 되면, 위대한 도가 없어지고 지혜가 나온다. 그렇게 푹 빠져서 그 악한 것이 (어떻게 해서) 악한 것이 되는 줄 알지 못하고 스스로 선이 되는 것을 행할 경우, 선과 악의 차이가 조금도 없어진다. 사람들이 이것을 두려워함은 차라리 악을 행하는 것보다 심하니, 그 또한 두려워하고 근심해야 할 것이 무엇이 이보다 크겠는가? 뭇 사람들은 근심하고 두려워할 줄 몰라 여기에서 마음에 질리도록 할 것이고 눈으로 경영하려고 할 것이다.

我獨怕兮其未兆, 恐其端之著也。如嬰兒之未孩, 恐其欲惡之形也。乘乘兮若無所歸, 恐其向背趣舍之異也。若遺, 恐其宿留乎中也。沌沌悶悶, 不欲其小辨也, 若昏若晦, 不欲其小慧也。無所止, 與物化

'禮'자가 '體'자로 되어 있다.

而不凝滯也。頑似鄙, 深根寧極, 人無得以相焉。人貴食於母, 而我獨貴其食母。以人之所食以生者, 皆仰, 是母也。食於(與)所食(之食), 皆入聲, 食母(之食),⁴⁾ 去聲。

나만 조용히 어떤 조짐도 내비치지 않는다는 것은 그 단서가 드러나는 것을 두려워한다는 것이다. 아직 웃을 줄 모르는 아기처럼 한다는 것은 미워함이 나타나는 것을 두려워한다는 것이다.⁵⁾ 떠돌며 돌아갈 곳이 없는 듯이 한다는 것은 그 향배와 취사가 다른 것을 두려워한다는 것이다. '(모두) 잃어버린 것 같다'[若遺]⁶⁾는 것은 중심에 머무르기를 두려워한다는 것이다. '아는 것이 없다'[沌沌]는 것과 '어수룩하다'[悶悶]는 것은 하찮은 분별을 하지 않고자 하는 것이고, '흐리멍덩하다'[若昏]는 것과 '어두운 듯하다'[若晦]는 것은 하찮은 지혜를 사용하지 않고자 하는 것이다. '머물 곳이 없다'[無所止]는 것은 사물과 함께 변화해서 막힘이 없는 것이다. '미련하고 촌스럽다'[頑似鄙]⁷⁾는 것은 근본을 깊게 하고 궁극을 편하게 여겨 사람들이 볼 필요가 없다는 것이다. 사람들은 어머니가 먹여주는 것을 귀하게 여기는데, 나만 유모를 귀하게 여긴다. 사람들이 먹여 살려주는 것으로 모두 우러러 받드는 것은 어머니이다. 식어食於와 소식所食의 식食자는 모두 입성이고, 사모食母의 사食자는 거성이다.

해설 위의 본문은 도를 터득한 자에 대해 기술한 것이다. 그런데 이 내용을 이충익에게 적용할 경우, 당시 당쟁에 대한 이충익 자신의 신랄한 비판과 그 자신의 험난한 인생에 대한 위안으로 보인다. 서로들 자신들의 견해가 옳다고 하면서 남들을 공격해서 그 친족들까지 귀양 보내고 죽이니, 이와 같은 정쟁

---

4) 주에서 괄호 속의 글자들은 모두 옮긴이가 문맥에 맞추어 보충한 것이다.
5) 『老子翼』, 20章註, "孩, 小兒笑也。笑則情動而識生矣。"
6) 『老子翼』, 20章註, "遺, 失也。"
7) 『老子翼』, 20章註, "頑, 不知痛痒也。古謂都爲美, 郊爲鄙。"

은 차라리 악을 행하는 것보다 심한 것이다. 이충익이 유독 20장에서 이처럼 많은 주석을 남긴 것은 본문이 당시의 정치 현실과 무관하게 있는 자신의 입장을 잘 대변하고 있다는 생각 때문으로 보인다. 특히 "떠돌며 돌아갈 곳이 없는 것 같다"는 등의 구절에서 이충익은 자신의 떠돌이 인생을 깊이 공감하면서 비애를 달랬는지도 모른다.

앞에서 이미 언급한 것으로 '당쟁 때문에 세상이 이렇게 되었으니 묵묵히 선과 함께 하고 드러내지 말아야 한다고 아버님께서 말씀하셨다'는 아들 면백의 말[8]이 묵직하게 다가온다. 왕족의 후손임에도 윗대의 당쟁 패배로 그 여파가 자손들에게 미쳐 이충익의 나이 12살에 생부와 양부가 모두 함경도 갑산과 경상도 기장으로 귀양 간다. 가난에 쪼들리며 삼십대 중반까지 남북으로 천리 길을 오가며 귀양간 두 아버지를 모시고, 두 아버지가 돌아가신 이후에는 생계를 꾸리기 어려워 온 가족을 이끌고 경기도 일대 등을 떠돌며 자신은 아이들을 가리키고 부인은 삯바느질로 오십대 중반까지 연명하다가 귀향한다. 그 후에도 계속 가난 속에서 어렵게 삶을 유지하다가 병자(1816)년 2월 곧 73세 되던 해에 부인이 세상을 떠나자마자 얼마 후 흔적도 별로 남기지 않고 처절한 생을 마감한다.[9]

---

8) 『岱淵遺藁』卷之二,「先考妣合窆誌」, "椒園君, …, 嘗語勉伯曰, 世之至此, 黨論禍之也. 黨論非賢豪所爲, 其默然惟善之與乎. 善善固自難, 非識, 終亦失之而已."

9) 『岱淵遺藁』卷之二,「先考妣合窆誌」, "往在英宗乙亥, 有大獄. 椒園君兩考, 俱被連坐律, 謫國之極, 南北去家千餘里. 椒園君自弱冠, 奔走炎朔以扶持之. 及君中年, 所後親尙無恙. 椒園君貧不能辦裝, 乃肩擔徒而北, 因留養不還. 經年而親歿, 凡屬于送者, 悉取具于宿, 不以絶塞倉卒, 致缺於情文. 扶櫬而歸, 凡屬于行者, 畢辦而治, 不狀窮家引, 獨椒園君形貌枯黑, 幾不可認. 勉伯時年十三歲, 尙記迎哭於園東二十里津頭, 仰視號慟也. 椒園君免喪, 而益無以爲活, 盡室轉徒畿峽間, 爲童子師, 權孺人爲人縫紝, 以享先而餬兒女. 村里男婦常異之曰, 彼流離者而祭之潔也, 而衣服之不垢缺也. 君與權孺人不解向人作殷勤態, 而所居致其情如親戚. 蓋君性直直, 而濟之以敦厚, 面勸疏者如親者, 孺人性慈慈, 而不違乎義方, 責己子有明乎人之子. 故得糺誠者彌近, 遇

초원이 살았던 강화도, 마니산에서 서해를 바라보다

恩厚者知約。此吾父母之大略也。晚移王城之西江，親舊幾盡凋謝，過從多新知，椒園君不樂也。蓋去椒園二十年而反，園深無人事，常平晝讀書，或曳杖逍遙林木間。共野人談農稼。…。至乙亥是遠壯元及第，椒園君聞報瞿然曰，吾意理或有是，而未之敢願也。明年二月權孺人歿，椒園君又以三月歿，壽七十三。孺人多君一歲，椒園君文筆有名於世，士大夫爭寵歎之，而椒園君不以此自多，等之小技。有求書者，淡墨鸞翰，信手濡染，若無意於書者。有集二卷，談老杜詩畧說各一卷。"

21장

孔德之容, 唯道是從。道之爲物, 惟恍惟惚。惚兮恍兮,
其中有象。恍兮惚兮, 其中有物。窈兮冥兮, 其中有精。
其精甚眞, 其中有信。自古及今, 其名不去, 以閱衆甫。吾
何以知衆甫之然哉。以此。

위대한 덕의 모습이 오직 도를 따른다.[1] 도라는 것은 황홀할 뿐이다.[2] 황홀하
고 황홀한데 그 속에 형상이 있구나! 황홀하고 황홀한데 그 속에 사물이 있구
나! 캄캄하고 어두운데[3] 그 속에 정묘함이 있구나! 그 정묘함은 아주 참되어
그 가운데 진실이 있다. 옛날부터 지금까지 그 이름이 떠나가지 않고 있어 그
것으로 모든 아름다움이 거쳐 오게 한다.[4] 내가 어떻게 모든 아름다움이 그렇
다는 것을 알았는가? 위의 것으로 알았다.

談老 卽無而有, 卽有而無, 是謂無象之象, 無狀之狀。所以爲常有
常無, 而甚精且眞焉者也。所以名天地之始, 與萬物之母, 自古及今,
閱衆甫以不去者也。

무無에 나아갔는데 유有이고, 유有에 나아갔는데 무無여서 이것을 형상

---

1) 『老子翼』, 21章註, "孔, 大也。"
2) 『老子翼』, 21章註, "恍惚窈冥, 皆不可見之意。"
3) 『老子翼』, 21章註, "恍惚窈冥, 皆不可見之意。"
4) 『老子翼』, 21章註, "閱, 自門出者, 一一而數之, 言道如門, 萬物自此往也。……。一訓
    經歷, 亦同此義。甫, 美也, 又始也。"

없는 형상이라고 하고 모양 없는 모양이라고 말한다. 그래서 '항구한 유' [常有]가 되고 '항구한 무'[常無]가 되니, 아주 신묘하고 또 참되다. 그래서 천지의 시작과 만물의 어미로 이름 붙였으니, 옛날부터 지금까지 모든 아름다움이 거쳐 오면서 떠나가지 않는다.

해설 이충익은 21장 역시 1장과 2장의 내용과 동일하다고 본 것이다. 곧 드러내는 것을 없애는 것이야말로 유이면서 무가 되게 하는 것으로 황홀한 경지라는 말이다.

22장

曲則全, 枉則直, 窪則盈, 敝則新, 少則得, 多則惑。是以
聖人抱一, 爲天下式。不自見, 故明, 不自是, 故彰, 不自
伐, 故有功, 不自矜, 故長。夫唯不爭。故天下莫能與之
爭。古之所謂曲則全者, (豈)[1] 虛言哉。誠全而歸之。

부분적으로 하면 전체적으로 되고, 굽게 하면 곧게 되며, 우묵하게 하면 채워
지게 되고, 낡게 하면 새롭게 되며, 적게 하면 얻게 되고, 많게 하면 미혹된다.
이 때문에 성인은 하나를 가슴에 안고 천하의 모범으로 삼는다. 스스로 드러
내지 않으므로 밝아지고, 스스로 옳다고 여기지 않으므로 드러나며, 스스로
뽐내지 않으므로 공을 소유하고, 스스로 자랑하지 않으므로 오래간다. 단지
다투지 않은 것일 뿐이다. 그러므로 천하에서 아무도 그 분과 다툴 수 없다. 옛
날에 이른바 부분적으로 하면 전체적으로 된다는 것이 (어찌) 헛말이었겠는
가? 진실로 온전하게 되어 되돌려 받을 것이다.

談老 能曲枉窪敝, 則斯能全直盈新矣。未有不能曲枉窪敝, 而能全
直盈新者矣, 何也。以曲枉窪敝類, 近乎少, 而全直盈新類, 近乎多
也。是以聖人以至少無間之一, 爲天下衆多之式。豈虛言哉, 苟能曲
矣, 誠能全矣。曲, 與部曲鄕曲之曲, 指偏小之一體而言。曲禮者, 委曲之禮, 非禮之全也。
中庸致曲, 曲能有誠, 皆同此。

---

1) 필사본에는 '豈'자가 없는데, 옮긴이가 『老子翼』과 아래의 주를 참고해서 보충했다.

부분적으로 하고 굽게 하며 우묵하게 하고 낡게 할 수 있으면, 이것이 전체적으로 되고 곧게 되며 채워지게 되고 새롭게 될 수 있는 것이다. 부분적으로 하고 굽게 하며 우묵하게 하고 낡게 할 수 없는데 온전하게 되고 곧게 되며 채워지게 되고 새롭게 될 수 있는 것은 없으니, 무엇 때문인가? 부분적으로 하고 굽게 하며 우묵하게 하고 낡게 하는 것은 적은 것에 가깝고, 온전하게 되고 곧게 되며 채워지게 되고 새롭게 되는 것은 많은 것에 가깝기 때문이다. 이 때문에 성인께서는 지극히 적고 틈이 없는 하나를 가지고 천하에서 많은 것의 모범으로 삼으셨다. "어찌 헛말이었겠는가?"라는 본문의 말은 만약 부분적으로 할 수 있으면 진실로 전체적으로 될 수 있다는 말이다. (본문에서 '부분적으로 한다'는 의미의) 곡曲자는 '군대 편제의 단위'[部曲]와 '시골구석'[鄕曲]이라고 할 때의 곡曲이라는 의미로 치우치고 작은 한 부분을 지적해서 말한 것이다. 곡례曲禮란 각 상황에 따른 자세한 예로 예의 전체가 아니라는 것이다. 『중용』에서 "한쪽으로 지극히 함이니, 한쪽으로 지극히 하면 성실할 수 있다"는 것은 모두 이와 같은 의미이다.[2]

해설 22장 역시 마음을 비워야 하는 것에 대해 다른 방법으로 표현한 것일 뿐이다.

---

2) 『中庸』, 23章, "其次致曲, 曲能有誠, 誠則形, 形則著, 著則明, 明則動, 動則變, 變則化, 唯天下至誠爲能化."

23장¹⁾

希言自然。飄風不終朝, 驟雨不終日。孰爲此者。天地。
天地尙不能久, 而況于人乎。故從事於道者, 同于道, 德
者, 同于德, 失者, 同于失。同于道者, 道亦樂得之, 同
于德者, 德亦樂得之, 同于失者, 失亦樂得之。信不足²⁾,
有不信。

저절로 그런 것에 대해서는 거의 말하지 않는다. 태풍은 아침 내내 불지 않고,
소낙비는 하루 종일 오지 않는다. 무엇이 이렇게 한 것인가? 천지이다. 천지마
저도 오히려 오래할 수 없는데, 하물며 사람들에게 있어서야 말해 무엇 하겠는
가? 그러므로 도에 종사하는 자는 도와 하나가 되니, 얻은 자는 얻은 것과 하
나가 되며, 잃은 자는 잃은 것과 하나가 된다. 도와 하나 된 자는 도까지도 그
를 얻은 것에 대해 기꺼워하고, 얻음과 하나 된 자는 얻음까지도 그를 얻은 것
에 대해 기꺼워하며, 잃음과 하나 된 자는 잃음까지도 그를 얻은 것에 대해 기
꺼워한다. 믿음이 부족하니 믿지 못하는 것이 있다.

談老 世罕有言自然者。何不觀乎風雨之飄驟者乎。不出乎自然, 則
天地尙不能以長久, 況於人乎。人而能法乎自然, 則無所不同, 而無

---

1) 심경호의 논문 『椒園 李忠翊의 「談老」에 관하여』 466쪽에 23장 주석에 대한 그의
   번역이 있으니 참고를 바란다.
2) 필사본에는 이어지는 '有'자 옆에 '焉'자를 작은 글씨로 적어 놨다. 초횡焦竑의 『노자
   익老子翼』에는 '焉'자가 없다.

所不信, 可以歷世而常存矣。

세상에서 저절로 그런 것에 대해 말하는 경우는 드물다. 어떻게 바람과 비 가운데 소낙비와 태풍을 본적이 없겠는가? 저절로 그런 것에서 나온 것이 아니라면, 천지마저도 오히려 오래도록 지속할 수 없는데, 하물며 사람에게 있어서야 말해 무엇 하겠는가? 사람이 되어 저절로 그런 것을 본받을 수 있다면, 같이하지 않을 것이 없고 믿지 못할 것이 없으니, 대대로 영원히 보존될 수 있다.

德者, 得此道也, 失者, 亦失此道也。從事於道者, 固不以己之得此道, 自殊異於失道者。則不揀得失, 無非此道之所攝, 而得與失者, 皆不離道。上住更無二道, 如人因地而倒, 因地而起。故失者同於失, 而失亦樂其同。此乃道之大全, 而天下無棄人棄物矣。苟能是道, 固天下之大信, 而無不信者矣。

얻음[德]이란 이 도를 얻는 것이고, 잃음[失]이란 또한 이 도를 잃는 것이다. 도에 종사하는 자는 자신이 이 도를 얻은 것을 가지고 도를 잃은 자와 스스로 특별히 다르다고 여기지 않는다. 그렇게 되면 얻음과 잃음을 구별하지 않고, 이 도로 지키는 바가 아닌 것이 없어, 얻고 잃는 것이 모두 도를 떠나지 않는다. 위로 내세움에 다시 두 개의 도가 없으니, 사람이 땅 때문에 넘어지나 땅에 의지해서 일어나는 것과 같다. 그러므로 잃은 경우에는 잃음과 하나 되어, 잃음까지도 그 하나 됨을 기거워한다. 이것이 바로 도를 크게 온전하게 하는 것이고, 천하에서 버리는 사람과 사물이 없는 것이다. 만약 이 도에 능하다면 진실로 천하가 크게 믿어서, 믿지 않는 자가 없을 것이다.

해설 23장 역시 마음 비움에 대해 다르게 표현한 것이다. 천지의 조화마저도 저절로 그런 것에서 나오지 않은 것은 오래가지 못하니, 이것을 깨닫고 마음을 비움으로써 모든 것과 구분 없이 하나 되어 살아가라는 말이다.

24장

企者不立, 跨者不行。自見者不明, 自是者不彰。自伐者
無功, 自矜者不長。其在道曰, 餘食贅行。物或惡之, 故
有道者不處。

까치발로 서있는 자는 (오래) 서 있을 수 없고, 보폭을 너무 넓게 걷는 자는 (멀
리) 걸을 수 없다. 스스로 드러내는 자는 밝지 않고, 스스로 옳다고 여기는 자
는 드러나지 않는다. 스스로 자랑하는 자는 공이 없어지고, 스스로 자만하는
자는 오래가지 못한다. 그것들은 도의 관점에서, 음식찌꺼기라고 하고 군더더
기 행동이라고 한다. 사람들이 의심하고 싫어하므로 도를 깨달은 자는 그렇게
처신하지 않는다.

談老 凡物皆有定分, 遍得而幾矣。不聽物, 而有我焉, 則侈濫生, 而
不能止於其所止, 猶行立之跨企, 而飽餘之方丈。

모든 사물에는 모두 정해진 몫이 있으니, 당연히 그것을 얻어 가까워지
려고 한다. 사물을 따르지 않고 내 생각대로 한다면, 삶을 사치스럽게
하고 함부로 해서 자신이 있을 곳에 머물러 있을 수 없으니, 걷고 서 있
을 때 보폭을 너무 넓게 하고 까치발을 하고 있는 것과 같고, 실컷 먹다
남은 음식이 사방으로 한 길이나 쌓여 있는 것과 같다.

마음을 비우지 못해 드러내는 행위는 모두 잘못된 것으로 냄새나는
음식찌꺼기와 같으니, 절대로 해서는 안 되는 것임을 다른 표현으로 밝혔다.

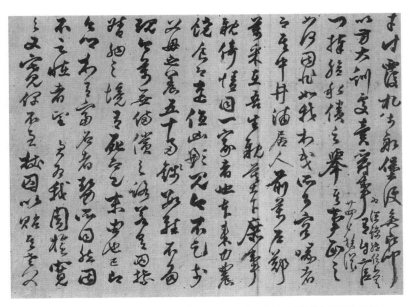

李忠翊 親筆, 書簡 부분, 22.5×30cm 紙本墨書『宗簡』帖 所收, "圓嶠 李匡師展" 예술의 전당, 1994.
흉년으로 제때에 빚을 갚을 형편이 안되는 정 만호에 대한 선처를 지방관으로 나가있는 친척에게 부탁하는
초원 이충익의 곤혹스러운 청탁편지다. 정 만호는 이충익의 부모 선산을 관리해주는 선량한 사람이다.

"… (정 만호를) 감옥에 가두어 독촉하는 지경까지 가면, 옥사할 뿐이네(若有囚禁督
納之境, 有死而已。), … 그대가 나를 위해 주선하여 관대하게 하고 또 관대하게 하
여 곤장을 맞고 하옥되지 않음으로 노부모를 봉양할 수 있게 해주길 바라네(望君
爲我周旋, 寬之又寬, 俾不至杖囚, 以貽其老父母之養). …"

25장

有物混成, 先天地生。寂兮寥兮, 獨立不改, 周行而不
殆, 可以爲天下母。吾不知其名, 字之曰道。强爲之名曰
大。大曰逝, 逝曰遠, 遠曰反。故道大。天大, 地大, 王亦
大。域中有四大, 而王居其一焉。人法地, 地法天, 天法
道, 道法自然。

뒤섞여 이루어진 무엇인가가 천지가 나온 것보다 앞서 있다. 멈추어 있는 듯
멀어지는 듯[1] 독립해 있으면서 변경하지 않고, 두루 돌아다니면서 위태롭지
않아 천하의 어미가 될 수 있다. 나는 그것에 대해 무엇이라고 이름 붙여야 할지
몰라 별명으로 도라고 한다. 억지로 그것에 이름을 붙인다면 위대한 것이라고
할 수 있다. 위대한 것은 떠나가는 것을 말하고, 떠나가는 것은 멀어지는 것을
말하며, 멀어지는 것은 되돌아오는 것을 말한다. 그러므로 도가 위대하다. 그
런데 하늘이 위대하고, 땅이 위대하고, 왕도 위대하다. 그러니 우주에는 네 개
의 위대한 것이 있고, 왕이 그 중 하나를 차지하고 있다. 사람은 땅을 본받고,
땅은 하늘을 본받으며, 하늘은 도를 본받고, 도는 저절로 그런 것을 본받는다.

談老 逝且遠且反, 所以大也。非謂大故逝, 逝故遠, 遠故反也。域
中四大, 皆從自然生, 故並爲大。非謂人法地, 地法天, 天法道, 皆不
能法自然也。此皆綴文之變法。人而能法自然, 則爲人之最尊勝, 故

---

1) 『老子翼』, 25章註, "寂, 止也, 寥, 遠也。"

稱王以顯大。

떠나가면서 또 멀어지고 또 되돌아오니, 위대한 까닭이다. 위대하기 때문에 떠나가고, 떠나가기 때문에 멀어지고, 멀어지기 때문에 되돌아온다는 말이 아니다. 우주에서 네 개의 위대한 것은 모두 저절로 그런 것에서 나왔으므로, 나란히 위대한 것이 된다는 것이다. 사람이 땅을 본받고, 땅이 하늘을 본받으며, 하늘이 도를 본받는다는 것은 이 모든 것들이 저절로 그런 것을 본받을 수 없다는 말이 아니다. 이런 표현은 모두 문맥을 이어가는 융통성이다. 사람으로서 저절로 그런 것을 본받을 수 있다면, 사람 중에서 가장 존귀하고 뛰어나게 되므로, 왕이라고 칭해 그 위대함을 드러냈다.

해설 도 곧 마음을 비우는 것이 위대한 것으로 모든 것을 버리는 것 곧 떠나보내 멀어지게 하는 것이다. 그러나 그렇게 마음을 비우면 모든 것을 온전하게 되돌려 받을 수 있다는 것이 이상의 내용이다. 이후부터 같은 내용이 다른 표현으로 반복되는 것에 대해서는 설명하지 않고, 특별히 내용이 다르거나 어려운 것들에 대해서만 설명하겠다.

26장

重爲輕根, 靜爲躁君。是以聖人終日行, 不離輜重, 雖有榮觀, 燕處超然。奈何萬乘之主, 而以身輕天下。輕則失根, 躁則失君。

무거운 것은 가벼운 것의 뿌리가 되고, 고요한 것은 조급한 것의 임금이 된다. 이 때문에 성인께서는 종일 길을 가도 짐수레 곁을 떠나지 않으시며, 비록 대단히 화려한 볼거리가[1] 있을지라도 한가롭게 있으면서 초연하시다. (이것이) 어찌 천자가 되어 자신 때문에 천하를 가볍게 여기신 것이겠는가? 가볍게 여기면 근본을 잃고, 조급하게 행동하면 임금의 지위를 잃는다.

談老 不難以身爲天下, 則是有爲矣。則是以身輕天下, 而無以御羣動矣。以身輕天下, 猶言輕以身爲天下。

자신으로 천하 위하기를 어려워하지 않는다면, 이것은 작위 함이 있는 것이다. 그렇다면 이것은 자신 때문에 천하를 가볍게 여겨서 모든 움직임을 제어할 방법이 없게 된 것이다. "자신 때문에 천하를 가볍게 여긴다"는 본문의 말은 자신으로 천하 위하기를 가볍게 여긴다는 말과 같다.[2]

---

1) 『老子翼』, 26章註, "榮觀, 紛華之觀也。"
2) 이곳의 주석은 "자신 때문에 천하 다스리기를 가볍게 여긴다"로 해석해도 될 것이다. 그런데 주석의 첫 구절을 비롯하여 "爲"자를 "다스린다"는 의미로 해석하지 않은 이

해설 무겁고 고요한 것은 가볍고 조급하지 않게 행동하는 것 곧 마음을 비움으로써 진중하게 행동하는 것이다. 천하의 근본인 임금은 마음을 비워 언제나 진중하게 행동해야 하니, 길을 갈 때는 짐수레 옆에 있고 화려한 볼거리가 있을 때는 초연히 한가하게 있는 것으로 비유했다.

유는 13장 본문 마지막 구절 곧 "그러므로 자신으로 천하 위하기를 귀중하게 하는 자라면 천하를 맡길 수 있고, 자신으로 천하 위하기를 사랑하는 자라면 천하를 부탁할 수 있다(故貴以身爲天下者, 可以寄天下, 愛以身爲天下者, 可以託天下.)"와 관련하여 해석했기 때문이다.

27장

善行, 無轍迹, 善言, 無瑕讁, 善計, 不用籌策, 善閉, 無
關楗, 而不可開, 善結, 無繩約, 而不可解。是以聖人常
善救人, 故無棄人, 常善救物, 故無棄物。是謂襲明。故
善人, 不善人之師, 不善人, 善人之資。不貴其師, 不愛
其資, 雖知大迷, 是爲要妙。

길을 잘 가면 바퀴 자국을 남기지 않고, 말을 잘하면 견책 받을 일이 없으며,
셈을 잘하면 계산도구를 사용하지 않고, 잘 닫아 놓으면 자물통이 없어도 열
지 못하며, 잘 묶어 놓으면 밧줄이 없어도 풀지 못한다. 이것은 성인께서 항상
사람을 잘 도와주시기 때문에 버리는 사람이 없으신 것이고, 항상 사물을 잘
구제하시기 때문에 버리는 물건이 없으신 것이다. 이것을 밝음을 감추는 것이
라고 한다. 그러므로 좋은 사람은 좋지 못한 사람들의 스승이고, 좋지 못한 사
람은 좋은 사람들의 밑천이다. 그런데 그 스승을 귀하게 여기지 않고, 그 밑천을
아끼지 않으니, 비록 앎이 크게 미혹될지라도 바로 도의 요긴함과 신묘함이다.

談老 善行以下五句, 皆喩善救人物之旨。蓋聖人之於人物, 無私好
惡, 如天地之覆載。其視人物之不安其生者, 不以聲色偏拊之, 不以
財物饒益之。去其害, 而鞭其後, 猶且無爲焉, 不宰焉。而人物自炊
累,[1] 如善閉, 無關鍵, 而不可開, 善結, 無繩約, 而不可解也。

---

1) 『莊子』「在宥」, "從容無爲, 而萬物炊累焉, 吾又何暇治天下哉。"

"길을 잘 간다"는 이하의 다섯 구절은 모두 사람과 사물을 잘 도와주고 구제한다는 의미를 비유한 것이다. 대개 성인께서는 사람과 사물에 대해 사적으로 좋아하고 싫어하는 것이 없으시니, 하늘과 땅이 만물을 덮어주고 실어주는 것과 같다. 성인께서 사람과 사물이 그 삶을 편하게 여기지 못하는 것들을 보시고는 좋은 말과 얼굴로 위로해 주지 않으시고 재물로 넉넉하게 해 주지 않으신다. 해로운 것을 제거하고 뒤떨어지는 것을 닦달하면서도 오히려 무위하고 주관하지 않으신다. 그런데도 사람들과 사물들이 스스로 움직여 올라가니, 잘 닫아 놓으면 자물통이 없어도 열지 못하고, 잘 묶어 놓으면 밧줄이 없어도 풀지 못하는 것과 같다.

襲明, 言明之不外顯, 如襲裘之掩其美也。善人, 能不棄不善人, 以爲之師。而不善人, 不知有之曰, 帝力何有, 是不貴其師也。不善人居下, 以勤力以資善人。而善人生畜, 而不有, 以爲芻狗焉, 是不愛其資也。下無知, 而上不敢爲知, 是知者, 同乎迷, 而爲道之要妙也。

"밝음을 감춘다(襲明)"는 것은 밝음을 밖으로 드러내지 않는다는 말이니, 갖옷 위에 덧입어 그 아름다움을 감추는 것과 같다. 좋은 사람들은 좋지 못한 사람들을 버리지 않아 그들의 스승이 될 수 있다. 그런데 좋지 못한 사람들은 좋은 사람들이 있다는 것을 알지 못하여 "임금의 힘이 (나에게) 무슨 영향을 미쳤단 말인가?"라고 하니,[2] 이것은 그 스승을 귀하게 여기지 않는 것이다. 좋지 못한 사람들이 아래에 있으면서 부지런히 힘을 다해 좋은 사람의 밑천이 된다. 그런데 좋은 사람들은 (그들이) 살아가도록 길러주면서도 소유하지 않아 지푸라기로 만든 강아지처럼 여기니, 이것은 밑천을 아껴주지 않는 것이다. 아래에서 아는 것이 없고 위에서 감히 아는 것을 행하지 않으니, 바로 앎이 미혹된 것과 같지만 도의 요긴함과 신묘함이다.

---

2) 『十八史略』 「帝堯陶唐氏」에 나오는 '격양가擊壤歌'의 한 구절이다.

해설 위의 내용 역시 2장의 내용과 동일한 것이다. 아름다움과 선함이 아름다운 것과 선한 것인 줄 알게 하는 것이 나쁘다는 것을 깨우치는 방법으로 모든 것을 다스리고 처리하니, 그 흔적이 절대로 남아 있을 수 없다. 곧 표본이 될 만한 훌륭한 사람을 표창하지 않고, 비천한 사람들이 열심히 일해도 아껴주지 않는 것 역시 같은 방법으로 사람들을 대해 드러나지 않게 하는 것이다. 도의 요긴함과 신묘함은 아주 특별하고 귀한 어떤 것이 아니라 바로 이 상에서 말한 것을 이처럼 응용해서 모든 것이 드러나지 않게 하는 것일 뿐이다.

28장

知其雄, 守其雌, 爲天下谿。爲天下谿, 常德不離, 復歸于嬰兒。知其白, 守其黑, 爲天下式。爲天下式, 常德不忒, 復歸于無極。知其榮, 守其辱, 爲天下谷。爲天下谷, 常德乃足, 復歸于樸。樸散則爲器, 聖人用之, 則爲官長。故大制不割。

수컷의 특성을 알고 암컷의 특성을 지킨다면 천하의 계곡이 된다. 천하의 계곡이 되면 항구한 덕이 떠나지 않아 아기와 같은 상태로 되돌아간다. 흰색을 알고 검은 색을 지킨다면 천하의 본보기가 된다. 천하의 본보기가 되면 항구한 덕이 어그러지지 않아서 무극으로 복귀한다. 영화를 알고 치욕을 지킨다면 천하의 계곡이 된다. 천하의 계곡이 되면 항구한 덕이 풍족하게 되어서 소박한 상태로 복귀한다. 소박한 상태가 흩어지면 그릇이 되니, 성인께서 사용하시면 관부의 우두머리로 삼으실 것이다. 그러므로 위대한 다스림은 나누지 않는다.

談老 雄爲堅强, 而雌爲柔弱。知堅强者之爲死之徒, 而守柔弱者之爲生之徒, 則能反嬰兒, 而公死遠矣。白者受繪, 而黑者無文。知五色之令人盲, 而守昏晦之悶悶, 則能反無極, 而母羣有矣。榮爲貴高, 而辱爲賤下。知貴以賤爲本, 高以下爲基, 而守賤下以爲本基, 則能反樸, 而御官長矣。蓋樸全而器散, 猶全之爲君道, 而散而用之, 則爲官長有司也。樸爲母, 而器爲子, 下經旣知其子, 復守其母者, 此之謂也。

수컷은 굳세고 강한 것이고, 암컷은 부드럽고 약한 것이다. 죽을 것들인 굳세고 강한 것을 알고, 살아 있을 것들인 부드럽고 약한 것을 지킨다면, 아기와 같은 상태로 되돌아가 죽음에서 멀리 벗어날 수 있다. 흰 것은 그리는 대로 받아들이지만 검은 것은 아무 것도 드러내지 못한다. 오색이 사람의 눈을 멀게 한다는 것을 알고, 어수룩하게 보일 정도로 어두운 것을 지킨다면, 무극으로 돌아가 모든 유有의 어미가 될 수 있다. 영화는 귀하고 높은 것이며, 치욕은 천하고 낮은 것이다. 그러나 귀한 것은 천한 것을 근본으로 하고 높은 것은 낮은 것을 기반으로 한다는 것을 알고, 천한 것과 낮은 것을 지켜 기반으로 삼는다면 소박한 상태로 돌아가, 관부의 우두머리를 제어할 수 있다. 대개 소박한 것은 온전하게 있는 것이고, 그릇은 그것이 흩어진 것이니, 온전하게 있는 것은 임금의 도가 되고, 흩어져서 사용되는 것은 관부의 우두머리와 관리가 된다는 것과 같다. 소박한 상태는 어미가 되고, 그릇은 자식이 되니, 52장의 "그 자식을 안 다음에 다시 그 어미를 지킨다"는 구절은 이것에 대한 말이다.

해설 마음을 비우는 것은 특별한 데 있는 것이 아니라 수컷과 암컷, 흰 것과 검은 것 등을 구분해서 보는 것이 아니라 하나로 보는 것이다. 구분해서 보는 것 자체가 마음을 비우지 못한 것이기 때문이다.

29장

將欲取天下而爲之, 吾見其不得已。天下神器, 不可爲
之。爲者敗之, 執者失之。故物或行或隨, 或呴或吹, 或
强或羸, 或載或隳。是以聖人去甚去奢去泰。

천하를 취해서 다스리고자 할지라도[1] 나는 그것이 어쩔 수 없음을 안다. 천하
는 신묘한 그릇이니 다스려서는 안 된다. 다스릴 경우 손상되고, 움켜잡을 경
우 잘못된다. 사물은 앞서가기도 하고 뒤따라가기도 하며, 가늘게 숨을 쉬기도
하고 강하게 숨을 쉬기도 하며, 튼튼하기도 하고 파리하기도 하며, 실어주기도
하고[2] 무너뜨리기도 하기 때문이다. 이 때문에 성인께서는 심한 것과 사치스
러운 것과 지나친 것(만)을 제거하신다.

> 談老 天下神器, 神, 無爲也, 故不可爲也。行隨呴吹, 强羸載隳, 物
> 之不齊, 物之情也。聖人因以利導之, 去泰去甚, 物自化而不知。若執
> 而爲之, 强使齊焉, 將見其敗失而已。去泰去甚, 與莊生去害馬者, 而鞭羊之後者,
> 意同。

"천하는 신묘한 그릇이다"에서 '신묘한'[神]은 무위하는 것이므로 다스려
서는 안된다. 앞서가기도 하고 뒤따라가기도 하며, 가늘게 숨쉬기도 하

---

1) 『老子翼』, 29章註, "取, 如左氏取我田疇而伍之, 史記取高帝約束紛更之之取。爲, 治
之也。"
2) 『老子翼』, 29章註, "載, 始也, 又任載也。"

고 강하게 숨쉬기도 하며, 튼튼하기도 하고 파리하기도 하며, 실어주기도 하고 무너뜨리기도 하는 것은 사물이 가지런하지 않은 것으로 그 실상이다. 성인께서 그 때문에 이롭게 인도하고 지나친 것과 심한 것을 제거하니, 사물이 저절로 감화되면서도 알지 못한다. 만약 움켜잡고 다스려서 억지로 가지런하게 하면 손상되고 잘못되는 것을 볼 뿐이다. 지나친 것과 심한 것을 제거하는 것은 장자의 "말에게 해가 되는 것을 제거하며"[3] "양치는 것처럼 뒤쳐져 가는 것을 보면 채찍질 한다"[4]는 말과 의미가 같다.

해설 29장에서 성인께서 심한 것과 사치스러운 것을 제거하신다는 말 자체를 새겨서 생각할 수 있어야 한다. 곧 그것들을 드러나게 다스리는 것이 아니라 드러나지 않게 다스린다는 것이다. 다시 말해 성인께서 특별히 드러나지 않은 방법을 사용하실지라도 언제나 모든 것에 사용하신다는 것이 아니라, 이런 것들에게만 아주 특별하게 적용해서 드러나지 않게 다스린다는 것이다. 다른 것들은 그대로 두어도 스스로 어긋나거나 세상을 혼란스럽게 하지 않기 때문이다.

---

3) 『莊子』「徐无鬼」, "黃帝又問小童曰, '夫爲天下者, 亦奚以異乎牧馬者哉。 亦去其害馬者而已矣。' 黃帝再拜稽首, 稱天師而退。"
4) 『莊子』「達生」, "威公曰, '田子无讓, 寡人願聞之。' 開之曰, '聞之夫子曰, 善養生者, 若牧羊然, 視其後者而鞭之。'"

30장

以道佐人主者, 不以兵强天下。其事好還, 師之所處,
荊棘生焉, 大兵之後, 必有凶年。善者果而已, 不敢以取
强。果而勿矜, 果而勿伐, 果而勿驕, 果而不得已, 果而
勿强。物壯則老, 是謂不道。不道早已。

도로 임금을 보좌하는 자는 무력으로 천하에서 강자 노릇을 하지 않는다. 그
런 일은 거의 행한 그대로 되돌려 받으니, 군대가 머문 곳에는 가시나무가 자
라고, 대군이 지나간 뒤에는 반드시 흉년이 든다. '도를 체득한 자'[善者][1]는 과
감할 뿐이고, 감히 강자가 되려고 하지 않는다. 그러니 자랑하지 않음에 과감
하고, 뽐내지 않음에 과감하며, 교만하지 않음에 과감하고, 어쩔 수 없음에 과
감하며, 강자 노릇하지 않음에 과감하다.[2] 사물이 장성하면 노쇠해지니, 이것
을 도를 따르지 않는 것이라고 한다. 도를 따르지 않으면 오래가지 못한다.

談老 荊棘, 飢饉, 以明兵事之好還。可知以兵强天下者之必有大禍
也。聖人爲之於未有, 治之於未亂, 固無思乎兵也。如有不得已, 而
以兵決之, 則遄決而止。不敢以矜伐驕强焉者, 以其物壯, 則必老也。

가시나무가 자라고 백성들이 굶주리는 것을 가지고 전쟁을 일으킨 그
대로 거의 되돌려 받는 것에 대해 밝혔다. 그러니 무력으로 천하에서 강

---

1) 『老子翼』, 30章註, "善, 即有道者也。"
2) 『老子翼』, 30章註, "果而勿矜, 以下五而字, 當讀如於字。人方果於彼, 我獨果于此也。"

자 노릇을 할 경우 반드시 큰 화가 있음을 알 수 있다. 성인께서는 일이 생기기 전에 행하시고, 어지러워지기 전에 다스리시니, 진실로 무력에 대해서는 생각할 필요도 없다. 만약 부득이한 일이 생겨 무력으로써 결단한다면, 단지 결행하는 것으로 그친다. 감히 자랑하지 않고 뽐내지 않으며 교만하게 행동하지 않고 강자 노릇하지 않는 것은 사물이 장성하면 반드시 노쇠해지기 때문이다.

해설 역시 29장을 이어 성인께서 어쩔 수 없이 전쟁으로 다스리는 것에 대해 설명했다. 크나큰 해악을 제거하기 위해 과감하게 전쟁을 시작했지만 전쟁이 드러나지 않도록 하기 위해 자랑하지 않고 뽐내지 않으며 교만하지 않고 강자 노릇하지 않는 것이다. 다음 31장 역시 동일한 관점에서 보면 된다. 전쟁에 승리했을지라도 상례로 일을 처리하는 것은 승리했을지라도 전쟁이 좋지 않은 것임을 깨닫게 해서 다시는 그런 일을 일으키지 않도록 하겠다는 것이다.

31장

夫佳兵者, 不祥之器, 物或惡之。故有道者不處。君子居
則貴左, 用兵則貴右。兵者, 不祥之器, 非君子之器。不
得已而用之, 恬澹爲上, 勝而不美。而美之者, 是樂殺
人。夫樂殺人者, 不可得志于天下矣。吉事尙左, 凶事尙
右, 偏將軍處左, 上將軍處右。言居上勢, 則以喪禮處
之, 殺人衆多, 以悲哀泣之, 戰勝, 以喪禮處(之)。[1]

훌륭한 군대란[2] 상스럽지 못한 기구라서 사람들이 싫어할 수 있다. 그러므로
도를 체득한 자는 그것을 두지 않는다. 군자는 평소에 왼쪽을 숭상하고 군대
를 동원할 때는 오른 쪽을 숭상한다. 군대란 상스럽지 못한 기구로 군자의 기
구가 아니다. 부득이하여 (군대를) 동원할 때는 (백성을) 편안하게 하고 안정시키
는 것[3]을 최상으로 여기고, 승리하더라도 아름답게 여기지 않는다. 그런데 승
리를 아름답게 여기는 자는 바로 살인을 즐기는 사람이다. 살인을 즐기는 사
람은 세상에서 뜻을 이룰 수 없다. 좋은 일에는 왼쪽을 숭상하고, 나쁜 일에는
오른 쪽을 숭상하여 편장군이 왼쪽에 거처하고 상장군이 오른 쪽에 거처한다.
최상의 기세를 유지하여 상례로 처리한다고 말한 것은 죽인 사람이 많은 것을
슬픈 마음으로 읍하여 전쟁에 승리하는 것을 상례로 처리한다는 것이다.

談老 以奇用兵, 而猶曰恬澹爲上, 勝而不美, 聖人用兵之道, 可知

---

1) 필사본에는 "之"자가 없다.
2) 『老子翼』, 31章註, "佳, 謂佳之也。"
3) 『老子翼』, 31章註, "恬澹, 安靜也。"

矣。王純甫云, 自兵者不祥之器, 以下十字, 似古之義疏, 渾入于經者, 其言良是。如易係河出圖
洛出書, 聖人則之, 毛奇齡以爲天生神物, 聖人則之之義疏, 渾入于經, 亦此類也。

57장에서 "느닷없는 것으로 전쟁을 한다"고 하면서 오히려 여기서는
"(백성을) 편안하게 하고 안정시키는 것을 최상으로 여기고 승리하더라
도 아름답게 여기지 않는다"고 했으니, 성인께서 군대 부리는 방법을 알
수 있다. 왕순보王純甫[4]는 "'군대란 상스럽지 못한 기구이다(兵者不祥之器)'에서부터 이하 90글자
는 옛날의『의소義疏』가 경에 섞여 들어온 것 같다"[5]라고 했는데, 그 말이 정말 옳다.[6] 이를테면『주
역』「계사전」에서 "황하黃河에서 도圖[7]가 나오고 낙수洛水에서 서書[8]가 나오자 성인께서 본받으셨
다"[9]는 구절에 대해 모기령毛奇齡[10]은 "'하늘이 신묘한 물건을 내놓자 성인께서 본받으셨다'는『의
소義疏』의 말이 경에 섞여 들어온 것으로 생각된다"고 했으니, 또한 이와 같다.

---

4) 왕심일(王心一, 1572~1645)은 명明나라 무성武城 사람으로 자字가 순보(純甫)이다. 가
   정嘉靖 연간(1522~1566)에『노자억老子億』4권과『주역억周易億』4권을 지었다.
5)『老子翼』, 31章註, "純甫云, '此章自兵者不祥之器以下, 似古之義疏, 渾入于經者, 詳
   其文義可見.'"
6)『도장집주道藏集注』본본에 "아마도 이 장은 노자의 지은 것이 아닌 것 같다.(疑此章
   非老子之作也。)"라는 왕필王弼의 주注도 있다. 그런데『백서노자帛書老子』갑을본甲
   乙本에 본문이 모두 있는 것으로 볼 때, 왕필王弼 이하 왕순보王純甫는 물론 초횡焦竑
   과 이충익李忠翊까지 모두 오해했을 가능성이 높다.
7) 하도河圖는 복희씨伏羲氏 때 황하黃河에서 길이 8척이 넘는 용마龍馬가 등에 지고
   나왔다는 그림으로서『주역』팔괘八卦의 근원이 된 것이다.
8) 낙서洛書는 하夏나라 우禹임금이 홍수를 다스릴 때 낙수洛水에서 나온 신귀神龜의
   등에 있었다고 하는 45점으로 된 무늬이다. 홍범구주洪範九疇와 팔괘八卦의 근원이
   되었다고 한다.
9)『周易』「繫辭上」, "河出圖洛出書, 聖人則之。"
10) 모기령毛奇齡은 청대淸代의 학자로 자字는 대하大河 또는 초청初晴. 명明나라가 망한
   후 은둔하였다가 강희연간康熙年間에 한림원검토翰林院檢討에 임명되어 잠시『명사
   明史』를 찬수하고 사임한 후 다시 벼슬길에 나서지 않았다. 고증학에 연구가 깊었고
   시詩·고문古文 및 서화書畵를 잘 하였으며 세상에서 서하선생西河先生이라고 불렸다.
   저서에『분경집分經集』과 문집 수백 권이 있다.

32장

道常無名。樸雖小, 天下不敢臣。侯王若能守, 萬物將自
賓, 天地相合, 以降甘露, 人莫之令而自均。始制有名。
名亦旣有, 夫亦將知止。知止, 所以不殆。譬道之在天
下, 猶川谷之於江海。

도는 언제나 이름이 없다. 질박함이 비록 하찮을지라도 천하에서 아무도 신하
삼을 수 없다. 후왕이 만약 그것을 지킬 수 있다면 만물은 저절로 복종할 것이
고, 천지는 서로 합침으로 단 이슬을 내릴 것이며, 사람들은 아무런 명령을 내
리지 않아도 저절로 바르게 될 것이다. (천지의) 시작을 마름질해서 나누면[1] 이
름이 있게 된다. 그런데 이름까지 이미 있게 되었다면 멈출 줄도 알아야 된다.
멈출 줄 알면 그 때문에 위태롭게 되지 않는다. 비유하자면 도가 천하에 있는
것은 하천과 골짜기의 물이 강과 바다로 흘러들어가는 것과 같다.

談老 道雖强名之曰道, 然若道之常, 非道之可名。則道是取譬之粗
也。又以樸取譬於道之大全, 而以散而制者, 名之曰器。樸譬之器,
可謂小矣。然道之大全, 卽君道也, 侯王所以守之, 以賓萬物者也。
樸散而爲器, 衆名立焉。聖人用之爲官長, 卽臣道也。雖臣道各循名
而致用, 亦必知止而反本, 猶衆星之拱極, 百川之宗海, 然後一於道,

---

1) 『老子翼』, 32章, 筆乘註, "始, 卽無名天地之始, 制者, 裁其樸而分之也。始本無名, 制
之則有名矣。"

而不殆矣。春夏先秋冬後, 四時之序也, 然春夏秋冬, 相與爲始終,
然後歲成, 君臣之道亦猶是也。

도에 대해 비록 억지로 이름을 붙여 도라고 할 수는 있을지라도, 도의
항구함과 같은 것은 도라고 이름붙일 수 있는 것이 아니다. 그렇다면 도
는 거칠게 비유한 것이다. 또 '질박함'[樸]으로 도의 크게 온전함에 대해
비유하고, 나누어서 마름질한 것으로 '그릇'[器]이라고 이름 붙였다. 질박
함을 그릇으로 비유하면 하찮다고 할 수 있다. 그렇지만 도의 크게 온전
함은 바로 임금의 도이니, 후왕이 그것을 지킴으로써 만물을 복종시킬
수 있는 것이다. 질박함이 나누어져서 그릇이 되면 온갖 이름이 성립한
다. 성인께서는 그 때문에 관부의 우두머리를 세우셨으니 바로 신하의
도리이다. 비록 신하의 도리가 제각기 이름에 따라 효용이 있을지라도
또한 반드시 멈출 줄 알고 근본으로 돌아가야 하니, 모든 별이 북극성을
우러러 받들고[2] 모든 하천이 바다로 모여드는 것과 같은 다음에 도와
하나가 되어 위태롭지 않다. 봄과 여름이 앞서고 가을과 겨울이 뒤지는
것은 사계절의 순서이지만, 봄·여름·가을·겨울이 서로 함께 시작도 되
고 끝도 된 다음에 1년이 이루어지니, 임금과 신하의 도리도 이와 같다.

해설 드러내지 않아 그대로 있는 상태는 다듬어지지 않은 상태이기 때문에
질박하니, 도에 대한 적절한 표현이라고 할 수 있다. 그런데 질박한 상태를 나
눠 이름을 붙이는 단계로 나아갔으면 그 정도에서 멈춰야 한다. 더 이상 나아
가면 드러내는 방법을 계속 강화해서 결국 세상을 혼란에 빠지게 하기 때문
이다.

---

2) 『論語』「爲政」, "子曰, '爲政以德, 譬如北辰, 居其所而衆星共之。'"

33장

知人者智, 自知者明, 勝人者有力, 自勝者强。知足者
富, 强行者有志。不失其所者久。久¹⁾而不亡²⁾者壽。

남을 아는 자는 지혜롭고, 스스로를 아는 자는 명철하며, 남을 이기는 자는
힘이 있고, 스스로를 이기는 자는 강하다.³⁾ 만족함을 아는 자는 부유하고, 꿋
꿋하게 행동하는 자는 뜻이 있다. 제 있을 곳을 잃지 않는 자는 오래도록 살아
남는다. 오래도록 살아남고 망하지 않는 자가 천수를 누린다.

> **談老** 自知, 故能知足, 自勝, 故能强行, 則上下各得其所, 長久而不
> 殆。長久而不殆, 則可以度世而常存。

스스로를 알기 때문에 만족함을 알 수 있고, 스스로를 이기기 때문에
꿋꿋하게 행동할 수 있는 것이라면, 상하가 제각기 그 있을 곳을 잃어버

---

1) 『老子翼』에는 '久'자가 '死'자로 되어 있음.
2) 『老子翼』에는 '亡'자가 '亡'자로 되어 있음.
3) 『韓非子·喩老』: "자하가 증자를 만났는데, 증자가 '어째 살이 쪘습니다'라 하니, '전
쟁에 이겼기 때문에 살이 쪘습니다'라 하였다. 증자가 '무슨 말씀이신지요?'라 하니,
자하가 '내가 들어와서는 선왕의 의리를 아는 것이 기뻤고, 나아가서는 부귀의 즐거
움을 아는 것이 또 기뻤습니다. 두 기쁨이 흉중에서 전쟁을 함에 승부를 알지 못하였
기 때문에 말랐습니다. 그런데 이제 선왕의 의리가 승리를 하였기 때문에 살이 쪘습
니다. 바로 뜻을 두기가 어려운 것은 남을 이기는 데 있지 않고 자신을 이기는 데 있
습니다. 그러므로 「스스로를 이기는 것이 강하다」라 했던 것입니다.'(子夏見曾子。曾子
曰, 何肥也。對曰, 戰勝故肥也。曾子曰, 何謂也。子夏曰, 吾入見先王之義, 則榮之, 出見富
貴之樂, 又榮之。兩者, 戰於胷中, 未知勝負故臞。今先王之義勝故肥。是以志之難也, 不
在勝人, 在自勝也。故曰, 自勝之謂强。)"

리지 않아 오래도록 살아남고 위태롭지 않은 것이다. 오래도록 살아남고 위태롭게 되지 않은 것이라면, 세상을 벗어나서 언제나 생존할 수 있다.

해설 자신의 내면을 살펴 욕망을 극복하는 것이 바로 마음 비움이니, 신선은 깊고 높은 산에 있는 것이 아니라 바로 세속에서 이렇게 마음을 비움으로써 천수를 누리며 사는 것이다.

34장

大道泛¹⁾兮, 其可左右。萬物恃之以生, 而不辭, 功成, 不名有, 愛養萬物, 而不爲主。常無欲, 可名於小。萬物歸焉, 而不知主, 可名於大。是以聖人終不爲大, 故能成其大。

위대한 도는 얽매이지 않으니,²⁾ 왼쪽으로 갈 수도 있고 오른 쪽으로 갈 수도 있다. 만물이 그것에 의지해서 생겨 나와도 말하지 않고, 공을 이루어도 내 것이라고 이름 붙이지 않으며, 만물을 아껴주고 길러주면서도 주관했다고 여기지 않는다. 항상 아무 것도 하고자 함이 없는 것은 하찮다고 이름 붙여야 한다. 만물이 그것에 귀의하는데도 누가 주관했는지 모르는 것은 위대하다고 이름 붙여야 한다. 이것은 성인께서 끝내 위대함을 행하지 않기 때문에 그 위대함을 능히 이룬 것이다.

談老 無意無欲, 固已要妙矣。而又能常於無欲, 則可謂要妙之極。故曰可名於小。

어떤 것도 의도함이 없고 아무 것도 하고자 함이 없다면, 진실로 이미 긴요하고 신묘한 것이다. 그런데 또 아무 것도 하고자 함이 없음을 항상 할 수 있다면, 긴요하고 신묘한 것의 극치라고 할 수 있다. 그러므로 하찮다고 이름 붙여야 한다.

---

1) 『老子翼』에는 '泛'자가 '汎'자로 되어 있음.
2) 『老子翼』, 34章註, "汎, 無繫著也。"

해설 무엇인가 하기는 하는데 드러내는 것이 없으니, 내 것이라 이름 붙일 것도 없고 주관했다고 할 것도 없다. 이렇게 하는 것은 절대로 드러나지 않으니, 하찮은 것이라고 해야 하겠지만 사실 흉내도 내기 어려운 위대한 것으로 성인만이 하실 수 있는 것이다.

35장

執大象, 天下往。往而不害, 安平泰。樂與餌, 過客止。
道之出口, 淡乎其無味, 視之不足見, 聽之不足聞, 用
之不可旣。

위대한 형상을 잡고 있어 천하가 귀향한다. 귀향하는데도 해로움이 되지 않아
편안하고 평화롭고 태평하다. 아름다운 음악과 맛있는 음식은 나그네의 발길
을 머무르게 한다. 도에 대한 말은 담박하게 아무런 맛도 없으니, 보아도 별로
눈요기할 것이 없고, 들어도 그다지 귀를 솔깃하게 할 것이 없는데, 아무리 사
용해도 다하지 않는다.[1]

談老 天下歸往於聖人, 而無所事乎聖人。聖人亦無所事乎天下, 交
歸而不相害, 旣安而且平。平而至於泰矣, 聖人非有意致天下。而天
下亦莫之知而自歸者, 以聖人執無象之象,[2] 以守其母。其子焉往。

천하가 성인에게로 귀의하면서도 성인을 섬기는 일이 없다. 성인 역시
천하를 섬기는 일이 없어 서로 귀의하는데도 서로 해치지 않으니, 이미
편안하고 또 평화롭다. 평화로워서 태평하게 된 것은 성인께서 천하에
의도적으로 이룬 것이 아니고, 천하가 또한 전혀 그런 사실을 모르면서
스스로 귀의한 것이니, 성인께서 형상 없는 형상을 잡고서 그 어미를 지

---

1) 『老子翼』, 35章註, "林希逸云, '旣, 盡也.'"
2) 『老子翼』, 35章註, "林希逸云, '大象者, 無象之象也.'"

컸기 때문이다. 그러니 그 자식들이 어디로 가겠는가?

해설　세상에서 귀를 솔깃하게 하는 것들은 남들의 이목을 집중시키지만 아무것도 드러내는 것이 없는 도는 누구도 주목하지 않는다. 그렇기 때문에 천하를 태평하고 평화롭게 할 수 있고, 아무리 사용해도 다하지 않는다.

36장

將欲歙之,¹⁾ 必固張之, 將欲弱之, 必固强之, 將欲廢之, 必固興之, 將欲奪之, 必固與之。是謂微明, 柔勝剛, 弱勝强。魚不可脫於深淵, 邦之利器, 不可以示人。

거둬들이고 싶으면 반드시 진실로 베풀어야 하고, 약하게 하고 싶으면 반드시 진실로 강하게 해야 하며, 없애버리려고 싶으면 반드시 진실로 흥성하게 해야 하고, 빼앗고 싶으면 반드시 진실로 주어야 한다. 이것을 보이지 않는 밝음이라고 말하니, 부드러운 것이 굳센 것을 이기고, 약한 것이 강한 것을 이긴다는 것이다. 물고기는 깊은 연못²⁾을 벗어나서는 안 되고, 국가³⁾의 이로운 기구는 사람들에게 보여주어서는 안 된다.

談老 歙張弱强, 廢興奪與。是四者倚伏, 而相尋天道人事之必然, 而莫能逃者。其數雖微, 而其理易睹。是以聖人超然, 萬化之原能馭, 而日新者, 葢以柔弱勝剛强。所操者至約, 而所用者至神。苟不由是道, 是魚脫於淵, 而以利器示人, 則是振動透露, 失其所以自勝者, 而受制於物。何能逃於倚伏之恒數乎。

거두어들이려고 베풀고, 약하게 하려고 강하게 하며, 없애버리려고 흥

---

1) 『老子翼』, 36章註, "歙, 音吸也, 聚也。"
2) 『老子翼』, 36章註, "深淵, 原作淵, …, 今從韓非本。"
3) 『老子翼』, 36章註, "…, 邦, 原作國, 今從韓非本。"

성하게 하고, 빼앗으려고 준다. 이 네 가지는 "화에는 복이 기대어 있고 복에는 화가 엎드려 있다"⁴⁾는 것이어서 천도天道와 인사人事의 반드시 그렇게 되는 것을 살펴보면 조금도 숨길 수 없는 것이다. 그것이 술수로서는 비록 잘 드러나지 않을지라도 이치로서는 쉽게 알 수 있다. 이 때문에 성인께서 초연히 모든 변화의 근원을 버리고도 날로 새로워질 수 있는 것이니, 대개 부드럽고 약한 것이 굳세고 강한 것을 이기는 것이다. 잡고 있는 것은 지극히 간략하지만 효용은 지극히 신묘하다. 만약 이 도로 말미암지 않아 물고기가 연못을 벗어나게 되고, 이로운 기구를 가지고 사람들에게 보여주게 되면, 바로 떨쳐 일어나고 환하게 드러내게 되어 저절로 이기는 것을 잃게 되고 사물에게 제어를 당한다. 그러니 어찌 "화에는 복이 기대어 있고 복에는 화가 엎드려 있다"는 변함없는 술수를 숨길 수 있겠는가?

해설 노자의 도를 처세나 전쟁 등에 이상처럼 응용할 수도 있으니, 이렇게 응용할 수 있는 사람들은 정말 무서운 술수꾼들이다. 그런데 이런 술수를 이렇게 응용한다는 것을 세상 사람들이 알아 맞대응할 때 그 혼란은 말로 표현할 수 없다. "물고기는 깊은 연못을 벗어나서는 안 되고, 국가의 이로운 기구는 사람들에게 보여주어서는 안 된다"는 마지막 구절의 강조는 그 때문이다.

---

4) "是四者倚伏"에서 "倚伏"은 58장의 "禍兮福之所倚, 福兮禍之所伏."구절을 축약한 것으로 봐야 한다.

37장

道常無爲而無不爲。侯王若能守, 萬物將自化。化而欲作,[1] 吾將鎭之[2]以無名之樸。無名之樸, 亦將不欲, 不欲以靜, 天下將自正。

도는 언제나 아무것도 시행함이 없지만 하지 못하는 것이 없다. 후왕이 만약 이것을 지킬 수 있다면 만물이 저절로 감화될 것이다. 감화된다고 이것을 일으키고자 하면, 나는 이름 없는 질박함으로 진정시킬 것이다. 이름 없는 질박함마저도 하고자 함이 없어야 할 것이니, 하고자 하지 않아 고요해진다면 천하가 저절로 바르게 될 것이다.

談老 以樸鎭物之欲作, 欲物之歸根也。然旣謂之樸, 則涉於形, 似恐與始制之名相濫, 故曰無名之樸。然謂之無名, 則不能無謂矣, 故又不欲以無名。名樸, 只要以靜。以靜, 則芸芸者, 歸根而自正。世人隨語生解, 觸途成滯, 故須重重拂之。圓機之士, 宜無惑焉。

질박함으로 사물을 진정시키는 것을 일으키려고 하는 것은 사물이 근원으로 돌아가도록 하는 것이다. 그러나 이미 질박함이라고 말해버렸다면 형태로 드러난 것이 되어 32장의 시작을 마름질해 나누면 이름이 서로 함부로 생겨난다는 것과 비슷하게 염려되므로, "이름 없는 질박함"이

---

1) 『老子翼』, 37章註, "作, 動也。"
2) 『老子翼』, 37章註, "鎭者, 壓定之, 使不動也。"

라고 했다. 그러나 그것을 이름 없음이라고 말했다면 말을 없앨 수 없으므로, 또 이름 없음마저도 하고자 하지 않는 것이다. 질박함이라고 이름 붙인 것은 단지 고요함을 사용하는 것에 대해 핵심을 지적한 것일 뿐이다. 고요해지는 것을 사용하니, 성대한 것은 근본으로 돌아가 저절로 바르게 된다. 속인들은 (그 핵심을 모르고) 말에 따라 (억지로) 해석해서 더럽히고 막히므로 마침내 거듭하고 거듭해서 제거했던 것이다. 시비를 초월한 선비라면 당연히 어둡지 않을 것이다.

해설 도를 사용하는 것이 밖으로 드러나서는 절대로 안 된다는 것에 대해 다시 이처럼 강조했다. 절대로 드러나지 않게 하는 방법은 자신이 완전히 마음을 비움으로써 이런 방법을 통해 세상을 다스리겠다는 생각조차 하지 않는 것이다. 그러면 천하는 묘하게도 저절로 바르게 된다. 이름 없는 질박함마저도 하고자 하지 않아 고요해진다면, 천하가 저절로 바르게 될 것이라는 말이 바로 그것에 대한 표현이다.

초원담노

하편

下篇

38장

上德不德, 是以有德。下德不失德, 是以無德。上德無
爲而無以爲, 下德爲之而有以爲。上仁爲之而無以爲。
上義爲之而有以爲。上禮爲之而莫之應, 則攘臂而仍
之。故失道而後德, 失德而後仁, 失仁而後義, 失義而
後禮。夫禮者, 忠信之薄而亂之首也。前識者, 道之華
而愚之始也。是以大丈夫處其厚, 不處其薄, 居其實, 不
居其華。故去彼取此。

상급의 덕은 덕에 마음을 두지 않으니 이 때문에 덕이 있다.[1] 하급의 덕은 덕
을 잃지 않으려고 하니 이 때문에 덕이 없다.[2] 상급의 덕은 아무 것도 하지 않
는데 그것을 염두에 둠이 없이 그렇게 하고, 하급의 덕은 덕을 행하는데 그것
을 염두에 두고 그렇게 한다. 상급의 어짊은 어짊을 행하는데 그것을 염두에
둠이 없이 그렇게 한다. 상급의 의로움은 의로움을 행하는데 그것을 염두에
두고 그렇게 한다. 상급의 예는 예를 행하는데 아무도 반응을 보이지 않으면,
팔뚝을 걷어붙이고 끌어당기며 강요한다. 그러므로 도를 상실한 다음에 덕이
고, 덕을 상실한 다음에 어짊이며, 어짊을 상실한 다음에 의로움이고, 의로움
을 상실한 다음에 예이다. 예라고 하는 것은 '진실한 마음'[忠]과 '믿음'[信]의
얄팍함이고 어지러움의 시작이다. 먼저 아는 것이 도의 화려함이지만 어리석
음의 시작이다. 이 때문에 대장부는 두터운 것을 유지하고 얄팍한 것을 유지하
지 않으며, 실질을 차지하고 화려한 것을 차지하지 않는다. 그러므로 저것을

---

1) 『老子翼』, 38章, 蘇註, "聖人從心所欲不踰矩, 非有意于德, 而德自足。"
2) 『老子翼』, 38章, 蘇註, "其下知德之貴, 勉强以求不失。盖僅自完耳, 而何德之有。

버리고 이것을 취한다.

談老 道無所不包, 故稱大。道大, 非對小之大, 强名之也。德者, 得也, 得有大小, 故有上下之殊。夫道無得無失, 而德有大有小, 故曰失道而後德也。

도는 포괄하지 않는 것이 없으므로 '위대하다'[大]라고 칭한다. 도가 '위대하다'[大]는 것은 '하찮다는'[小]는 것에 상대적인 위대하다는 의미가 아니라 억지로 이름 붙인 것이다. 덕德이란 얻는다는 말인데,[3] 얻는 데는 크고 작음이 있으므로 상하의 차이가 있다. 도에는 얻는 것도 없고 잃는 것도 없는데, 덕에는 큰 것이 있고 작은 것이 있으므로 "도를 잃은 다음에 덕이다"라고 했다.

해설 마음을 비울 수 있는 정도의 차이에 따라 덕의 대소가 있다고 보면 된다. 곧 마음을 완전히 비워 도와 하나가 된 것이 상급의 덕이고, 그 다음은 하급의 덕으로 마음을 비운 정도에 따라 어짊·의로움·예 등으로 구분할 수 있다.

---

3) 『老子道德經』 38장, 王弼注, "德者, 得也。"

39장

昔之得一者。天得一以清, 地得一以寧, 神得一以靈, 谷
得一以盈, 萬物得一以生, 侯王得一以爲天下貞, 其致之
一也。天無以清將恐裂, 地無以寧將恐發, 神無以靈將
恐歇, 谷無以盈將恐竭, 萬物無以生將恐滅, 侯王無以
貞而貴高將恐蹶。故貴以賤爲本, 高以下爲基。是以侯王
自謂孤寡不穀。此其以賤爲本邪。非乎。故致數輿無輿,
不欲琭琭如玉, 落落如石。

옛날에 하나로 되게 함을 얻은 것들. 하늘은 하나로 되게 함을 얻어서 맑고, 땅
은 하나로 되게 함을 얻어서 평안하며, 정신은 하나로 되게 함을 얻어서 신령
하고, 계곡은 하나로 되게 함을 얻어서 채우며, 만물은 하나로 되게 함을 얻어
서 탄생하고, 후왕은 하나로 되게 함을 얻어서 천하의 바름이 되니, 그것들을
이루도록 한 것은 하나로 되게 함이다. 하늘은 맑게 될 방법이 없으면 훼손될
까 염려되고, 땅은 평안하게 될 방법이 없으면 곤두설까 염려되며, 정신은 신
령하게 될 방법이 없으면 소멸될까 염려되고, 계곡은 채울 방법이 없으면 고갈
될까 염려되며, 만물은 탄생할 방법이 없으면 없어질까 염려되고, 후왕은 바르
고 고귀하게 될 방법이 없으면 넘어질까 염려된다. 그러므로 귀한 것은 천한 것
을 근본으로 하고 높은 것은 낮은 것을 기반으로 한다. 이 때문에 후왕은 스스
로 외로운 사람·덕이 부족한 사람·덜 여문 사람이라고 하니, 이것은 천한 것
을 근본으로 한 것이겠는가? 아니다. 그러므로 수레를 헤아리다보면 수레가 없
어지게 되는 경지에 도달하니, 옥처럼 아름답게 돌처럼 쓸모없게 되고자 하지
않는다.

談老 一者, 物之寡小者. 寡小之極, 至微而無間, 至精而無形, 故能彌綸衆大, 而爲萬物主. 貴之以賤爲本, 高之以下爲基, 亦猶是也. 故致數車無車, 以其數之衆多, 而不能致一也. 玉比之石, 而有貴賤, 非致一也. 一之設, 無敢間也. 以初無二王, 故謂之一, 非對衆大. 若以對貴之賤爲貴之本, 不足以爲本, 何也. 天下無生而貴者, 則生而無貴者. 無對之賤也, 猶一之爲寡小, 非對衆大而言也, 故能爲貴之本. 然則玉石之相形而有貴賤, 非良貴良賤也, 非侯王稱孤寡之義也, 故不欲如是.

하나로 되게 함이란 사물을 적게 하는 것이다. 작음의 극치는 지극히 은미하면서 틈이 없고 지극히 정미하면서 형체가 없으므로, 많은 것을 모두 다스리면서 만물의 주인이 된다. 귀한 것은 천한 것을 근본으로 하고 높은 것은 낮은 것을 기반으로 한다는 것이 또한 이와 같다. 그러므로 수레를 헤아리다보면 수레가 없어지게 되는 경지에 도달하니, 많은 수로는 하나로 됨에 도달할 수 없기 때문이다. 옥을 돌에 비교하여 귀천이 있으면 하나로 되게 함에 도달한 것이 아니다. 하나로 되게 함을 내세운 것은 결코 틈이 없도록 하기 위함이다. 애당초 둘이 없는 으뜸이기 때문에 하나로 되게 함이라고 했으니, 많은 것에 상대적인 것이 아니다. 만약 귀한 것에 상대되는 천한 것으로 귀한 것의 근본을 삼는다면 근본이 되기에 부족하니 무엇 때문인가? 천하에서 내놓지 않아도 귀한 것은 내놓아도 귀함이 없는 것이니, 짝이 없을 정도로 천한 것이기 때문이다. 하나로 되게 함이 작은 것처럼 크고 많은 것에 상대해서 말한 것이 아니므로, 귀한 것의 근본이 될 수 있다는 것이다. 그렇다면 옥과 돌이 서로 드러내서 귀천이 있는 것은 진실로 귀하고 진실로 천한 것이 아니고, 후왕이 "외로운 사람"이라고 하고 '덕이 부족한 사람'이라고 부르는 의미가 아니므로 이와 같이 되려고 하지 않는다.

해설 귀한 것은 천한 것 때문에 있는 것을 알고, 비우고 또 비워서 귀천의 구분 없이 하나로 되는 경지에 도달하면 이것이 도와 하나가 된 것이다. 수레의 부품을 하나하나 헤아리다보면 마침내 수레 그 자체를 잊어버리게 되는 것처럼, 마음을 비우고 또 비우다 보면 마침내 사물과 하나 되는 절대적인 경지에 도달하게 된다.

40장[1]

反者, 道之動, 弱者, 道之用。天下之物生於有, 有生於無。

되돌아가게 하는 것이 도의 움직임이고, 약하게 하는 것이 도의 작용이다. 천하의 사물은 유有에서 나오고, 유는 무無에서 나온다.

談老 道者, 萬世無敝。敝者, 道之失也。道何以失而敝也。由其一是道, 而不知動反也。五氣之行, 迭相衰旺以成歲功。苟一是氣而無變, 是有寒而無暑, 有暑而無寒也。動者, 變動也。寒極, 則動而反乎春, 暑極, 則動而反乎秋。然後乃能恒久而不敝。如動之徐生之動, 亦此意, 而易係所謂變通, 莫大乎四時者也, 亦言卽動而靜也。用以弱致柔, 如嬰也。何貴乎反靜而如嬰也。以歸本也。天下之物, 生於有, 有生於無, 以靜與弱近乎無也。如人未生, 未始有人也, 及生而爲嬰兒, 莫如是弱也。逮壯則老, 是以用弱。用弱則不老, 動而反靜, 亦猶是也。

도란 영원히 피폐함이 없는 것이다. 피폐한 것은 도가 잘못된 것이다. 도가 어떻게 잘못되어서 피폐하게 되는가? 도를 일률적으로 하고 움직여 되돌아갈 줄 모르기 때문이다. '오행의 기운'[五氣]이 유행함에 번갈아

---

1) 심경호의 논문 「椒園 李忠翊의 『談老』에 관하여」 462-463쪽에 40장 주석에 대한 그의 번역이 있으니 참고를 바란다.

가면서 서로 쇠하기도 하고 왕성하기도 하면서 한 해의 일을 이룬다. 그런데 만약 어떤 기운을 일률적으로 해서 변할 줄 모른다면, 이것은 추운 것은 있지만 더운 것이 없는 것이고, 더운 것은 있지만 추운 것이 없는 것이다. 움직임이란 변화시켜 움직이는 것이다. 추위가 다하면 움직여 봄으로 되돌아가야 하고, 더위가 다하면 움직여 가을로 되돌아가야 한다. 그런 다음에야 영원히 피폐하지 않을 수 있다. 이를테면 15장에서 "누가 편안하게 있는 것을 참고 오래도록 움직이면서 서서히 무엇인가 나오게 하겠는가?"라고 할 때의 움직임도 여기에서의 의미이고, 『주역』「계사전」에서 이른바 "변變과 통通은 사시四時보다 큰 것이 없다"[2]라는 구절도 움직이는 것을 가지고 고요함을 말한 것이다. 그러니 약한 것으로 작용해서 부드러움에 이르는 것이 아기와 같다. 무엇 때문에 고요함으로 되돌아가고 아기처럼 되는 것을 귀하게 여기는가? 근본으로 돌아가기 때문이다. 천하의 사물은 유에서 나오고, 유는 무에서 나오니, 고요함과 약함으로 무에 가까이 간다. 만약 사람이 아직 태어나지 않았다면 애당초 사람이 아직 없는 것이고, 태어나서 아기가 되었다면 이처럼 약한 것이 없다. 장성하면 늙어버리니, 이 때문에 약한 것을 사용한다. 약한 것을 사용하면 늙지 않으니, 움직여 고요함으로 되돌아가는 것 역시 이와 같다.

有生於無, 無果生有乎. 無果生有, 無不成無. 無旣本無, 何以生有. 於本無之中, 俄而有有, 原其本無, 而有有. 故曰有生於無, 是卽有而明無也. 非有無能生有, 有無則非無也. 旣有有卽萬物頓生, 非有有而後, 有復生物也. 以有而物, 故曰, 萬物生於有. 若曰有無生有, 有有生物, 許多隔斷, 非死生晝夜, 相爲一貫之常無常有也.

---

2) 『周易』「繫辭上」, "是故, 法象莫大乎天地, 變通莫大乎四時, 縣象著明莫大乎日月, 崇高莫大乎富貴, …."

유가 무에서 나왔다는 것이 무가 정말 유를 낳은 것이겠는가? 무가 정말 유를 낳았다면, 무는 무가 될 수 없다. 무가 처음부터 본래의 무였다면 어떻게 유를 낳겠는가? 본래의 무 가운데에서 갑자기 유가 있게 되는 것은 본래의 무에 근원해서 유가 있다는 것이다. 그러므로 "유가 무에서 나왔다"라고 한 것은 유를 가지고 무를 밝히는 것이다. 무가 있어 유를 낳을 수 있는 것이 아니라면 무로 있는 것은 무가 아니다. 이미 유가 있어 바로 만물이 갑자기 생겨나니, 유가 있게 된 다음에 유가 다시 사물을 낳은 것이 아니다. 유이면서 사물이므로 "만물이 유에서 나온다"라고 했던 것이다. 만약 "무가 있어 유를 낳고 유가 있어 사물을 낳았다"고 말한다면 막혀서 이해되지 않는 곳이 허다할 것이니, 생사와 주야가 서로 일관되는 '항구한 무'[常無]와 '항구한 유'[常有]가 아니다.

해설 부드러움과 약함을 강조하는 까닭은 굳셈과 강함을 드러나지 않도록 하는 것이기 때문이다. 후반부의 유와 무는 1장의 상무와 상유와 같은 것으로 사물의 실질에 대한 설명이다. 사물은 무에서 나온 유에 의해 존재하는 것이 아니라 무와 유가 오묘하게 결합된 상태로 동시에 있는 것이다. 그것을 깨달으며, 그것이 바로 상무이고 상유인 동시에 사물의 실질인 것이다. 다시 말해 사물의 실질은 없는 듯이 있고 있는 듯이 없으니 이것을 깨달으면, 무가 바로 유이면서 사물이고 유가 바로 무이면서 사물이라는 것이다.

그런데 여기서 40장의 "되돌아가게 하는 것이 도의 움직임이고, 약하게 하는 것이 도의 작용이다"라는 구절에 대한 이충익의 주석은 당쟁에 대한 비판으로, 사람의 일도 사계절이 변하듯이 세상의 흐름과 상황에 따라 변해야 한다는 것이다. 곧 "도란 영원히 피폐함이 없는 것이다. 피폐한 것은 도가 잘못된 것이다. 도가 어떻게 잘못되어서 피폐하게 되는가? 도를 일률적으로 하고 움직여 되돌아갈 줄 모르기 때문이다. 오행의 기운이 유행함에 번갈아가면서 서로 쇠하기도 하고 왕성하기도 하면서 한 해의 일을 이룬다. 그런데 만약 어떤 기운을 일률적으로 해서 변할 줄 모른다면, 이것은 추운 것은 있지만 더운 것이 없는 것이고, 더운 것은 있지만 추운 것이 없는 것이다. 움직임이란 변화시켜 움직이는 것이다. 추위가 다하면 움직여 봄으로 되돌아가야 하고, 더위가 다하면 움직여 가을로 되돌아가야 한다. 그런 다음에야 영원히 피폐하지 않을 수 있다"는 말이 바로 그것이다.

상황과 흐름에 따라 더위와 추위처럼 상반되는 것이 서로 번갈아 나타나야 하는데, 사람들은 자신들이 옳다고 여기는 한 가지만을 고집하기 때문에 서로 당쟁에서 이기면 상대편의 친척과 후손들까지 연좌제를 적용하여 벌하고 있다. 이런 짓은 도를 전혀 모르는 자들의 소행에 지나지 않는다. 도를 아는 자들은 그때그때 상황에 따라 이랬다저랬다 하면서, 아는 듯 모르는 듯 드러나지 않게 정책을 시행해야 하는 것이다.

41장

上士聞道, 勤而行之。中士聞道, 若存若亡。下士聞道,
大笑之, 不笑, 不足以爲道。故建言有之。明道若昧, 進
道若退, 夷道若纇, 上德若谷, 大白若辱, 廣德若不足,
建德若偸, 質直若渝, 大方無隅, 大器晩成, 大音希聲,
大象無形。道隱無名, 夫唯道善貸且成。

최상의 선비가 도에 대해 들으면 부지런히 실행한다. 중간 정도의 선비가 도에
대해 들으면 보존할 것 같기도 하고 잃어버릴 것 같기도 하다. 형편없는 선비가
도에 대해 들으면 크게 비웃어 버리니, 비웃지 않을 정도라면 도라고 하기에 부
족하다. 그러므로 옛날부터 전해오는 말이 다음처럼 있다. 분명한 도는 어두운
듯하고, 나아가는 도는 물러나는 듯하며, 평탄한 도는 치우친 듯하고, 최상의
덕은 계곡과 같으며, 크게 결백한 것은 욕된 듯하고, 넓은 덕은 부족한 듯하며,
굳건한 덕은 구차한 듯하고,[1] 질박하게 곧은 것은 변덕이 심한 듯하며,[2] 큰 모
는 모남이 없고, 큰 그릇은 늦게 완성되며, 큰 소리는 들리지 않고, 큰 형상은
모양이 없다. 도는 숨어 있어 이름이 없으니, 오직 도만이 잘 빌려주고 완성시
킨다.

> **談老** 上士聞道, 更不問。如何更不假信力, 即便勤行。若曰能信及,
> 故能勤行, 已落第二義。蓋上士分上, 聞道即已, 更無信不信。中士方

---

1) 『老子翼』, 41章註, "偸, 苟且也。"
2) 『老子翼』, 41章註, "渝, 羊朱反, 變改也。"

有信力, 信之篤, 不以存亡措懷。下士信不及, 故笑之。六合之大, 無
所不衣被, 而已愈有, 可謂善貸矣。秋豪之微, 無所不曲成, 而不爲
主, 可謂且成矣。

최상의 선비는 도에 대해 들으면 다시 묻지 않는다. 어떻게 다시 '신앙의
힘'[信力]을 빌지 않고 바로 편안히 부지런히 행할 수 있는가? 만약 "믿을
수 있기 때문에 부지런히 행할 수 있다"라고 말한다면, 벌써 둘째 등급
으로 떨어진 것이다. 대개 최상의 선비는 최상의 자질을 타고나서 도에
대해 들으면 바로 그것으로 끝이니, 다시 믿고 말고 할 것이 없다. 중간
정도의 선비는 이제 한창 신앙의 힘이 있어 믿음이 돈독하니, (도를)보존
하든 잃어버리든 염두에 두지 않는다. 형편없는 선비는 믿지 못하므로
비웃는다. 천지사방처럼 큰 것을 입혀주지 않는 바가 없는데도 자신은
더욱 많이 가지게 되니, 잘 빌려준다고 평가할 수 있다. 추호처럼 미미한
것을 자세히 이루어주지 않는 바가 없는데도 자신이 주관했다고 생각
하지 않으니, 또 잘 완성시킨다고 평가할 수 있다.

해설 최상의 선비가 도에 대해 들으면, 그 즉시 체득해서 행동으로 옮길 뿐
이다. 그런데 중간 정도의 선비가 도에 대해 들으면, 너무 믿기 때문에 잘못될
수 있다. 곧 믿음으로 마음을 비우지 못해 오히려 잘못될 수 있다는 것이다.
다시 말해 37장에서 말한 것처럼 이름 없는 질박함마저도 하고자 함이 없어
야 할 것인데, 믿고 매달려서 잘못될 수 있다는 말이다.

42장

道生一, 一生二, 二生三, 三生萬物。萬物負陰而抱陽,
冲氣以爲和。人之所惡, 惟孤寡不穀, 而王公以爲稱。
故物或損之而益, 或益之而損。人之所教, 我亦教之,
强梁者, 不得其死, 吾將以爲教父。

도는 하나로 됨을 낳고, 하나로 됨은 둘로 됨을 낳으며, 둘로 됨은 셋으로 됨
을 낳고, 셋으로 됨은 만물을 낳는다. 만물은 음을 등에 지고 양을 가슴에 안
고 충기로 조화를 이룬다. 사람들이 싫어하는 것은 오직 '외로운 사람'·'덕이
부족한 사람'·'덜여문 사람'인데, 왕공은 그것을 칭호로 삼는다. 그러므로 사
물은 덜어서 보태기도 하고, 보태서 덜어내기도 한다. 사람들이 교훈으로 하는
바는 나 역시 교훈으로 하니, 강한 자가 명대로 살지 못한다는 것을 나는 교훈
의 시작으로 삼을 것이다.

談老 一生二, 陰與陽也。陰與陽, 不能孤行, 反乎一, 而得其冲氣,
以爲和。故能生萬物, 是謂二生三, 三生萬物也。若無冲氣以爲和,
則陰陽隔拜, 腹背不能賅而存矣。

하나로 됨은 둘로 됨을 낳으니, 음과 양이다. 음과 양은 외따로 운행될
수 없어 하나로 됨으로 되돌아가는데 충기冲氣를 얻음으로써 조화를 이
룬다. 그러므로 만물을 낳을 수 있으니, 이것에 대해 둘로 됨은 셋으로
됨을 낳고, 셋으로 됨은 만물을 낳는 것이라고 한다. 만약 충기로 조화

를 이룸이 없다면, 음과 양을 격리해서 숭배하는 것이니, 등과 배를 갖추어서 보존할 수 없다.

해설 이충익은 노자 사상의 핵심을 형이상학적 논의나 복잡한 이데올로기 그 자체를 없애는 무위로 본다. 그 때문에 있는 듯 없는 듯 제 모습을 드러내지 않고 질박하게 있는 것을 하나로 됨이라고 한다. 그런데 질박하게 모습을 드러내지 않고 하나로 되어 있는 것은 음과 양이 곧 상반된 둘이 서로 교묘하게 결합되어 있는 것이고, 그것이 그렇게 결합될 수 있는 것은 바로 충기沖氣 곧 비어 있는 기운으로써 상대방을 받아들여 조화를 이루고 있기 때문이다. 상반된 음과 양이 충기로 조화를 이루어 드러나지 않고 자연스럽게 새로운 것을 내놓는 것이 바로 셋으로 되어 있음이 만물을 낳는 것이다.

음과 양이 곧 다른 것들이 서로 각기 자신의 모습만 주장하고 외치면 음과 양이 조화를 이룰 수 없어 만물을 낳을 수 없으니, 자신을 비움으로써 세상이 조화롭게 균형을 이루도록 한다. 그러니 왕공은 이것을 본받아 사람들과 조화를 이루며 평화롭게 살기 위해 상징적으로 자신의 호칭을 사람들이 싫어하는 '외로운 사람'·'덕이 부족한 사람'·'덜 여문 사람'이라고 하는 것이다. 그런데 사람들은 음과 양이 어떻게 조화를 이루면서 천지만물을 유지하고 있는지를 몰라 자신들의 주장을 끝까지 관철시키고는 반대편이 다시 일어나지 못하게 그 후손들까지 그 앞길을 막아버리니, 바로 당시 당쟁의 폐해이다.

이미 한두 번 언급한 것으로 "세상이 이 지경이 된 것은 당론黨論의 재앙 때문이다. 당론은 어진 사람과 호걸들이 할 일이 아니니, 조용히 있는 것이 오직 선과 함께 하는 것일 것이다. 선한 것을 선하게 여기기는 진실로 본래 어렵다는 것을 알지 못하면 끝내 또한 잘못될 뿐이다"라고 한 이충익의 말은 노자의 무위 사상과 결합해서 보면 그 이해가 아주 쉬워진다. 선하고 아름다운 것마저도 그것을 드러내어 강조할 때 도리어 잘못된다. 그런데 사람들은 이것을 모르고 자신들의 견해를 강조할 뿐만 아니라 상반된 견해를 가진 자들을 적으로 여겨 서로 서슴없이 해치고 죽이기까지 하고 있다.

여기서 우리는 이충익이 어떤 의도로 이런 말을 하고 있는지 깊이 생각해 볼 필요가 있다. 어느 하나의 이데올로기를 내세우며 교화하는 것은 그것도 주자성리학처럼 정교하고 거대한 이론적 체계 아래 명분을 강조하는 것은 세상에서 그 무엇보다 잘못된 것이다. 이와 같이 노자의 시각으로 세상을 바라볼 때, 조선시대 당쟁의 폐해는 주자성리학의 형이상학적 체계 때문이다. 주자성리학으로 무장한 당시의 엘리트들은 빈틈없이 자신들의 이론을 전개하기 때문에 조금의 차이만 생겨도 명분이 서로 달라져 치열하게 다투고 결국 서로 극단적 행동으로 상대방을 응징할 수밖에 없게 된다.

이와 같은 성리학의 단점을 일찌감치 알아챈 것이 율곡 이이이다. 그는 성리학의 이와 같은 단점을 보완하기 위해 『노자』에서 주로 마음 비움이나 절제와 관련된 구절들을 발췌하여 『순언』을 편집했던 것이다. 그리고 서계 박세당은 아예 당시의 다양한 각종 '명분'[名:文]을 비판하기 위해 '질박함'[樸:質]을 강조하는 『도덕경』을 주석했던 것이다. 이와 같은 『도덕경』 주석의 흐름이 보만재 서명응을 거치면서 서양의 과학까지 수용하기 위한 새로운 형이상학적 탐구 곧 상수학으로 연결되고, 이어 강화학파에 와서 결국 체제 이데올로기를 부정하는 데까지 나아갔던 것이다.

43장

天下之至柔, 馳騁天下之至堅, 無有入無間。吾是以知
無爲之有益。不言之敎, 無爲之益, 天下希及之。

천하에서 지극히 유약한 것이 천하에서 지극히 굳세고 강한 것을 부리고,[1] 아
무것도 없는 것이 틈이 없는 곳으로 들어간다. 나는 이 때문에 아무것도 하지
않는 것이 유익하다는 것을 안다. 말하지 않고 교화시키며 아무것도 시행하지
않고 유익하게 하는 경지는 천하에서 도달한 자가 거의 없다.

談老 無爲之有益, 有爲者敗之。不言之敎, 神道設敎, 而天下服。[2]

아무것도 시행하지 않는 것이 유익하니, 무엇인가 시행할 경우 실패한
다. 말없는 교화는 도리를 신묘하게 해서 교화를 베푸는데도 천하가 복
종한다.

해설 마음을 비움으로써 아무 것도 내세우지 않는 것이 바로 모두가 제대
로 되는 것이다. 그런데 이런 경지에 오른 자가 거의 없다고 말하는 것은 그것
이 그만큼 어려운 것임을 강조한 것이다.

---

1) 『老子翼』, 43章註, "馳騁, 役使也。堅, 猶剛强, 不曰, 剛强, 而曰, 堅, 變文叶韻也。"
2) 『周易』 「觀卦」, "觀天之神道, 而四時不忒, 聖人以神道設敎, 而天下服矣。"

44장

名與身孰親。身與貨孰多。得與亡孰病。是故甚愛必大
費, 多藏必厚亡。知足不辱, 知止不殆, 可以長久。

명성과 자신 중 어느 것이 가까운가? 자신과 재화 중 어느 것이 중요한가?[1] 얻
는 것과 잃는 것 중 어느 것이 병이 되는가? 이 때문에 심하게 아끼면 반드시
크게 소비하게 되고, 많이 쌓아 놓으면 반드시 많이 잃게 된다. 만족할 줄 알아
야 욕을 당하지 않고, 멈출 줄 알아야 위태롭게 되지 않아서 영원할 수 있다.

談老 既以甚愛多藏爲凡人之戒, 復以知足知止, 加策於中上。

심하게 아끼고 많이 쌓아 놓은 것으로 일반인들을 경계한 다음에, 다시
만족할 줄 알고 멈출 줄 아는 것으로 '중간 이상의 자질'[中上][2]을 가진
사람들을 채찍질하였다.

---

1) 『老子翼』, 44章註, "多, 猶重也."
2) 여기서 중상中上은 41장의 중사中士와 상사上士로 볼 수도 있다. 이렇게 해석할 경우
앞 구절의 범인凡人은 41장에서 하사下士로 봐야 할 것이다.

45장

大成若缺, 其用不敝, 大盈若冲, 其用不窮。大直若屈, 大巧若拙, 大辯若訥。躁勝寒, 靜勝熱。淸靜爲天下正。

크게 완성된 것은 모자라는 것 같아서 그 쓰임이 피폐하지 않고, 크게 찬 것은 비어 있는 것 같아서 그 쓰임이 다하지 않는다. 극도로 곧은 것은 굽은 듯하고, 기막힌 솜씨는 형편없는 듯하며, 훌륭한 말재주는 어눌한 듯하다. 조급한 것은 차가운 것을 이기고, 고요한 것은 뜨거운 것을 이긴다. '맑으면서 고요한 것'[淸靜]은 천하의 바름이 된다.[1]

談老 善者果而已, 不敢以取强。是以成若缺, 盈若冲也。淸有對濁, 靜有對動者。若夫常淸靜者, 生於自然而無對。故不以勝熱之靜爲至也。

도를 체득한 자[2]는 과감할 뿐이고 감히 강자가 되려고 하지 않는다. 이 때문에 완성되어도 모자라는 것 같고, 차 있어도 비어 있는 것 같다. 맑은 것은 흐린 것에 상대적이고, 고요한 것은 움직이는 것에 상대적이다. 만약 항상 맑으면서 고요한 것이라면 저절로 그런 것에서 나와서 상대가 없다. 그러므로 뜨거운 것을 이기는 고요함으로 (상대적인 것이므로) 지극한 것을 삼지 않았다.

---

1) 『老子翼』, 45章註, "夫躁能勝寒, 而不能勝熱, 靜能勝熱, 而不能勝寒, 皆滯于一偏, 而非其正也。唯泊然淸靜, 不梁于一, 非成非缺, ……, 而後無所不勝, 可以爲天下正矣。"
2) 『老子翼』, 30章註, "善, 卽有道者也。"

해설　맑은 것에 흐린 것, 고요한 것에 움직이는 것을 언급하는 것은 이런 상대적인 것을 통해 결국 상대가 없는 하나로 되는 것에 도달해야 하기 때문이니, 그것이 바로 맑으면서 고요한 것이다.

46장

天下有道, 却走馬以糞, 天下無道, 戎馬生于郊。罪莫大
于可欲, 禍莫大乎不知足, 咎莫大于欲得。故知足之足,
常足矣。

천하에 도가 있으면 잘 달리는 말을 내쳐 거름 주는 데 부리고, 천하에 도가
없으면 전쟁에 동원된 말이 국경지대에서 새끼를 낳는다.[1] 욕심내게 하는 것
보다 큰 죄는 없고, 만족할 줄 모르게 하는 것보다 큰 화는 없으며, 얻기를 바
라게 하는 것보다 큰 허물은 없다. 그러므로 만족할 줄 아는 만족이 영원한
만족이다.[2]

> **談老** 有其聰明智慧, 居其營富安强, 以示人以可欲, 固天下之大
> 罪也。
>
> 총명함과 지혜로움을 가지고, 부유함을 영위하고 강함을 편안히 여겨서,
> 사람들에게 욕심날만한 것을 보여주면 진실로 천하의 큰 죄인이다.

---

1) 『老子翼』, 46章註, "郊, 交也, 二國相交之境也。戎馬生于郊, 言兵久不還也。"
2) 『老子翼』, 46章註, "一性之內, 無缺無餘, 人能安之, 無往不足。故曰, '知足之足, 常
足。'"

47장

不出戶, 知天下, 不闚牖, 見天道。其出彌遠, 其知彌少。
是以聖人不行而知, 不見而名, 不爲而成。

집밖으로 나가지 않아도 천하를 알고, 창밖으로 엿보지 않아도 천도를 안다.
멀리 나가면 나갈수록 앎은 더욱 협소해진다. 이 때문에 성인은 나다니지 않고
도 알고, 보지 않고도 이름붙이며, 아무 것도 시행하지 않고도 완성한다.

談老 離道而逐物, 彌遠而彌失。

도를 떠나 사물을 좇아가면, 멀리 갈수록 더욱 더 잘못된다.

해설 마음을 비우는 것은 내면적인 것이기 때문에 전혀 때와 장소의 구애를
받을 필요가 없다.

48장

爲學日益, 爲道日損. 損之又損之, 以至于無爲, 無爲而無不爲矣. 故取天下常以無事. 及其有事, 不足以取天下.

배움을 시행하면 날마다 보태고, 도를 시행하면 날마다 덜어낸다. 덜어내고 또 덜어내서 아무것도 시행하는 것이 없게 되면, 시행하는 것이 없지만 시행하지 않는 것이 없게 된다. 그러므로 천하를 다스려 교화하는 것은 항상 아무것도 일삼지 않는 것으로 한다.[1] 무엇인가 일삼는 것이 있으면 천하를 다스려 교화시키기에 부족하다.

談老 無爲, 非爲也. 不爲, 猶爲也. 故損之至于無爲, 又損之乃至于無不爲, 然後合自然也. 凡言無不爲者, 義並同. 談者, 或以無不爲爲無無爲, 失本旨矣.

'시행함이 없는 것'[無爲]은 '무엇인가 시행하는 것'[爲]이 아니다. '시행하지 않는 것'[不爲]은 시행하는 것과 같다. 그러므로 덜어내는 것이 시행함이 없게 되도록 또 덜어내서 '시행하지 않는 것이 없음'[無不爲]에 도달한 연후에 저절로 그런 것과 합일한다. 일반적으로 '시행하지 않는 것이 없음'[無不爲]이라고 말한 것은 의미가 모두 같다. 논자들 중에 혹 '시행하지 않음이 없음'[無不爲]을 '시행함이 없는 것마저도 없음'[無無爲]으로 여기는데 본래의 의미를 잃은 것이다.

---

1) 『老子翼』, 48章註, "取, 開元疏云, '攝化也.' 無事, 卽無爲也."

해설 무위는 아름다움과 선함마저도 드러나지 않도록 하는 것이니, 무엇을 행할지라도 결국 드러나지 않아 그 흔적마저도 없다. 백성들도 이것을 본받아 드러내는 것이 없이 자연의 법도대로 살아가면, 자신은 아무것도 시행한 것이 없음에도 무엇인들 하지 못하는 것이 없는 다스림을 이루게 되는 것이다.

주에서 "'시행하지 않는 것'[不爲]은 시행하는 것과 같다"는 말은 시행하지 않은 것을 교화의 방편으로 삼는 것을 말한 것이다. 다시 말해 시행하지 않은 것을 교화의 방편으로 삼으면 그것이 곧 시행하는 것 유위가 되기 때문이다. 37장의 본문 "도는 언제나 아무것도 시행함이 없지만 하지 못하는 것이 없다. 후왕이 만약 이것을 지킬 수 있다면 만물이 저절로 감화될 것이다. 감화된다고 이것을 일으키고자 하면, 나는 이름 없는 질박함으로 진정시킬 것이다. 이름 없는 질박함마저도 하고자 함이 없어야 할 것이니, 하고자 하지 않아 고요해진다면 천하가 저절로 바르게 될 것이다"에서 이름 없는 질박함마저도 하고자 함이 없어야 할 것이라는 말을 음미하기 바란다.

49장

聖人無常心, 以百姓心爲心。善者, 吾善之, 不善者, 吾
亦善之, 德善矣。信者, 吾信之, 不信者, 吾亦信之, 德
信矣。聖人在天下, 愒愒爲天下渾其心, 百姓皆注其耳
目, 聖人皆孩之。愒愒, 恐懼也。恐天下之心不渾, 而百姓注其耳目, 故爲渾之孩之。

성인께서는 마음에 일정하게 담아두는 것이 없어[1] 백성의 마음으로 자신의
마음을 삼으신다. 그러니 선한 자도 성인께서 선하게 여기시고 선하지 않는 자
도 또한 선하게 여기셔서 덕이 선해지신다. 진실한 자도 성인이 진실하게 보시
고 진실하지 않은 자도 또한 진실하게 보셔서 덕이 진실해지신다. 성인께서는
세상에서 두려운 듯이 천하를 위해 그 마음을 함께 하여 백성들이 모두 그들
의 이목을 집중하니, 성인께서는 그들을 모두 아이들처럼 대하신다. '두려운 듯
이'[愒愒]는 겁먹은 모양이다. 천하의 마음이 함께 하지 않는데, 백성들이 그들의 이목을 집중할까 두려
워하시므로 마음을 함께 하시고 아이들처럼 대하신다.

談老 聖人, 豈無常心。以百姓心爲心, 而無私主, 卽聖人之常心也。
以百姓心與我心同, 故其有不善, 猶我之不善, 無嗔恨心, 則我與百
姓, 德同善矣。其有不信, 猶我之不信, 無億逆心, 則我與百姓, 德同
信矣。若聖人揀別百姓之不善不信, 以殊異於善信, 是聖人與百姓,
各自有心, 不容不公, 而德不善信。

---

1)『老子翼』, 49章註, "無常心, 心無所主也。"

성인께서 어찌 일정하게 담아두는 마음이 없으시겠는가? 백성들의 마음으로 마음을 삼아, 사사롭게 주관하시는 것이 없는 것이 바로 성인께서 일정하게 담아두는 마음이다. 백성들의 마음과 자신의 마음을 동일하게 여기시기 때문에, 그들에게 선하지 않은 것이 있다면 자신의 선하지 않음과 같이 여기셔서, 화를 내고 원망하는 마음이 없으니, 자신과 백성들이 덕에서 동일하게 선해진다. 그들에게 진실하지 못한 것이 있으면 자신의 진실하지 않음과 같이 여기셔서 억측하고 거스르는 마음이 없으시니, 자신과 백성들이 덕에서 동일하게 진실해진다. 만약 성인께서 백성들의 선하지 못하고 진실하지 못한 것을 구별해서서, 선하고 진실한 것과 다르게 여기신다면, 이것은 성인과 백성들이 제각기 마음이 있고 공평하지 못한 것을 받아들이지 못해서, 덕에 있어 선하고 진실하지 못한 것이다.

是以聖人爲天下人, 自渾其心, 不棄不善信, 而同其善信。亦爲百姓, 渾其心, 使不知善信之爲善信, 不善信之爲不善信, 而亦同其善信。則天下之德, 無有不善信者。百姓之注耳目者, 皆不作聰明, 而同德於嬰兒矣。若聖人不善不善, 不信不信, 即善不善信不信, 棼然殊途, 百姓惑, 而天下亂矣。

이 때문에 성인께서 천하의 사람들을 위해 스스로 그 마음을 함께하고는, 선하고 진실하지 못한 것을 버리지 않고 선함과 진실함을 함께 하신다. (성인께서) 또한 백성을 위해 그 마음을 함께하셔서, 선하고 진실한 것이 선하고 진실한 것이 되고, 선하지 않고 진실하지 않은 것이 선하지 않고 진실하지 않은 것이 되는지 알지 못하게 하시고는, 또한 선함과 진실함을 함께 하신다. 그러니 천하의 덕이 선하지 않고 진실하지 않은 것이 없다. 백성들이 이목을 집중하는 것은 모두 총명하게 되었기 때문이 아니라, 아기와 덕을 함께 하기 때문이다. 만약 성인께서 선하지 않은 것을 선하지 않게 보고, 진실하지 않은 것을 진실하지 않게 보신다면, 바로 선함과 선하지 않음, 진실함과 진실하지 않음이 어지럽게 길을 달리해서 백성들이 미혹되고 천하가 혼란스러워진다.

해설 무위는 통치자들이 먼저 선하고 아름다운 것을 구분하지 않아 백성들도 그것을 본받게 하는 데서 시작된다. 이것은 바로 2장과 37장에서 이미 언급되었던 내용으로 위의 본문처럼 백성들을 다스리라는 말이다. 선하고 아름다운 것을 강조하여 드러내면 도리어 잘못되니, 백성들이 선하든지 선하지 않든지 진실하든지 진실하지 않든지 그대로 놔두어 저절로 무위의 교화로 녹아들게 하라는 것이다. 그리고 이렇게 다스리는 것이 참된 다스림이라는 것도 강조하지 말라는 것이다. 무위를 강조하면 사람들에게 그것을 실천하라고 내세우는 것이 되기 때문이다.

2장의 내용을 다시 한 번 살펴보자. "천하가 모두 아름다움이 아름다운 것이 되는 줄 아는 것, 이런 것은 악한 것일 뿐이고, 모두 선함이 선한 것이 되는 줄 아는 것, 이런 것은 선하지 않은 것일 뿐이다. 그러므로 유有와 무無가서로 낳아주고 … 앞과 뒤가 서로 연결된다. 이 때문에 성인은 아무 것도 시행함이 없는 일삼음을 지키고 말없는 교화를 행한다. 만물이 어떤 것을 일으켜도 말하지 않고, 무엇인가 내놓아도 있다고 하지 않으며, 무엇을 시행해도 그것에 의지하지 않고, 공을 이루어도 머물지 않는다. 오직 머물지 않기 때문에 떠나가지 않는다."

37장에서는 이상의 내용이 다소 어렵게 표현되었지만 동일한 말이다. "도는 영원히 아무것도 시행함이 없지만 하지 못하는 것이 없다. 후왕이 만약 이것을 지킬 수 있다면 만물이 저절로 감화될 것이다. 감화된다고 이것을 일으키고자 하면, 나는 이름 없는 질박함으로 진정시킬 것이다. 이름 없는 질박함마저도 하고자 함이 없어야 할 것이니, 하고자 하지 않아 고요해진다면 천하가 저절로 바르게 될 것이다." 37장에서 "감화된다고 이것을 일으키고자 하면" 이하의 내용이 다소 어려운데, 무위를 절대로 드러나지 않게 시행하라는 것이다.

50장

出生入死, 生之徒十有三, 死之徒十有三。人之生動之
死地者, 亦十有三, 夫何故。以其生生之厚。蓋聞善攝生
者, 陸行不遇兕虎, 入軍不避甲兵。兕無所投其角, 虎無
所措其爪, 兵無所容其刃。夫何故。以其無死地。

태어나서 살다가 되돌아가 죽게 됨에[1] 살려는 사람들이 열에 셋이고, 죽으려
는 사람들이 열에 셋이다. 사람들이 살려고 하다가 갑자기 죽을 짓을 하는 사
람들도 열에 셋이니, 무엇 때문인가? 너무 잘 살려고 발버둥치기 때문이다. 목
숨을 잘 유지하는 자는 육로로 길을 가더라도 들소나 호랑이에게 화를 당하지
않고, 전쟁터에 나가더라도 병장기에 상처를 입지 않는다고[2] 들었다. 들소가
뿔로 받을 곳이 없고, 호랑이가 발톱으로 할퀼 곳이 없으며, 병기가 칼날을 댈
곳이 없으니, 무엇 때문인가? 그에게는 죽을 곳이 없기 때문이다.

談老 出而生, 入而死, 不訴不拒, 不爲之役, 翛然來往, 如夜晝寒
暑之相爲一貫。固眞人之大常, 爲下文十之一。附於生而爲之役者, 十
有三, 附於死而爲之役者, 十有三, 此二者, 亦凡情之所不免。若其戀

---

1) 『老子翼』, 50章註, "出, 謂自無而見于有, 入, 謂自有而歸于無。"
2) "入軍不避甲兵"에서 "避"자는 왕필본을 비롯하여 "被"자로 되어 있는 곳도 많다. 글
   자 그대로 해석하면, "전쟁터에 나가더라도 병장기를 피하지 않는다"로 해야 하는데,
   이어지는 "병기가 칼날을 댈 곳이 없다.(兵無所容其刃)"와 매끄럽게 연결되지 않아
   "被"자로 해석했다.

生, 而惡死者, 務益生, 而損生。自生而之死地者, 十有三, 由不能忘形遺照,[3] 而有其身故也。有其身者, 之死地者也。攝, 猶權假也。以生爲權假者, 無其身者也。旣無其身, 何所傷之。故曰無死地。

태어나서 살다가 되돌아가 죽게 되는 것을 기뻐하지도 않고 거부하지도 않아[4] 그것들에 얽매이지 않으니, 초연하게 왕래하는 것이 밤과 낮, 추위와 더위가 서로 하나로 관통되어 있는 것과 같다. 진실로 진인眞人의 '크게 항구함'[大常]은 결과적으로 열에서 아홉을 제한 나머지 하나이다. 사는 것에 빌붙어 그것에 얽매여 사는 사람들이 열에 셋이고, 죽는 것에 매달려 그것에 얽매여 사는 자들이 열에 셋인데, 이 두 경우는 또한 모두 '욕망'[情]을 벗어나지 못한 것이다. 사는 것에 연연해 죽는 것을 싫어하는 사람들이라면 삶을 부지런히 이롭게 하려고 하다가 삶을 축낸다. 사는 곳에서 죽을 곳으로 가는 사람들도 열에 셋이니, 형체를 버리고 자신을 잊어버릴 수 없어 그 자신을 의식하기 때문이다. 그 자신을 의식하는 자들은 죽을 곳으로 가는 자들이다. 본문의 '목숨을 잘 유지하는 자'[善攝生者]에서 '유지한다'[攝]는 말은 잠시 삶의 직분을 빌려온다는 의미이다. 삶을 잠시 빌려온 것으로 여기는 사람들은 그 자신을 의식하지 않는 자들이다. 이미 그 자신을 의식하지 않는데 무엇이 해치겠는가? 그러므로 "죽을 곳이 없다"라고 했다.

---

3) 『椒園談老』, 13章註, "형체를 버리고 자신을 잊은 다음에야 물속으로 들어가고 불길 속으로 뛰어들지라도 빠지지 않고 화상을 입지 않는다.(忘形遺照, 然後可以赴蹈水火, 而不焚溺。)"
4) 『老子翼』, 50章註, "…。又曰, '其出不忻, 其入不詎。'"

51장

道生之, 德畜之, 物形之, 勢成之。是以萬物莫不尊道
而貴德。道之尊, 德之貴, 夫莫之爵而常自然。故道生之
畜之, 長之育之, 亭之毒之, 養之覆之。生而不有, 爲而
不恃, 長而不宰, 是謂玄德。

도는 낳아 주고 덕은 길러주니 사물은 드러나고 형세는 이루어진다. 이 때문에 만물은 도를 존중하고 덕을 귀하게 여기지 않음이 없다. 도와 덕의 존귀함은 누가 벼슬주지 않아도 항상 저절로 그런 것이다. 그러므로 도는 낳아 주고 길러주며, 생장시켜 주고 발육시켜 주며, 쉴 곳이 되게 하고 독이 되게 하며, 배양되게 하고 북돋워지게 한다. 낳아 주면서도 자신의 것이라고 하지 않고, 시행하면서도 그것에 의지하지 않고, 길러 주면서도 주재하지 않으니, 이것을 현묘한 덕이라고 한다.

談老 道德常自然, 而生畜之, 物亦因其自然而形之, 勢亦因其自然而成之。夫物勢之功易見, 而道德之本難覩。故以長育亭毒, 盡歸之道, 而稱其不恃不宰之德, 曰玄。蓋言物形勢成, 無非此道之流行, 而德之名, 猶不足以盡其深遠也。亭, 平停也。毒, 困苦也。霜露以悴物, 憂患以拂人, 皆所以毒之, 而人物得以堅固, 俱言長育之妙。古注云, 亭以品其形, 毒以成其質, 是也。

도와 덕은 항상 저절로 그렇게 되어서 낳아 주고 길러 주니, 사물도 저절로 그런 것으로 말미암아 드러나고, 형세도 저절로 그런 것으로 말미암아 이루어진다. 사물과 형세의 공은 알기 쉽지만, 도와 덕의 본원은 알기 어렵다. 그러므로 생장시켜 주고 발육시켜 주며 편안하게 머무르게 하고 곤고하게 하는 것으로써 모두 도로 되돌아오게 하는데, 그것의 의지하지 않고 주재하지 않는 덕을 일컬어서 '현묘하다'[玄]고 한다. 대개 사물이 드러나고 형세가 이루어짐에 이 도의 유행이 아닌 것이 없지만, 덕이라는 명칭으로는 오히려 그 심원함을 다하기에 부족하다는 말이다. 원문의 '쉴 곳이 되게 한다'[亭]는 편안하게 머물게 한다는 말이고, '독이 되게 한다'[毒]는 곤고하게 한다는 말이다. 서리와 이슬로 사물을 시들게 하고 근심과 걱정으로 사람을 거스르게 하는 것은 모두 독이 되게 하기 위함인데, 사람과 사물이 그 때문에 견고하게 되니, 모두 생장시키고 발육시키는 묘함을 말한 것이다. 옛 주석에서 "쉴 곳이 되게 함으로써 그 형체가 드러나게 하고 독이 되게 함으로써 그 기질을 완성시킨다"[1]라고 한 것이 이런 의미이다.

---

1) 『易用』, 卷1, "老子亭之毒之注, 亭以品其形, 毒以成其質, 是也." 『別雅』, 卷5, "老子亭之毒之註, 亭以品其形, 毒以成其質, 是也." 『通雅』, 卷4, "列子曰, 亭之毒之注, 亭以品其形, 毒以成其質."

52장

天下有始, 以爲天下母。旣得其母, 以知其子, 旣知其
子, 復守其母, 歿身不殆。塞其兌, 閉其門, 終身不勤。開
其兌, 濟其事, 終身不救。見小曰明, 守柔曰强。用其光,
復歸其明, 無遺身殃, 是謂襲常。

천하에 시작이 있으니 그것으로 천하의 어미를 삼는다. 그 어미를 얻고 나서
그 자식을 알고, 그 자식을 알고 나서 다시 그 어미를 지키니, 죽을 때까지 위
태롭지 않다. 입을 막고 문을 닫으니, 죽을 때까지 수고롭지 않다.[1] 입을 열고
일을 이루니, 죽을 때까지 구원하지 못한다. (눈으로 볼 수 없는) 미소한 것[2]을
보는 것을 밝음이라고 하고, (힘으로 느낄 수 없는) 부드러운 것[3]을 지키는 것을
강함이라고 한다. 그 빛남을 사용해 그 밝음으로 돌아가면서 자신에게 재앙을
남기지 않으니, 이것을 드러나지 않는 밝음이라고 한다.[4]

談老 道生之, 德畜之, 旣爲之母矣。物形之, 勢成之, 其子形且成
矣。成而壯, 壯則老, 以隨流逐末, 則殆矣。若能復歸於嬰兒, 以守其
母而不離, 則可以沒身不殆矣。

---

1) 『老子翼』, 52章註, "兌, 口也。人之有口, 家之有門, 皆喩物所從出者。塞而閉之, 藏有
於無, 守母者也。"
2) 『老子翼』, 52章註, "不可目窺曰, 小。"
3) 『老子翼』, 52章註, "不可力得曰, 柔。"
4) 『老子翼』, 52章註, "襲常, 猶前言襲明。密而不露也。記曰, '揜而充袞曰, 襲。'"

도가 낳아 주고 덕이 길러 주니, 이미 사물의 어미가 되었다. 사물이 드러나고 형세가 이루어지니, 그 자식이 드러나고 또 이루어졌다. 이루어지면 장성하고 장성하면 노쇠하니, 흐름을 따라 말단을 좇아가면 위태롭게 된다. 만약 아기의 상태로 되돌아올 수 있어서 그 어미를 지키고 떠나지 않는다면, 죽을 때까지 위태롭지 않을 것이다.

해설 노자의 무위는 사람들 개개인들이 생활하면서 실천해야 하는 작은 이야기가 아니라 통치자들이 세상 전체를 위에서 아래로 어떻게 이끌어야 하는지에 대한 거대한 이야기이다. 일반인이 노자의 무위에 따라 행동하면서 세상을 바꾸려고 하면, 영악한 사람들이 도리어 바보 취급하면서 조롱하고 속여 살 수가 없다. 세상 전체의 통치 패러다임이 알 듯 모를 듯 무위를 지향해서 개인들도 알 듯 모를 듯 그것을 따르도록 해야 한다는 것이 노자의 무위이다. 그 때문에 위에서 세상을 유위로 교화해서는 도리어 잘못된다는 것을 깨닫고, 절대로 드러나지 않게 알 듯 모를 듯 무위로 사람들을 서서히 인도해서 바꾸어야 한다.

다소 엉뚱하겠지만 역자가 자세히 고찰한 바로 『성경』의 「창세기」에서 아담과 하와가 뱀의 꼬임에 빠져 에덴동산 가운데 있는 지혜의 열매 곧 선악과를 먹기 전까지는 무위자연의 삶을 살았다. 그 열매를 먹은 벌로 에덴동산에서 쫓겨나 아담은 힘들게 일해 땅의 소산을 먹고 하와는 출산의 고통을 당하니, 이때부터 무지개 언약까지는 무위와 유위의 공존시대이다. 유위는 카인과 그 후손들에게로 무위는 아벨로 이어지는데, 아벨이 카인에게 맞아죽어 셋과 그 후손들에게로 무위가 이어진다. 카인과 그 후손들은 머리를 사용할 줄 알기 때문에 목자·악사·대장장의 조상이 되지만, 아벨의 후손들에게서는 아무것도 나오지 않는다.

어린 시절에 『성경』을 매일 읽으면서 특히 「창세기」에서 풀리지 않는 의문 몇 가지가 있었다. 첫째, 카인이 농사를 짓고 아벨이 목축을 하여 처음으로 하느님께 제사를 지냄에 아벨의 제사를 받고 카인의 제사를 받지 않은 것이 무엇 때문인지? 둘째, 카인의 후손들에게서 인류의 문화가 나옴에도 칭찬이 전혀 없고, 셋의 후손들은 훌륭한 삶을 살았다고 하면서도 무엇이 훌륭했는지 구체적으로 드러내어 기술하지 않아 의문이 많았다. 이런 것들에 대한 의문이 먼 훗날 『도덕경』 연구로 박사 학위를 받고 노자의 무위자연을 이해한 후에야 풀리기 시작했다. 만일 역자가 『도덕경』을 연구하지 않았다면 죽는 날까지 그 이유를 몰랐을 것이다.

지혜의 열매를 먹은 벌로 에덴에서 추방당했으면 조용히 반성하며 살아야 한다. 그런데 하와가 아담과 잠자리를 갖고 임신하여 카인을 낳게 되자 '하느님 덕분에 아들을 얻었다'고 외치니, 이것은 감사의 말이 아니라 에덴에서의 추방 덕분에 도리어 즐거움을 얻었다고, 하느님을 교묘하게 비꼬며 대드는 것이다. 출산 때 어미가 한 말을 그 아이의 죄로 연결시키는 것은 다소 그렇지만 그 아이의 성품이나 이후의 행적과 관련시킬 때, 카인은 교묘하게 머리를 사용할 줄 아는 자이다. 카인은 머리가 좋았기 때문에 동생을 이기기 위해 정성을 다해 제사를 준비했을 것인데, 이것은 지혜의 열매를 절대 먹지 말라는 하느님의 금기사항이다.

카인이 동생을 해치고 그곳에서 살 수 없어 떠돌며 자신을 해치려고 하는 자에게 일곱 배로 보복하는 것은 프로 싸움꾼들의 수를 두는 것이고, 그 후손들 중에서 인류 문화의 원형이 나오는 것은 모두 지혜를 사용한 결과이다. 이와 상대적으로 이상하게도 셋은 하느님과 함께 살다가 하느님을 따라 갈 정도로 훌륭하고, 그 후손 노아와 그 가족은 인류를 전멸시킬 때도 유일하게 구제해 준 사람들인데도 그들의 선행에 대해 전혀 언급하지 않고 있다.[5] 그런데 이 것에 대한 의문은 2장의 본문을 적용하면 해결된다. 어떤 것이 훌륭하다고 드 러내면 바로 추악한 것이니, 선하고 아름다운 것은 절대로 드러나지 않게 해야 한다는 것이다.

천하가 모두 아름다움이 아름다운 것이 되는 줄 아는 것, 이런 것은 악한 것 일 뿐이고, 모두 선함이 선한 것이 되는 줄 아는 것, 이런 것은 선하지 않은 것일 뿐이다. 그러므로 유有와 무無가 서로 낳아주고 … 앞과 뒤가 서로 연 결된다. 이 때문에 성인은 아무 것도 시행함이 없는 일삼음을 지키고 말없는 교화를 행한다. 만물이 어떤 것을 일으켜도 말하지 않고, 무엇인가 내놓아도 있다고 하지 않으며, 무엇을 시행해도 그것에 의지하지 않고, 공을 이루어도 머물지 않는다. 오직 머물지 않기 때문에 떠나가지 않는다.

하느님이 아담과 하와에게 동산 가운데 선악과 곧 지혜의 열매를 먹으면 너희가 죽을 것이라고 한 말은 바로 무위의 정적이고 평화로운 삶이 사라짐 으로써 유위의 끝없는 경쟁에서 자신의 삶을 숨 막히게 닦달하는 것을 말한 다. 현대인은 물질이 풍부함에도 불구하고 그것을 더 소유하기 위해 개인과 개인은 물론 국가와 국가가 끝없이 경쟁하는 탓에 잠시도 마음을 놓을 수 없 다. 그 결과 초등학생이 공부에 대한 압박감으로 자살하는 것 정도는 이제 그리 큰 뉴스도 아니다. 자원을 절제 없이 사용하고 원자력과 같은 위험한 자 원을 잘못 관리함으로써 걷잡을 수 없는 환경의 큰 혼란이 세계 어느 곳에서 나 갑자기 발생할 수 있다.

---

5) 이상에 대한 자세한 논의는 2005년 『동서철학연구』 35호에 실려 있는 졸고 「『도덕 경』의 시각으로 본 『성서』의 창세기 신화」를 참고하기 바란다. 홍익출판사의 『노자 도덕경과 왕필의 주』 2012년 개정판에도 부록으로 실려 있다.

"그 어미를 얻고 나서 그 자식을 알고, 그 자식을 알고 나서 다시 그 어미를 지키니, 죽을 때까지 위태롭지 않다. 입을 막고 문을 닫으니, 죽을 때까지 수고롭지 않다. 입을 열고 일을 이루니, 죽을 때까지 구원하지 못한다. (눈으로 볼 수 없는) 미소한 것을 보는 것에 대해 밝음이라고 하고, (힘으로 느낄 수 없는) 부드러운 것을 지키는 것에 대해 강함이라고 한다. 그 빛남을 사용해 그 밝음으로 돌아가면서 자신에게 재앙을 남기지 않으니, 이것을 드러나지 않는 밝음이라고 한다." 현대인들이 이상 본문의 말을 바로 따를 수는 없지만 최소한 어떻게 사는 것이 진정한 삶인지 반성이라도 하게 해야 위험으로부터 구제될 수 있는 희망이라도 생길 것이다.

53장

使我介然有知, 行于大道, 惟施是畏。大道甚夷, 而民
好徑。朝甚除, 田甚蕪, 倉甚虛。服文采, 帶利劍, 厭飲
食, 資貨有餘, 是謂盜夸。[1] 非道哉。

가령 내가 분명하게 아는 것이 있어[2] 위대한 도를 시행할지라도 그렇게 하는
것은 정말 두렵다. 큰길이 아주 평탄한데도[3] 백성들은 지름길로[4] 다니기를 좋
아한다. 조정은 아주 깨끗하게 정비되어 있는데도[5] 전야는 아주 황폐하고 창
고에는 아무것도 없다. 화려하게 꾸민 옷을 입고[6] 예리한 칼을 차고 음식을
물리도록 먹는데도 재화가 넘치나니, 이는 도둑이 뽐내는 것이다. 도에 맞는
행위가 아니로구나!

談老 雖以見小之明, 不敢用其明, 用其明之餘光, 猶且不敢盡, 復
歸于本明。今乃以介然之知, 行于大道, 而不知反, 則軌迹靡亂矣。
夫道若大路然, 唯不用知, 而循自然者, 無施而可畏。若用其知, 而
欲行之者, 必趨于邪徑, 而惟所施, 而盡畏途也。如人蕪其田, 而除

---

1) 『老子翼』에는 '盜夸'가 '盜竽'로 되어 있다. 그리고 주에 "盜竽, 誤作盜夸, 今從韓非
本。"라고 분명히 되어 있음에도 불구하고 이충익은 이 구절에 대해 "盜夸"라고 했다.
2) 『老子翼』, 53章註, "介然有知, 猶言微有知也。"
3) 『老子翼』, 53章註, "夷, 平也。"
4) 『老子翼』, 53章註, "露狹而捷, 爲徑。"
5) 『老子翼』, 53章註, "除, 治也。傳曰: '糞除先人之敝廬'是也。"
6) 『老子翼』, 53章註, "靑赤, 爲文, 色絲, 爲采。"

其朝, 虛倉廩, 而用財貨。無節, 是盜竊人之財, 而奪其富者也。

은미한 것을 보는 밝음을 가지고 있지만 감히 그 밝음을 사용하지 않고, 그 밝음으로 인한 여분의 빛을 사용하고 있지만 여전히 그것마저도 감히 다하지 않으니, 본래의 밝음으로 되돌아간다. 그런데 이제 분명하게 아는 것으로 위대한 도를 행하면서 되돌아갈 줄 모르니, 남긴 흔적이 어지럽다. 도는 큰길과 같으니, 오직 지혜를 사용하지 않고, 저절로 그렇게 되어 있는 대로 따를 경우에만, 시행해도 두려울 것이 없다. 만약 지혜를 사용해 도를 행하고자 하는 경우라면, 반드시 잘못된 길로 달려가고, 단지 시행하는 것일 뿐인데도 위험한 길을 끝까지 가게 된다. 이를테면 사람들이 전야를 황폐하게 하면서 조정을 정비하고, 창고를 비우면서 재화를 사용하는 것이다. 절제가 없으면, 이것은 남의 재산을 도둑질하고 그 부유함을 빼앗는 것이다.

해설 "내가 분명하게 아는 것이 있어 위대한 도를 행할지라도 시행하는 것만은 두렵다"고 한 구절을 37장의 "이름 없는 질박함마저도 하고자 함이 없어야 할 것이다"고 한 구절과 연결해서 생각해 보면 이해가 한결 쉽게 될 것이다. 도는 절대로 드러내서는 안 되는 것임을 다시 이런 표현으로 재삼 강조했다.

54장

善建者不拔, 善抱者不脫, 子孫祭祀不輟。修之于身,
其德乃眞, 修之于家, 其德乃餘, 修之于鄉, 其德乃長,
修之于邦, 其德乃豊, 修之于天下, 其德乃普。故以身觀
身, 以家觀家, 以鄉觀鄉, 以邦觀邦, 以天下觀天下。吾
何以知天下之然哉。以此。

잘 세운 것은 뽑히지 않고 잘 껴안은 것은 벗어나지 않아 자손이 제사를 그치
지 않는다. 그것을 '자신'[身]에게서 닦으면 그 덕이 이에 진실해지고, 그것을
집안에서 닦으면 그 덕이 이에 넉넉해지며, 그것을 마을에서 닦으면 그 덕이 이
에 뛰어나게 되고, 그것을 나라에서 닦으면 그 덕이 이에 풍성해지며, 그것을
천하에서 닦으면 그 덕이 이에 넘치게 된다. 그러므로 '자신'[身]으로 '자신'[身]
을 살피고, 집안으로 집안을 살피며, 마을로 마을을 살피고, 나라로 나라를 살
피며, 천하로 천하를 살핀다. 내가 무엇으로 천하가 그렇다는 것을 알았겠는
가? '자신'[身]으로써 알았다.[1]

> **談老** 善建不拔, 善抱不脫, 有道乎, 曰, 修之于身, 是也。修之于身,
> 如何。以身觀身而已矣。不知道者, 以身爲己有。以身爲己有, 則是以

---

1) 『老子翼』, 54章註, 蘇註, "……。天地外者, 世俗所不見矣。然其理可推而知也。修身
之至, 以身觀身, 以家觀家, 以鄉觀鄉, 以國觀國, 皆吾之所及知也。然安知聖人以天
下觀天下, 亦若吾之以身觀身乎。豈身可以身觀, 而天下獨不可以天下觀乎。故曰, '吾
何以知天下然哉。以此。'言亦以身知之耳。"

己觀身, 身與己爲二, 於是乎, 目不見睫, 而肝膽楚越矣。唯知道者,
曠然不知己之有身。四大六根, 各還賦與之天, 而眞君常晏然, 此之
謂以身觀身。以家觀家, 則父父子子, 夫夫婦婦, 而家道正。以天下
觀天下, 則恭己南面, 而天下治。天下國家之本, 在身, 其要在乎不
有其身而已矣。

"잘 세운 것이 뽑히지 않고 잘 껴안은 것이 벗어나지 않는다"는 것은 도
가 있는 것이니, "그것을 '자신'[身]에게서 닦는다"고 한 것이 여기에 해
당한다. 그것을 '자신'[身]에게서 닦는다는 것은 어떻게 하는 것인가? '자
신'[身]으로 '자신'[身]을 살피는 것일 뿐이다. 도를 알지 못하는 자는 '자
신'[身]을 '자기'[己]의 소유로 여긴다. '자신'[身]을 '자기'[己]의 소유로 여기
면, 이는 '자기'[己]로 '자신'[身]을 살펴서 '자신'[身]과 '자기'[己]가 둘로 되
니, 이 때문에 눈을 깜짝일 수 없고 간肝과 담膽이 초楚나라와 월越나라
처럼 멀어진다. 오직 도를 아는 자만이 모든 것을 비워서 '자기'[己]로 '자
신'[身]을 소유할 줄 모른다. '지地·수水·화火·풍風으로 이루어진 사람의
몸'[四大]과 '사람을 미혹하게 하는 여섯 가지 근원인 안眼·이耳·비鼻·설
舌·신身·의意'[六根]가 제각기 부여된 천성으로 되돌아와 진군眞君이 항
상 편안해지면, 이것에 대해 '자신'[身]으로 '자신'[身]을 살피는 것이라고
한다. 집안으로 집안을 살피면 아비는 아비다워지고 자식은 자식다워지
며, 지아비는 지아비다워지고 지어미는 지어미다워져서 집안의 도가 바
르게 된다. 천하로 천하를 살피면 '자기'[己]를 공손하게 해서 남면하고
있을지라도 천하가 다스려진다. 천하와 국가의 근본은 자신에게 있으
니, 그 핵심은 ('자기'[己]로) '자신'[身]을 소유하지 않는 것에 있을 뿐이다.

해설 마음 비움의 시작은 먼저 자신을 자기의 소유로 여기지 않는 것이니,
이것이 자신으로 자신을 살피는 것이다. 이것을 집안·마을·나라·천하로
확대하는 것은 마음 비움을 넓히는 것이다.

55장

含德之厚, 比于赤子, 毒蟲不螫, 猛獸不據, 攫鳥不搏。
骨弱筋柔而握固, 未知牝牡之合而峻作, 精之至也。終
日號而不嗄, 和之至也。知和曰常, 知常曰明。益生曰
祥, 心使氣曰强。物壯則老, 謂之不道。不道早已。

덕을 머금은 것이 두터우면 갓난아기와 비슷해지니, 독충이 독을 쏘지 않고
맹수가 발톱으로 잡아채지 않으며 맹금류가 낚아채지 않는다.[1] 근골이 유약
한데도 쥐는 힘이 견고하고, 남녀의 교합을 모르는데도 고추[2]가 서니, '정기'
[精]의 지극함이다. 종일 울부짖어도 목이 쉬지 않으니,[3] '조화'[和]의 지극함
이다. 조화를 아는 것에 대해 항구함이라고 하고, 항구함을 아는 것에 대해
밝음이라고 한다. 삶을 이롭게 하는 것에 대해 재앙[4]이라고 하고, '마음'[心]
으로 '기운'[氣]을 부리는 것에 대해 강함이라고 한다. 사물이 장성하면 노쇠
해지니, 이것을 도를 따르지 않는 것이라고 한다. 도를 따르지 않으면 일찍 망
한다.

---

1) 『老子翼』, 55章註, "毒蟲蜂蠆之類, 以尾端肆毒曰螫, 猛獸虎豹之類, 以爪按拏曰,
   據, 攫鳥鵰鶚之類, 以羽距擊觸曰搏, 趙志堅曰, '以四指握, 拇指爲握固.'"
2) 『老子翼』, 55章註, "峻, 子垂反。說文云, '赤子陰也。'"
3) 『老子翼』, 55章註, "號, 平聲,* 嗄所嫁反, 聲嘶也。又啼極無聲曰, 嗄。"* 『道藏』본에
   는 '乎聲'으로 되어 있는데, 『漢文大系』본과 『四庫全書』본에 의거해서 '平聲'으로
   수정했다.
4) '祥'자를 재앙으로 푼 것은 『老子翼』의 주 "祥, 吉凶之候也。"에 의거하지 않고, "益
   生, 則敗精"이라는 이충익 자신의 주에 의거한 것이다.

談老 益生, 則敗精, 心使氣, 則滑和。知益生之敗精, 而心使氣之滑和, 則精與和之情, 可見矣。

삶을 이롭게 하면 '정기'[精]를 손상하고, '마음'[心]으로 '기운'[氣]을 부리면 '조화'[和]를 어지럽힌다. 삶을 이롭게 하는 것이 정기를 손상하는 것이고, 마음으로 기운을 부리는 것이 조화를 어지럽히는 것임을 알면, 정기와 조화의 실정에 대해 알 수 있다.

56장

知者不言, 言者不知。塞其兌, 閉其門, 挫其銳, 解其紛, 和其光, 同其塵, 是謂玄同。不可得而親, 不可得而疎, 不可得而利, 不可得而害, 不可得而貴, 不可得而賤, 故爲天下貴。

아는 것을 말로 하지 않고, 말하는 것을 앎으로 하지 않는다. 입을 막고 문을 닫으며, 예리함을 꺾고 어지러움을 해소하며, 빛을 부드럽게 하고 티끌 같은 세속과 함께 하니, 이것을 현묘하게 하나로 되게 하는 것이라고 한다. 가까이할 수 없고 멀리할 수 없으며, 이롭게 할 수 없고 해롭게 할 수 없으며, 귀하게 할 수 없고 천하게 할 수 없으므로 천하의 귀함이 된다.

談老 知者不言, 知之無復可言。言者不知, 言之不敢用知也。此與下文[1]信言不美, 美言不信, 語勢略同而意別。彼爲揀異, 以信與美不同也, 此爲玄同, 以知出於不知, 而言出於不言也。

"아는 것을 말로 하지 않는다"는 구절은 알고 있는 것을 다시 말할 수 없다는 의미이다. "말하는 것을 앎으로 하지 않는다"는 구절은 말하는 것을 감히 앎을 사용해서 하지 않는다는 의미이다. 이 구절은 81장의 "진실한 말은 좋게 들리지 않고, 좋게 들리는 말은 진실하지 않다"는 구절과 어세語勢는 대략 같지만 뜻은 다르다. 81장에서는 차이를 구별해서

---

1) 필사본에는 '交'자로 되어 있다.

'진실함'[信]과 '좋음'[美]이 같지 않다는 것이고, 여기에서는 현묘하게 하나로 되어서 아는 것이 알지 못함에서 나왔고 말하는 것이 말하지 않음에서 나왔다는 것이다.

蓋天下之道同而已, 固未始異也。同出而異名, 故生異也。然非同生異也, 同之至者, 玄同也。玄同也者, 非對異者也, 如無生有, 一生二。未有有也, 以非有, 故謂之無, 非對有也。未有二也, 以非二, 故謂之一, 非對二也。

대개 천하의 도는 동일할 뿐이니, 진실로 처음부터 달랐던 적이 없었다. 나온 곳이 같은데 이름이 다르기 때문에 다른 것이 나온다. 그러나 동일한 것이 다른 것을 낳은 것이 아니니, 동일하게 함을 지극하게 할 경우 현묘하게 하나로 된다. 현묘하게 하나로 된다는 것은 다른 것에 상대적인 것이 아니니, 이를테면 40장의 "유는 무에서 나온다"는 것이고, 42장의 "하나는 둘을 낳는다"는 것이다. 아직 유가 있지 않아 유가 아니기 때문에 무라고 말했으니, 유에 상대적인 것이 아니다. 아직 둘이 있지 않아 둘이 아니기 때문에 하나라고 말했으니, 둘에 상대적인 것이 아니다.

無者俄而有, 一者俄而二, 始有無有與一二, 相對而立。未有異也, 以非異, 故謂之同。同者俄而異, 始有同與異, 相對而立。相對而立, 則其同者, 非所謂玄同也。既玄同矣, 知與不知, 言與不言, 非無非有, 非一非二, 而此經五千餘言, 方爲不知之知, 不言之言矣。塞兌閉門, 貼上不言。挫銳解紛, 貼上不知。

무가 갑자기 유가 되고, 하나가 별안간 둘이 되면, 비로소 무와 유 그리고 하나와 둘이 있으면서 서로 대립한다. 아직 달라지지 않았을 때는 다르지 않기 때문에 동일한 것이라고 말했다. 동일한 것이 어느 순간 달라지면, 비로소 동일한 것과 다른 것이 있으면서 서로 대립한다. 서로 대립한다면, 그 동일한 것들이 이른바 현묘하게 하나로 된 것이 아니다. 이미 현묘하게 하나로 되었다면, 아는 것과 알지 못하는 것, 그리고 말하는 것과 말하지 않는 것이 무도 아니고 유도 아니며, 하나도 아니고 둘도 아니어서, 『도덕경』에서 말하는 오천여 글자의 내용이 바야흐로 알지 못하는 앎이 되고, 말하지 않는 말이 된다. "입을 막고 문을 닫는다"는 구절은 위로 "말하지 않는다"는 구절과 연결되고, "예리함을 꺾고 어지러움을 해소한다"는 구절은 위로 "지혜를 사용하지 않는다"는 구절과 이어진다.

해설 위의 글은 수행자의 상태를 설명한 것이다. "아는 것을 말하지 않는다"는 구절의 의미는 드러내는 것을 없애야 함을 알기 때문에 말하지 않는다는 것이다. "말하는 것을 앎으로 하지 않는다"는 구절의 의미는 앎을 사용할 경우 드러내는 것이 되기 때문에 드러내는 것이 없도록 말한다는 것이다.

57장

以正治國, 以奇用兵, 以無事取天下。吾何以知天下之然
哉。天下多忌諱, 而民彌貧, 民多利器, 國家滋昏, 人多技
巧, 奇物滋起, 法令滋章, 盜賊多有。故聖人云, 我無爲
而民自化, 我好靜而民自正, 我無事而民自富, 我無欲
而民自樸。

일정한 것으로 나라를 다스리고, 느닷없는 것으로 전쟁을 하며, 아무 것도 일
삼지 않는 것으로 천하를 취한다. 내가 무엇으로 천하가 그렇다는 것을 알았
는가? 천하에 꺼려서 피하는 것이 많으면 백성들이 점점 더 가난해지고, 백성
들에게 이로운 기구가 많으면 국가가 더욱 혼란스러워지며, 사람들에게 묘한
재주가 많으면 이상한 물건들이 점점 더 생겨나고, 법령을 드러낼수록 도적들
이 더욱 많아진다. 그러므로 성인께서 "내가 아무 것도 하지 않아서 백성들이
저절로 감화되었고, 내가 가만히 있는 것을 좋아해서 백성들이 저절로 바르게
되었으며, 내가 아무것도 일삼지 않아서 백성들이 저절로 부유해졌고, 내가
아무것도 하고자 하지 않아서 백성들이 저절로 소박해졌다"라고 말씀하셨다.

談老 正有正變有奇變。正變者, 如寒暑往來, 變而成四時, 天地所
以常久而不殆者也, 治國者以之。奇變者, 如當寒而暑, 當暑而寒,
風雲雷電, 變化無窮, 而不可測, 天地所以憑威怒, 而成事功者也,
用兵者以之。

바로 '일정한 변화'[正變]와 '느닷없는 변화'[奇變]가 있다. '일정한 변화'[正變]란 이를테면 추위와 더위가 왕래함에 변화하면서 사시를 이루는 것으로 천지가 항상 그러하게 지속되면서 위태롭지 않은 것이니, 나라를 다스리는 자들이 사용한다. '느닷없는 변화'[奇變]란 이를테면 추울 때에 덥고 더울 때에 추우며, 바람·구름·우레·번개가 끝없이 변화해서 예측할 수 없는 것으로 천지가 위엄과 분노에 의지해서 공을 이루는 것이니, 전쟁을 하는 자들이 사용한다.

58장

其政悶悶, 其民淳淳, 其政察察, 其民缺缺。禍兮福所
倚, 福兮禍所伏, 孰知其極。其無正邪。正復爲奇, 善復
爲祅, 人之迷也, 其日固久矣。是以聖人方而不割, 廉而
不劌, 直而不肆, 光而不耀。

정사를 흐릿하게 하니 백성들이 도타워지고, 정사를 세밀하게 하니 백성들이
야박해진다. 화에는 복이 기대어 있고, 복에는 화가 엎드려 있으니, 누가 그 종
극을[1] 알겠는가? 그것에는 일정한 것이 없는 것 같구나! 일정한 것이 다시 느
닷없는 것이 되고, 선하게 한 것이 다시 재앙이 되니, 사람들이 헷갈린 지가 시
간적으로 꽤나 오래되었다. 이 때문에 성인께서는 방정하게 하시면서도 잘라
내지 않으시고, 청렴하게 하시면서도 깎아내지 않으시며, 곧게 하시면서도 마
음대로 하게 하지 않으시고, 빛나게 하시면서도 번쩍이게 하지 않으신다.

談老 所貴乎道者, 以其動而反也。動而反者, 變動而反本也。日月運
行, 一寒一暑, 天之動反也。如以爲正者, 而執之爲之, 則正者不能動
反, 敗失而爲奇矣。以爲善者, 而知善之爲善, 則善者不能動反, 斯
不善而爲祅矣。方而不割, 四句, 皆言動反之義。

도를 귀하게 여기는 것은 움직여서 되돌아가게 하기 때문이다. 움직여
서 되돌아가게 한다는 것은 변동시켜서 근본으로 되돌아가게 한다는

---

1) 『老子翼』, 58章註, "極, 終也。"

것이다. 해와 달이 운행됨에 한 번 춥고 한 번 더운 것은 하늘이 움직여서 되돌아가게 하는 것이다. 만약 일정하게 할 것을 생각해서 움켜잡고 다스리면, 일정하게 하는 것이 움직여서 되돌아갈 수 없게 하니, 잘못되어 갑작스러운 것이 된다. 만약 선하게 할 것을 생각해서 선한 것이 선한 것이 되는 줄 알게 하면, 선한 것이 움직여서 되돌아갈 수 없게 되니, 바로 선하지 않게 되어 재앙이 된다. 본문에서 "방정하게 하시면서도 잘라내지 않으신다"는 이하의 네 구절은 모두 (성인께서) 움직여서 되돌아가게 한다는 의미에 대해 말씀하신 것이다.

해설 무위의 다스림은 드러내는 것이 없어 백성들을 어리석게 만드는 것처럼 보이지만 오히려 그들이 서로 도타워지고, 유위의 다스림은 드러내는 것이 있어 백성들을 똑똑하게 만드는 것처럼 보이지만 도리어 그들이 서로 야박해지니, 이것이 바로 참으로 알기 어려운 진리로 화에는 복이 기대어 있고, 복에는 화가 엎드려 있다는 의미이다.

59장

治人事天莫若嗇。夫惟嗇, 是謂早復。[1] 早復謂之重積德。
重積德, 則無不克, 無不克, 則莫知其極。莫知其極, 可
以有國。有國之母, 可以長久, 是謂深根固柢, 長生久
視之道。

사람을 다스리고 하늘을 섬기는 데 아끼는 것 만한 게 없다. 단지 아끼는 것에
대해 일찌감치 되돌리는 것이라고 한다. 일찌감치 되돌리는 것에 대해 거듭 덕
을 쌓는 것이라고 한다. 거듭 덕을 쌓으면 감당하지 못할 것이 없고, 감당하지
못할 것이 없으면 아무도 그 궁극을 모른다. 아무도 그 궁극을 모르면 나라를
얻을 수 있다. 나라를 얻는 모체는 장구할 수 있으니, 이것에 대해 근저를 깊고
견고하게 하며 길이 오래도록 사는 법이라고 한다.

談老 嗇者, 不侈費也。由是道, 而不知反, 則亦可謂侈費也。如能早
復, 而守其本, 則不但是道之貴。早復之爲貴, 可謂重積德矣。道不
侈費, 而事無不成, 以之治人事天, 長世而不殆矣。

아낀다는 것은 사치스럽게 소비하지 않는 것이다. 그런데 어떤 도를 따
르면서 되돌릴 줄 모른다면, 그 또한 사치스럽게 소비하는 것이라고 말
할 수 있다. 만약 일찌감치 되돌려서 그 근본을 지킬 수 있다면, 도의 귀
함일 뿐만이 아니다. 일찌감치 되돌리는 것으로 귀함을 삼는다면, 거듭

---

1) 『老子翼』에는 '復'자가 '服'으로 되어 있고, 다음의 것도 동일하다.

덕을 쌓는 것이라고 말할 수 있다. 도는 사치스럽게 소비하지 않고 일을 함에 이루지 못하는 것이 없으니, 그것을 본받아 사람을 다스리고 하늘을 섬긴다면 길이 길이 위태롭지 않다.

해설 검소하게 살 수 있는 것은 마음을 비웠기 때문에 가능한 것이다. 마음을 비우지 못하면 욕망을 절제하지 못해 호화스럽게 살 수밖에 없고, 또 남들에게까지 영향을 미쳐 그렇게 살게 만드니, 혼란의 근본이다.

60장

治大國, 若烹小鮮. 以道莅天下, 其鬼不神. 非其鬼不神, 其神不傷人. 非其神不傷人, 聖人亦不傷之. 夫兩不相傷, 故德交歸焉.

큰 나라 다스리기를 작은 물고기 삶듯이 한다. 도로 천하를 대하면 천하의 귀신들이 불가사의하지 않다. 그 귀신들이 불가사의한 것이 아니라 그 불가사의함이 사람을 해치지 않는 것이다. 그 불가사의함이 사람을 해치지 않는 것이 아니라 성인께서 마찬가지로 해치지 않으시는 것이다. 저 양자가 서로 방해하지 않았으므로 덕이 함께 백성에게로 돌아간다.

> **談老** 聖人之以道莅天下, 無爲也, 不傷人而已. 善養馬者, 去害馬, 而馬壯. 善治人者, 不傷人, 而民自化. 功化之極, 至於鬼不傷人, 則聖神之德, 交歸於民. 烹鮮之喩, 義在于斯. 先言鬼神, 而後言聖人, 以鬼神於人, 無緣有私愛. 故聖人雖與人同類, 其無私愛, 則同也. 故言亦以同之.

성인께서 도로 천하를 대하셔서 아무 것도 하지 않으시는 것이 사람을 해치지 않으시는 것일 뿐이다. 말을 잘 기르는 자가 말 해치는 것을 제거하는데 말이 성장한다. 사람을 잘 다스리는 자가 사람 해치는 것을 제거하는데 백성들이 저절로 교화된다. 공적과 교화를 지극하게 해 귀신이 사람을 해치지 못할 정도가 되면, 성인의 덕과 불가사의한 덕이 함께 백성들에게로 돌아간다. 생선을 삶는 비유는 그 의미가 여기에 있다. 본문에서 먼저 귀신과 그 불가사의함에 대해 말한 다음 성인에 대해 말했으니, 귀신과 불가사의함이 사람에 대해 편애할 이유가 없기 때문이다. 그러므로 성인이 비록 사람과 동류일지라도 편애함이 없는 것이라면 동일하다. 그러므로 '마찬가지로'[亦]라고 말함으로써 동일시했다.

해설 윗사람들이 교묘한 방법으로 사람을 해치면 백성들도 그것을 본받아 귀신처럼 알 수 없는 방법으로 남을 해치게 된다. 위에서 그런 방법을 사용하지 않으면, 밑에서 백성들도 동일하게 그런 일을 저지르지 않아 모두 편한 것이다.

61장

大國者下流, 天下之交, 天下之牝。牝常以靜勝牡, 以靜
爲下。故大國以下小國, 則取小國, 小國以[1]下大國, (而)[2]
則取大國。故或下以取, 或下而取。大國不過欲兼畜人,
小國不過欲入事大, 夫兩者各得其所欲, 故大者宜爲下。

큰 나라가 (물처럼) 아래로 흐른다면 천하의 사귐이고 천하의 암컷이다. 암컷은
항상 고요함으로 수컷을 이기니, 고요함으로 낮추었기 때문이다. 그러므로 큰
나라가 그것을 본받아 작은 나라에 낮추니 작은 나라를 취하고, 작은 나라가
그것을 본받아 큰 나라에 낮추니 큰 나라에 의지한다. 그러므로 어떤 것은 낮
추어서 취하고, 어떤 것은 낮추어서 의지한다. 큰 나라는 사람들을 아울러 육
성하려는 것 이상을 지나치지 않고, 작은 나라는 들어가서 큰 것을 섬기려는
것 이상을 지나치지 않아 두 나라가 각기 원하는 것을 얻으므로 큰 것이 당연
히 낮추어야 하는 것이다.

談老 大國, 如水之下流, 納衆流而成大, 下以取小國, 而各得其所
欲, 則是大國不以力加之小國, 而以德取之也。故曰大國宜爲下。

물이 아래로 흘러가서 모든 물줄기를 받아들여 크게 된 것처럼 큰 나라

---

1) 『老子翼』에는 '以'자가 '而'로 되어 있다.
2) 필사본에는 '大國' 다음에 아래로 더 이상 여백이 없어 줄이 바뀌면서 다음 줄에
   '則'자로 이어진다. 그런데 '則'자 위의 여백에 '而'자가 본문의 글자보다 조금 작은
   글씨로 첨가되어 있다. 누군가 '則'자를 '而'자로 교정한 것이 아닌가 한다.

가 낮춤으로써 작은 나라를 취하여 (큰 나라와 작은 나라가) 제각기 하고
자 하는 바를 얻게 된다면, 이것은 큰 나라가 작은 나라를 힘으로 위협
한 것이 아니라 덕으로 취한 것이다. 그러므로 "큰 것이 당연히 낮추어
야 하는 것이다"라고 했다.

해설 바다로 모든 물줄기가 모여드는 이유는 낮은 곳에 있어 모든 물줄기
가 스스로 흘러 들어오기 때문이다. 마찬가지로 큰 나라가 작은 나라에 폭력
을 행하지 않고 낮출 때 작은 나라가 스스로 와서 의지하게 된다는 말이다.

62장

道者, 萬物之奧, 善人之寶, 不善人之所保。美言可以
(市)示,¹⁾ 尊行可以加人, 人之不善, 何棄之有。故立天子,
置三公, 雖有拱璧以先駟馬, 不如坐進此道。古之所以
貴此道(者)²⁾ 何。不曰求以得, 有罪以免邪。故爲天下貴。

도란 만물의 그윽함이어서 선한 자들의 보배이고 선하지 않은 자들을 보호하
여 길러주는 것이다. 아름다운 말이 돈을 벌 수 있고, 존경스러운 행동이 사
람들에게 영향을 미친다고 해서, 사람들의 선하지 않음을 어떻게 버리겠는가?
그러므로 천자를 세우고 삼공을 둠에 비록 큰 둥근옥을 가지고 네 필의 말이
끄는 수레를 앞세울 수 있을지라도 앉아서 이 도에 나가는 것만 못하다. 옛날
에 이 도를 귀하게 여긴 까닭이 무엇이겠는가? "구하면 얻고 죄가 있으면 사면
된다"고 말하지 않았던가? 그러므로 천하에서 귀한 것이 된다.

談老 人雖有不善, 其所保者, 同此道也。旣同此道, 則其言之美者,
可以市, 行之尊者, 可以加人, 固不可以其人之不善而棄之, 何也。以

---

1) 필사본에는 '可以' 다음에 아래로 더 이상 여백이 없어 줄이 바뀌면서 다음 줄에
'示'자로 이어지는데, '示'자 위의 여백에 '市'자가 본문의 글자보다 작은 글씨로 첨가
되어 있다. 『老子翼』에 '市'자로 되어 있고, 또 이충익 자신의 주에도 '市'자로 되어
있는 것을 볼 때, 잘못된 글자를 교정한 것이 아닌가 한다.
2) '道'자와 '何'자가 세로로 있는 오른쪽 사이에 '者'자가 작은 글씨로 첨가되어 있다.
『老子翼』에 '者'가 있는 것으로 볼 때, 빠진 글자를 보충한 것으로 보인다.

其同此道也。道之貴, 雖以王公之尊, 璧馬之重, 猶不能及之。如此
其貴也, 然語其所以貴者, 則曰求以得, 得之非難也, 曰有罪以免, 非
所以爲尊貴用也。易得而不爲尊貴用, 然善不善, 無不同此道, 而不
能貳焉則, 固天下之貴也。

사람들이 비록 선하지 못할지라도 그들을 보호하여 길러주는 자는 여
기서의 도와 하나가 된 것이다. 이미 여기서의 도와 하나가 되었다면, 말
을 아름답게 하는 자가 돈을 벌 수 있고, 행동을 존경스럽게 하는 자가
사람들에게 영향을 미칠 수 있겠지만, 진실로 사람들의 선하지 않음을
버릴 수 없으니 무엇 때문인가? 그것이 여기서의 도와 하나이기 때문이
다. 도의 귀함은 비록 왕공이라는 신분의 존귀함과 귀중한 둥근옥과 훌
륭한 말일지라도 오히려 미칠 수 없다. 이처럼 귀한 것인데도 그 귀한 것
에 대해 말하길 "구하면 얻는다"고 하니 얻기 어려운 것이 아니고, "죄가
있으면 사면된다"고 하니 쓰임을 존귀하게 여길 수 있는 것이 아니다. 쉽
게 얻어 쓰임을 존귀하게 여길 수 없지만, 선하고 선하지 않은 것이 여기
서의 도와 같지 않은 것이 없어 둘로 될 수 없는 것이라면 진실로 천하
에서 귀한 것이다.

63장

爲無爲, 事無事, 味無味。大小多少, 報怨以德。圖難于
其易, 爲大于其細。天下難事, 必作于易, 天下大事, 必作
于細, 是以聖人終不爲大, 故能成其大。夫輕諾必寡信,
多易必多難, 是以聖人猶難之, 故終無難。

아무 것도 함이 없음을 시행하고, 아무 일도 함이 없음을 일삼으며, 아무 맛도
없음을 맛본다. 작은 것을 큰 것으로 보고, 적은 것을 많은 것으로 여기며, 덕
으로 원한을 갚는다. 쉬운 것에서 어려운 것을 도모하고, 작은 것에서 큰 것을
행한다. 천하의 어려운 일은 반드시 쉬운 것에서 시작되고, 천하의 큰일은 반
드시 작은 것에서 시작되니, 바로 성인께서 끝내 큰일을 하지 않기 때문에 그
큰일을 이룰 수 있는 것이다. 가볍게 승낙하면 반드시 믿음이 적어지고, 쉽게
여기는 것이 많으면 반드시 어려움이 많아지니, 바로 성인께서 망설이며 어렵
게 여기기 때문에 마침내 어려움이 없는 것이다.

談老 大小, 視小猶大也。多少, 視少猶多也。皆愼嗇之義。此言大小,
與下大細, 似相濫, 然此以形之粗小言, 下以情之著微言, 尋義可見。

작은 것을 큰 것으로 본다는 것은 작은 것 보기를 큰 것처럼 한다는 것
이고, 적은 것을 많은 것으로 여긴다는 것은 적은 것 보기를 많은 것처
럼 한다는 것이니, 모두 삼가고 절제한다는 의미이다. 이 구절에서 말한
작은 것을 큰 것으로 본다는 구절은 다음 구절의 '(큰일에서) 큰[大]이나

'작은 것'[細]과 서로 연결되어 있는 듯한데, 이 구절은 형체의 크고 작은 것으로 말했고, 다음 구절은 '사정'[情]의 드러나고 드러나지 않는 것으로 말했으니, 의미를 살펴보면 알 수 있다.

報怨以德, 與子貢以德報怨, 意不同。子貢不以怨報怨, 而以德報之, 可謂厚矣。孔子答意, 以怨報怨, 相報以惡, 非君子之事, 唯宜以直, 若報德者, 宜相酬以德, 然後爲厚也。

본문의 "덕으로 원한을 갚는다(報怨以德)"는 말은 자공子貢[1]의 "덕으로 원한을 갚는다(以德報怨)"[2]는 말과 의미가 같지 않다. 자공의 원한으로 원한을 갚지 않고 덕으로 원한을 갚는다는 것은 후덕하다고 할 수 있다. 공자가 답한 의미는 원한을 가지고 원한을 갚아 악으로 서로 보복하면 군자의 일이 아니어서 오직 올바름으로 해야 한다는 것이니, 덕에 보답하는 것이 당연히 덕으로 서로 보답한 다음에 후덕하게 되는 것과 같다.

玄聖之道, 本無怨德。報德唯有公直, 報怨亦不異是。然則孔子之欲相酬以德者, 亦當不違於公直, 而懋處其厚也, 言之不同, 而道則一也。

'가장 뛰어난 성인'[玄聖]의 도에는 본시 원한과 덕이 없다. 그런데 덕을 갚는 데에 오직 공평함과 정직함이 있다면, 원한을 갚는 것도 이와 다르지 않다. 그렇다면 공자가 서로 덕으로 갚도록 하고자 하신 것도 당연히 공평함과 정직함에 어긋나지 않지만 후덕한 데 있기를 바란 것이니, 말

---

1) 위衛나라 사람. 공자의 제자. 성은 단목端木 이름은 사賜. 자공은 그의 자字. 말재주口才가 있고 재물을 잘 늘려 많은 돈을 모았음.
2) 『論語』「憲問」, "或曰, '以德報怨, 何如.' 子曰, '何以報德. 以直報怨, 以德報德.'"

한 것이 같지 않지만 도리는 (자공과) 동일하다.

해설 "작은 것을 큰 것으로 보고, 적은 것을 많은 것으로 여긴다"는 구절역시 마음을 비웠기 때문에 가능한 것이다. 마음을 비우지 못하면 크고 많은 것만 보이고 작고 적은 것은 보이지 않는다. 그러나 마음을 비우면 작고 적은 것이 크고 많은 것처럼 보이게 된다.

여기 63장에서 "덕으로 원한을 갚는다(報怨以德)"는 구절은 처음부터 마음을 비우게 함으로써 원망이 생겨나지 않게 한다는 의미이다. 본문에서 작은 일에서 미리 모든 것을 처리하여 일이 생기지 않도록 한다는 구절들이 그 근거이다. 자공의 "덕을 가지고 원한을 갚는다(以德報怨)"는 구절은 원망을 원망으로 앙갚음하지 않고 도리어 은혜나 선을 베푼다는 의미이다. 공자의 "올바름을 가지고 원한을 갚는다(以直報怨)"는 말씀은 도리에 따라 올바르게 대응하라는 의미이다. 그런데 이충익은 여기서 공자가 결국 후덕함을 목표로 한다는 점에서 자공과 동일하다고 하고 있으니, 위의 주석을 주의 깊게 음미해야 한다.

먼저 위의 주석에서 주목해야 할 사항은 노자를 '가장 뛰어난 성인'[玄聖]으로 칭했음에도 불구하고, 공자를 성인으로 칭하지 않았다는 것이다. **조선시대 『도덕경』 주석의 특징은 원시유학을 근거로 성리학적 사유를 부정하는 방향으로 진행되는데, 강화학파에 와서는 슬그머니 원시유학마저 부정하는 쪽으로 나아가고 있다.** 곧 이광려는 『독노자오칙』에서 미생고가 실질을 벗어나 이름을 따르는 것에 대해 공자가 아니라 노자의 관점에서 강하게 비판하는데, 공자의 중심사상 문질빈빈文質彬彬과는 다소 거리가 있음을 알아야 한다.[3] 이충익 역시 이광려의 사상을 이어받고 있기 때문에 위에서 이처럼 주석할 수 있는 것이다.

자세히 살펴보면, "공자가 서로 덕으로 갚도록 하고자 하신 것 역시 당연히 공평하고 정직함에 어긋나지 않지만 후덕한 데 있기를 바란 것이니, 말한 것이 같지 않지만 도리는 동일하다"는 주석에서 "말한 것이 같지 않지만 도리는 동일하다"는 끝 구절의 의미를 노자와 관련시켜서는 안 된다. 곧 노자와 표현이 다를지라도 그 방법이 동일하다는 의미로 봐서는 안 된다는 것이다. 공자의 "올바름을 가지고 원한을 갚는다(以直報怨)"는 말과 자공의 "덕을 가지고 원한을 갚는다(以德報怨)"는 말이 표현은 서로 다르지만 후덕한 데 있고자 한 것에서 공자와 자공이 서로 결국 모두 동일하다는 의미로 보라는 것이다.

---

3) 김학목, 「이광려의 노자관」, 『동방학』 22집, 119-225쪽, 2012.

64장

其安易持, 其未兆易謀, 其脆易判, 其微易散。爲之於
未有, 治之于未亂。合抱之木, 生於毫末, 九成之臺, 起
于累土, 千里之行, 始於足下。爲者敗之, 執者失之, 是
以聖人無爲, 故無敗, 無執, 故無失。民之從事, 常於幾
成而敗之。愼終如始, 則無敗事。是以聖人欲不欲, 不貴
難得之貨, 學不學, 復衆人之所過, 以恃萬物之自然, 而
不敢爲。

편안할 때는 구하기가 쉽고, 아직 조짐이 없을 때는 도모하기가 쉬우며, 약할
때는 흩어버리기가 쉽고, 미약할 때는 분산시키기가 쉽다. 아직 아무것도
있지 않을 때 행하고, 아직 어지러워지지 않았을 때 다스린다. 아름드리나무
는 털끝처럼 가는 것에서 자라나고, 아주 높은 누대는 한줌 흙을 쌓아 올리는
데서 세워지며, 천리 길은 자신의 발아래에서 시작된다. 무엇인가 시행하는 자
는 실패하고, 붙잡는 자는 놓치니, 바로 성인께서 아무것도 시행하시는 것이
없기 때문에 실패함이 없으신 것이고, 붙잡으시는 것이 없기 때문에 놓치심이
없으신 것이다. 백성들이 하는 일은 항상 기틀이 이루어진 다음에 해서 실패
한다. 끝마치기를 처음 시작할 때처럼 삼간다면 실패할 일이 없다. 이 때문에
성인께서는 욕심내지 않는 것을 욕심내시고, 구하기 어려운 재화를 귀하게 여
기지 않으시며, 배우지 않는 것을 배우시고, 일반인들이 잘못한 것을 회복시키
심으로써 만물이 저절로 그렇게 되는 것에 의지하고 감히 아무것도 시행하지
않으신다.

談老 愼終如始, 言不隨流逐末, 而動而反也。

"끝마치기를 처음 시작할 때처럼 삼간다"는 구절은 흐름을 따라 말단을 쫓아가지 않고 움직여서 되돌아가게 한다는 말이다.

해설 본문을 두 단락 혹은 세 단락으로 나눠 살펴보면 그 의미를 확실하게 알 수 있다. 첫 번째 단락은 아무것도 드러나지 않은 질박한 상태 곧 도의 상태에서는 모든 것을 다스리기 쉽다는 말이다. 곧 "편안할 때는 구하기가 쉽고, 아직 조짐이 없을 때는 도모하기가 쉬우며, 약할 때는 흩어버리기가 쉽고, 미약할 때는 분산시키기가 쉽다. 아직 아무것도 있지 않을 때 행하고, 아직 어지러워지지 않았을 때 다스린다"는 말이 그런 의미이다.

두 번째 단락은 도에서 벗어나는 것이 갑작스럽고 크게 진행되는 것이 아니고 서서히 미세하게 진행되니, 이것을 드러내어 바로잡으려고 하지 말고 그냥 버려둠으로써 원래의 상태로 되돌아오게 해야 한다는 말이다. 곧 "아름드리나무는 털끝처럼 가는 것에서 자라나고, 아주 높은 누대는 한줌 흙을 쌓아 올리는 데서 세워지며, 천리 길은 자신의 발아래에서 시작된다. 무엇인가 시행하는 자는 실패하고, 붙잡는 자는 놓치니, 바로 성인께서 아무것도 시행하시는 것이 없기 때문에 실패함이 없으신 것이고, 붙잡으시는 것이 없기 때문에 놓치심이 없으신 것이다"라는 말이 그런 의미이다.

세 번째 단락은 두 번째 단락을 좀 더 자세히 설명한 것이다. 사람들이 잘못되는 이유는 일이 드러난 다음에 바로 잡으려고 하기 때문이니, 일이 잘못되지 않도록 마음을 비워 욕심을 없애라는 말이다. 곧 "백성들이 하는 일은 항상 기틀이 이루어진 다음에 해서 실패한다. 끝마치기를 처음 시작할 때처럼 삼간다면 실패할 일이 없다. 이 때문에 성인께서는 욕심내지 않는 것을 욕심내시고, 구하기 어려운 재화를 귀하게 여기지 않으시며, 배우지 않는 것을 배우시고, 일반인들이 잘못한 것을 회복시키심으로써 만물이 저절로 그렇게 되는 것에 의지하고 감히 아무것도 시행하지 않으신다"는 말이 그런 의미이다.

65장

古之善爲道者, 非以明民, 將以愚之。民之難治, 以其智
多。故以智治國, 國之賊, 不以智治國, 國之福。知此兩
者, 亦楷式。能知楷式, 是謂玄德。玄德, 深矣遠矣, 與
物反矣, 然後乃至於大順。

옛날에 도를 잘 시행한 자는 백성들이 밝게 되도록 하지 않고 어리석게 되도
록 했다. 백성들을 다스리기 어려운 것은 그들의 지혜가 많아졌기 때문이다.
그러므로 지혜로 나라를 다스리는 것은 나라를 해치는 것이고, 지혜로 나라
를 다스리지 않는 것은 나라를 복되게 하는 것이다. 이 두 가지 사실을 아는
것이 또한 법칙이다.[1] 법칙을 알 수 있는 것을 바로 현묘한 덕이라고 말한다. 현
묘한 덕을 체득한 자는 심원하여 사물들과 함께 근본으로 되돌아가고, 그런
다음에야 크게 이치를 따르는 경지에 도달한다.

談老 民之迷也, 爲日久矣, 唯知以智治國, 而不知不以智治國之亦
爲楷式。能知是道者, 則可謂德之深遠者, 而能與物反本矣。與物反
本, 卽所謂愚之也。

백성들이 헷갈린 지가 시간적으로 오래되어 단지 지혜로 나라를 다스
리는 것만 알고, 지혜로 나라를 다스리지 않는 것이 또한 법칙인 줄 모

---

1) 『老子翼』, 65章註, "楷, 模也, 式, 法也。"

른다. 이 도를 알 수 있는 자라면 덕이 심원한 자여서 사물들과 함께 근본으로 돌아갈 수 있다고 말할 수 있다. 사물들과 함께 근본으로 돌아가는 것이 바로 이른바 백성들이 어리석게 되도록 하는 것이다.

해설 본문과 같은 말 때문에 노자의 사상을 우민정치라고 비판한다. 지성의 발달을 긍정적으로 보는 일반적인 관점에서 보면, 노자의 이와 같은 말은 백성들을 어리석게 만든다는 비판을 벗어날 수 없다. 그런데 52장의 해설에서 설명한 것으로 하느님이 아담에게 선악과 곧 지혜의 열매를 먹으면 죽을 것이라고 하고, 또 지혜가 뛰어난 카인과 그 후손들을 선하게 보지 않는 것에 대해 주목할 필요가 있다. 노자는 『성경』의 「창세기」처럼 지혜를 사용하여 문명을 발달시키는 것이 사람들을 행복하게 만들지 않는다고 보기 때문에 80장에서 "나라를 작게 하고 백성들을 적게 하여 열배 백배로 능력 있는 자가 있어도 쓰이지 않게 한다. …. 이웃 나라를 서로 바라보고 닭 울고 개 짖는 소리가 서로 들릴지라도 백성들이 늙어 죽을 때까지 서로 왕래하지 않는다"라고 하는 것이다.

주자성리학은 중국역사에서 인간과 우주에 대해 가장 체계적으로 정리한 학문이고, 이것을 정치와 문물에 적용하여 가장 화려하게 꽃피운 나라가 조선이다. 그런데 사림이 주자성리학을 재야에서 오래도록 익혀 조정에 대거 등용되는 순간부터 각기 다른 명분을 내세우며 한 치도 양보하지 않고 서로 싸우기 시작하니 그것이 바로 동서분당이다. 당쟁은 갈수록 치열해져 상복에 대한 문제까지도 정치적 생명을 걸고 격돌한다. 이런 흐름 속에서 이충익은 조부대의 당쟁패배로 자신의 생부와 양부 모두 귀양 가서 그 뒷바라지로 젊은 시절을 모두 보낸다. 이처럼 이충익의 고달픈 삶에서 위와 같은 노자의 말이 어떻게 다가올지 독자들께서 상상해보라. 이충익이 보기에 성리학처럼 정교하게 다듬어진 학문체계로 교화를 시행하는 것은 지혜로 나라를 다스리는 것이고 나라를 해치는 일이다.

66장

江海所以能爲百谷王者, 以其善下之, 故能爲百谷王。
是以聖人欲上人, 以其言下之, 欲先人, 以其身後之。
是以處上而人不重, 處前而人不能害。是以天下樂推而
不厭。以其不爭, 故天下莫能與之爭。

강과 바다가 모든 골짜기의 왕이 될 수 있는 것은 그것들이 잘 낮추기 때문에
모든 골짜기의 왕이 될 수 있는 것이다. 이 때문에 성인께서는 남들보다 윗자리
에 오르고자 할 때는 자신의 말을 낮추고, 남들보다 앞서고자 할 때는 자신을
뒤로한다. 이 때문에 윗자리에 계실지라도 남들이 중압감을 느끼지 않고, 앞서
계실지라도 사람들이 방해될 수 있다고 여기지 않는다. 이 때문에 천하에서 기
꺼이 추대하고 염증을 느끼지 않는다. 다투지 않으시기 때문에 천하에서 누구도
그 분과 다툴 수 없다.

談老 以其善下之(善),[1] 猶善利萬物之善, 言其性善下之。

"잘 낮추기 때문이다"라고 할 때의 '잘'[善]은 8장에서 "만물을 이롭게
'잘'[善]한다"[2]라고 할 때의 '잘'[善]과 같은 의미이니, 물은 그 특성이 잘
낮춘다는 말이다.

---

1) 괄호 속의 '善'자는 옮긴이가 문맥에 맞추어 보충한 것이다.
2) 『椒園談老』 8章, "上善若水。水善利萬物而不爭, 處衆人之所惡。"

67장

天下皆謂我道大, 似不肖。夫唯大, 故似不肖。若肖, 久
矣其細也夫。我有三寶, 寶而持之, 一曰慈, 二曰儉, 三
曰不敢爲天下先。夫慈故能勇, 儉故能廣, 不敢爲天下
先, 故能成器長。今舍其慈且勇, 舍其儉且廣, 舍其後
且先, 死矣。夫慈, 以戰則勝, 以守則固。天將救之, 以
慈衛之。

천하 사람들은 모두 나의 도가 커서 비슷하지 않은 것 같다고 한다. 오직 크기
때문에 비슷하지 않은 것 같다. 비슷하다면 작게 된 것이 오래 되었을 것이다.[1]
나에게는 세 가지 보물 같은 신조가 있어 이를 보물로 여겨서 지키니, 첫째는
자애로운 것이고, 둘째는 검소한 것이며, 셋째는 감히 천하에서 앞서지 않는
것이다. 자애로우므로 용맹스러울 수 있고, 검소하므로 광대하게 시행할 수 있
으며, 감히 천하에서 앞서 나가지 않으므로 남들의 우두머리가 될 수 있다. 이
제 자애로운 것을 버리고 용맹스러워지려 하고, 검소한 것을 버리고 광대하게
시행하려 하며, 뒤로하기를 버리고 앞서려고 하면 죽게 될 것이다. 자애로운 것
그것으로 전쟁을 하면 승리할 것이고, 그것으로 수비를 하면 철통같을 것이
다. 하늘이 구원하려고 할 적에는 자애로운 것으로 호위를 할 것이다.[2]

---

1) 『老子翼』, 67章, 蘇註, "도는 비어 있고 형체가 없어 …, 사물과 전혀 서로 비슷하지
않으니, 이것이 위대한 까닭이다. 만약 사물과 비슷하다면 또한 하나의 사물일 뿐이
니, 어떻게 위대하겠는가!(夫道曠然無形, …, 而與物無一相似, 此其所以爲大也。若似于
物, 則亦一物耳, 而何足大哉。)"
2) 『老子翼』, 67章註, "衛, 護也。"

談老 天將救之, 以慈衛之, 與上篇樂殺人者, 不可以得志於天下, 意相爲表裏。

"하늘이 구원하려고 할 적에는 자애로운 것으로 호위를 할 것이다"라는 말은 31장의 "살인을 즐기는 자는 세상에서 뜻을 이룰 수 없다"라는 구절의 의미와 서로 표리가 된다.

해설 이충익(1744-1816)의 아들 면백이 "을해(1815)년에 시원이가 장원급제하니 아버님께서 그 소식을 듣고 놀라서 '내가 혹 이것을 바라기는 했으나 감히 원하지는 않았다'라고 하셨다"[3]라고 그 아버지의 말씀을 기억하고 있는 것으로 볼 때, 이충익은 노자의 신조 곧 감히 천하에서 앞서지 않는 것을 마음 깊이 새기고 출세를 아예 포기한 것으로 보인다. 이와 같은 부친의 영향 때문인지 면백은 순조 1(1801)년 생원과 진사 양시에 모두 합격하고도 벼슬길에 나가지 않았다. 그는 학문에 열중하면서 자신의 심경을 드러내는 시를 남겼는데, 당쟁으로 피해를 입은 집안 내력을 은연중에 드러내고 있다.

> 문장의 좋고 나쁨은 본래 아주 미세하지만
> 묘함은 신세 곤궁해져 기운이 더욱 높아지는 데 있구나.
> 참소하는 사람이 반드시 일 없었던 것은 아니었겠지만
> 세상의 풍파가 여기의 영웅을 만들었구나.[4]

---

3) 『岱淵遺藁』卷之二, 「先考妣合葬誌」, "至乙亥是遠壯元及第, 椒園君聞報瞿然曰, 吾意理或有是, 而未之敢願也。"
4) 『岱淵遺藁』1卷 「讀東坡集書感」, 文章得失本秋毫, 妙在身窮氣益高。未必讒人無事業, 風波成就此英豪。

이충익에게 을해(1815)년 손자 시원의 장원급제는 그의 뼈아픈 과거를 회상하는 일일 수 있다. 그의 나이 12세 되던 을해옥사(1755)로 생부와 양부가 연좌제로 모두 귀양 갔기 때문이다. 경종의 즉위 뒤에 소론측이 올린 상소로 노론 사대신을 비롯하여 수백명이 사형 또는 유배되는 신임사화(1721)가 발생하는데, 이때 소론 주동자 중에 이광사의 백부 이진유가 끼어 있었다. 그러나 영조가 즉위한 1724년부터 정세가 반전되어 1730년에는 이진유 형제가 마침내 장살된다. 그 여파로 윤지가 나주괘서사건(1755)을 일으키는데 그의 문서 상자에서 백조부 이진유와 중조부 이진검 등의 서찰뭉치가 발견되어 그 직계는 물론 조카들까지 추율당하여 귀양가고 벼슬길이 막히니, 그 추율은 20여년 뒤에야 풀린다.

이충익은 12살 어린 나이에 당한 을해옥사(1755)를 꿈에도 잊을 수 없었을 것이다. 그는 귀양간 두 아버지를 수발하기 위해 어려서부터 삼십대 중반까지 함경도 갑산과 경상도 기장을 오가고, 그 이후에는 가난으로 생계를 꾸리기 위해 타향을 전전한다.[5] 이 때문에 그의 가슴에는 처절하게 한이 맺혔을 것이고, 그런 아픔의 많은 부분을 『노자』나 불경 등을 읽으며 달랬던 것으로 보인다. 때로는 백성과 나라에 대한 안타까움을 한 잔 술로 달래며 세상이 이 지경이 된 원인이 모두 당쟁 때문이라고 했다는 아버지에 대한 아들 면백의 기억으로 볼 때, 이충익은 자신의 가슴에 새겨진 충격과 아픔을 지우기

---

5) 『岱淵遺藁』卷之二,「先考妣合墓誌」,"往在英宗乙亥, 有大獄. 椒園君兩考, 俱被連坐律, 謫國之極, 南北去家千餘里. 椒園君自弱冠, 奔走炎朔以扶持之. 及君中年, 所後親尙無恙. 椒園君貧不能辦裝, 乃肩擔徒而北, 因留養不還. 經年而親歿, 凡屬于送者, 悉取具于宿, 不以絶塞倉卒, 致缺於情文. 扶櫬而歸, 凡屬于行者, 畢辦而治, 不狀窮家引, 獨椒園君形貌枯黑, 幾不可認. 勉伯時年十三歲, 尙記迎哭於京東二十里津頭, 仰視號慟也. 椒園君免喪, 而益無以爲活, 盡室轉徒畿峽間, 爲童子師, 權孺人爲人縫紝, 以享先而餬兒女."

위하여 당쟁을 해결할 근본적 방안을 『노자』에서 찾아 주석했던 것으로
보인다.

　　돌아가신 아버지께서는 세상을 초월하는 높은 식견이 계셔서 초야에 묻혀
　　사셨지만 백성들과 나라에 대해서는 지극 정성이셨다. 한가하게 술을 드신
　　다음에는 시속을 개탄하고 걱정하시어 구슬프게 노래 부르시며 눈물을 흘
　　리셨다. 간혹 사람들의 일에 대해 잘잘못을 말씀하실 때면, 이치로 길흉을
　　결단하셨는데 뒤에 증험되지 않은 적이 없었다. 일찍이 저에게 "세상이 이 지
　　경이 된 것은 당론黨論의 재앙 때문이다. 당론은 어진 사람과 호걸들이 할 일
　　이 아니니, 조용히 있는 것이 오직 선과 함께 하는 것일 것이다. 선한 것을 선
　　하게 여기기는 진실로 본래 어렵다는 것을 알지 못하면 끝내 또한 잘못될 뿐
　　이다"라고 말씀하셨다.[6]

　　"당론은 어진 사람과 호걸들이 할 일이 아니니, 조용히 있는 것이 오직 선
과 함께 하는 것일 것이다. 선한 것을 선하게 여기기는 진실로 본래 어렵다는
것을 알지 못하면 끝내 또한 잘못될 뿐이다"라는 이충익의 말에 노자의 무
위 사상이 짙게 깔려있음을 절대로 간과해서는 안 된다. 이런 점은 노자의 전
반적인 사상을 거론할 필요 없이 간단하게 『노자』의 2장의 본문만 살펴봐도
바로 확인할 수 있는 일이다. 당쟁은 자신들만의 명분이 옳다고 주장하며 상
대방의 허점을 서로 공격하는 것이다. 그런데 이충익은 당쟁이 어진 사람이
나 호걸의 일이 아니라고 하면서 조용히 있는 것이 선과 함께 하는 것이라고

---

6)『岱淵遺藁』卷之二,「先考妣合壙誌」, "椒園君有高世之識, 雖沈落草茅, 而至情民國。
　閒居酒後, 悼俗傷時, 悲吟流涕。或言人事得失, 則以理斷休咎, 後未嘗不驗。嘗語勉
　伯曰, 世之至此, 黨論禍之也。黨論非賢豪所爲, 其默然惟善之與乎。善善固自難, 非
　識, 終亦失之而已。"

하니, 이것은 바로 『노자』 2장에서 강조하는 핵심 내용이다.

> 천하가 모두 아름다움이 아름다운 것이 되는 줄 아는 것, 이런 것은 악한 것일 뿐이고, 모두 선함이 선한 것이 되는 줄 아는 것, 이런 것은 선하지 않은 것일 뿐이다. 그러므로 유有와 무無가 서로 낳아주고 … 앞과 뒤가 서로 연결된다. 이 때문에 성인은 아무 것도 시행함이 없는 일삼음을 지키고 말없는 교화를 행한다. 만물이 어떤 것을 일으켜도 말하지 않고, 무엇인가 내놓아도 있다고 하지 않으며, 무엇을 시행해도 그것에 의지하지 않고, 공을 이루어도 머물지 않는다. 오직 머물지 않기 때문에 떠나가지 않는다.[7]

그런데 이충익의 후손에게서 『당의통략黨議通略』이 나오는 것도 예사롭게 볼 일은 아니다. 그 자손의 손자 곧 시원의 손자 건창(1852~1898)이 선조 8(1575)년에서 영조 31(1755)년까지의 당쟁의 대요를 『당의통략』으로 정리하는 것은 당쟁의 폐해를 강조하면서 그것을 없애려고 한 이충익의 정신이 이어진 것이라고 봐야 한다. 곧 세상이 어지럽고 피폐하게 된 원인을 당쟁으로 보고, 그것을 해결하기 위해 『노자』 주석까지 낸 이충익의 정신이 그 후손들에게 계속 이어져 이건창에 와서 당쟁의 시말을 기록한 책으로 나왔다고 본다. 그런데 『당의통략』이 선조 8(1575)년 동서분당의 시작에서 영조 31(1755)년 을해사옥까지의 기록이라는 점에서도 조선조 『도덕경』 주석과의 연관성을 무시할 수 없다.

율곡 이이(1536~1584)의 『순언』이 1580년이나 그 이전에 저술된 것으로 보

---

7) 『椒園談老』 2章, "天下皆知美之爲美, 斯惡已, 皆知善之爲善, 斯不善已。故有無相生, …, 前後相隨。是以聖人處無爲之事, 行不言之敎。萬物作焉而不辭, 生而不有, 爲而不恃, 功成而不居。夫唯不居, 是以不去。"

이고,[8] 그 내용이 『노자』의 마음 비움이나 절제와 관련된 구절들로 편집된 것으로 볼 때, 『순언』은 동서분당과 결코 무관하지 않다. 이이는 당시의 학자들이 성리학의 명분론을 바탕으로 한 치의 양보 없이 서로 싸우는 것을 잠재우려고 『노자』에서 필요한 구절들을 발췌하여 『순언』을 편집했다.[9] 그리고 이와 같은 율곡 이이의 정신은 서계 박세당(1629~1703)으로 이어지니, 그는 『논어』의 문질빈빈을 기준으로 당시 예송논쟁을 벌일 정도로 문식에 치우친 시대상을 『노자』의 질박함으로 비판했다.[10] 그런데 율곡과 서계를 이어 한술 더 떠 당쟁의 원인이 성리학과 유학 그 자체에 있다고 극단적인 비판을 가한 것은 이충익이다.

이이는 동서분당(1575) 때문에 성리학을 완곡하게 비판·보완하기 위해 『순언』을 지었다. 박세당은 임진왜란(1592~1598)과 병자호란(1636~1637)처럼 국토가 모두 유린되는 큰 화를 당하고도 정신 못 차리고 현종 1(1660)년과 15(1674)년의 예송논쟁과 같은 탁상공론만 일삼는 당쟁의 원인이 주자성리학에 있다고 보고 그것을 비판하기 위해 『신주도덕경』(1681)을 지었다. 그런데 이충익은 율곡과 서계의 영향 아래 을해사옥(1755)과 같은 당쟁을 근본적으로 해결하기 위해 『초원담노』를 지었다. "참소하는 사람이 반드시 일 없었던 것은 아니었겠지만 세상의 풍파가 여기의 영웅을 만들었구나"라는 면백의 시에서 영웅은 어쩌면 모진 풍파를 말없이 모두 이겨낸 그의 아버지 이충익이 아닌가 싶다.

---

8) 김학목, 「江華學派의 『道德經』 주석에 관한 고찰」, 『東西哲學研究』 34호, 한국동서철학회, 2004, 278쪽.
9) 김학목, 「『醇言』에 나타난 栗谷의 經世思想」, 『民族文化』 25집, 민족문화추진회, 2002, 171-219쪽.
10) 김학목, 「서계 박세당의 『도덕경』 주석 목적」, 『孔子學』 23호, 한국공자학회, 2012, 39-63쪽.

이충익은 당쟁과 관련된 이이와 박세당의 성리학 비판정신을 이어받아 또한 당쟁을 비판하기 위해 『노자』를 주석했으니, 그 후손 역시 당쟁에 관심이 많을 수밖에 없고 당연히 그것과 관련된 저술을 지을 수 있다. 당쟁의 큰 기점이 동서분당(1575)과 을해사옥(1755)이라서 『당의통략』이 그렇게 구성되었겠지만 『도덕경』 주석이 당쟁과 맞물려 나왔다는 점에서 이것들은 서로 무관하지 않다. 슬픈 일이지만 이충익은 자기 집안의 처절하게 독특한 상황 아래 성리학의 명분론을 당쟁의 원인으로 보는 이이와 박세당의 관점을 이어받아 유학을 부정할 수 있었다. 노자의 시각으로는 지적인 체계를 바탕으로 하는 모든 학문을 비판해야 하니, 이충익의 유학 부정 곧 이념의 무화는 지극히 당연하다.

여기서 보만재 서명응(1716~1787)의 『도덕지귀』와 연천 홍석주(1774~1842)의 『정노』를 언급하지 않은 것은 이것들도 성리학 이탈의 역사에서 궤도를 같이 하지만 당쟁과 크게 관련되지 않기 때문이다. 『도덕지귀』는 눈부신 서양의 문물과 자연과학적 성과에 자극받아 가치론 위주의 성리학을 떠나 자연과학까지 아우를 수 있는 형이상학적 체계를 탐구한 것이다.[11] 연천 홍석주의 『정노』는 탈주자학자들에 맞서 주자성리학에서 성리학을 분리해버림으로써 주자학을 새롭게 포장하여 계속 통치이데올로기로 사용하려는 것이다. 홍석주는 노자의 사상이 원시유학과 어긋나지 않는다고 보고, 성리학적 체계로 『도덕경』을 주석하여 주자를 교묘하게 비판한 박세당을 역공하기 위해 『정노』를 지었던 것이다.[12]

---

11) 김학목, 「『도덕지귀』 편제에 나타난 보만재 서명응의 상수학」, 『철학연구』 64집, 2004년, 39-50쪽.
12) 김학목, 「연천 홍석주가 『도덕경』을 주석한 목적」, 『철학연구』 60집, 2000년, 16-22쪽.

조선조 『도덕경』 주석의 역사는 모두 주자성리학을 이탈하고 있지만 특히 당쟁과 관련하여 주자성리학을 보완·비판하는 것은 율곡 이이의 『순언』과 서계 박세당의 『신주도덕경』이고, 이것을 극단적으로 계승하여 노자의 관점에서 원시유학은 물론 지적인 이론체계의 모든 학문을 벗어던져 버림으로써 새로운 세계를 갈망했던 것은 초원 이충익의 『초원담노』이다. 이충익은 『노자』의 사상에 의지하여 화려한 세계가 아니라 소박한 세계를 갈망했기 때문에 벼슬도 포기하고 그처럼 떠돌며 한 많은 삶을 보냈는지도 모른다. 어쨌든 그의 주석이 최고로 평가받는 왕필의 『노자주』보다 더 탁월하고 정교한 것은 우리의 선조가 이룩한 위대한 성과이니, 하루라도 빨리 세계 학계에 널리 알려 홍보해야 할 것이다.

68장

善爲士者不武, 善戰者不怒, 善勝敵者不爭, 善用人者
爲之下。是謂不爭之德, 是謂用人之力, 是謂配天, 古之極。

훌륭한 전사는 위용을 뽐내지 않고, 전쟁을 잘하는 자는 분노하지 않으며, 적
을 잘 이기는 자는 다투지 않고, 사람을 잘 다루는 자는 남의 아래가 된다. 이
것을 다투지 않는 덕이라고 하고, 이것을 남을 부리는 힘이라고 하며, 이것을
하늘과 짝하는 것이라고 하니, 옛 도의 극치이다.[1]

> **談老** 當周之衰, 天下方務於戰爭。故上章言慈之勇, 此又申明不爭
> 下人之能勝敵而用人。又言是乃聖人之所寶, 而配天之極, 不但爲救
> 時之訓而已。
>
> 쇠약한 주대周代 말기에 천하가 전쟁에 힘썼다. 그러므로 앞장에서는 자
> 애로움의 용감함에 대해 말했고, 이 장에서는 또 다투지 않는 것과 남
> 의 아래가 되는 것으로 적을 이기고 사람을 부릴 수 있다는 것에 대해
> 거듭해서 밝혔다. 그러면서 또 이것이 바로 성인께서 보물처럼 여기는
> 신조이고 하늘과 짝하는 극치임을 설명했으니, 그 시대를 구하기 위한
> 훈계일 뿐만은 아니다.[2]

---

1) "하늘과 짝하는 극치(配天之極)"라는 주로 볼 때, 다소 애매하지만 본문 "是謂配天,
  古之極。" 구절은 "이것을 하늘과 짝하는 옛 도의 극치라고 한다.(是謂配天古之極)"로
  해석할 수도 있다.
2) 『老子翼』 68장의 전쟁에 관한 주석은 참고할 만하다. "옛날에 전차戰車의 싸움은

해설 본문의 내용은 모두 도의 드러나지 않음을 전쟁에 응용한 것이니, 이 충익도 노자의 말이 시대를 구하기 위한 훈계일 뿐만은 아니라고 했던 것이다. 도박을 예로 든다면, 아주 뛰어난 전문 도박꾼은 상대편과 노름을 할 때, 상대편의 돈을 직접 따지 않고 옆 사람이 따게 한 뒤에 그 사람이 딴 것을 다시 따고 그 자리를 떠난다고 한다. 옆 사람은 자신의 돈은 잃지 않고 자기가 딴 돈만 잃었으므로 아무도 원망할 일이 없는데, 자기 돈을 잃은 사람은 옆 사람을 원망하여 해코지를 할 수도 있다. 전문 도박꾼이 돈을 잃은 사람에게 개평까지 주고 떠난다면, 진짜 원망할 사람을 원망하지 않고 도리어 감사하게 여기는 꼴이다. 노자의 도를 세상사에 나쁘게 응용한다면 정말 이처럼 쥐도 새도 모르게 감쪽같이 모든 일을 처리할 수 있다.

무사가 담당했다. 무장한 무사 3명이 전차 위에서 왼쪽에 있는 자는 활을 잡고 오른쪽에 있는 자는 창을 가지고 중간에 있는 자는 수레를 몰면서 깃발과 북을 담당했으니, 모두 무력을 강하게 하기 위한 것이다. 사졸 72명은 전차의 아래에 있었다. 죽기 살기로 싸우는 경우는 전쟁터 밖에 없으므로 그것을 빌어 다투지 않는 덕을 밝혔다.(古者車戰爲士。甲士三人在車上, 左執弓, 右持矛, 中御車, 掌旗鼓, 皆欲其强武。戰卒七十二人在車下。蓋至爭者惟兵, 故借之以明不爭之德也。)"

69장

用兵有言, 吾不敢爲主而爲客, 不敢進寸而退尺。是謂
行無行, 攘無臂, 扔無敵, 執無兵。禍莫大於輕敵, 輕敵
幾喪吾寶。故抗兵相加, 哀者勝矣。

용병술에 "내가 감히 주인이 되지 않고 객이 되며, 감히 한 치(寸)도 나가지 않
고 한 자(尺)로 물러난다"는 말이 있다.[1] 이 말은 군대가 행진하는데도 행렬
이 없다는 것이고,[2] 걷어 올렸는데도 팔뚝이 없다는 것이며, 끌어당겼는데도
상대가 없다는 것이고,[3] 무기를 잡고 있는데도 무기가 보이지 않는다는 것이
다.[4] 화는 적을 깔보는 것보다 큰 것이 없으니, 적을 깔보면 자신의 보배를 거
의 잃게 될 것이다. 그러므로 군대를 일으켜 서로 전쟁함에 슬퍼하는 쪽이 승
리한다.[5]

談老 扔無敵(之)[6]扔, 古作扔, 上文攘臂而扔之(之扔),[7] 亦同, 牽引
也。時人習兵, 故屢以兵喩道, 欲人之易曉。

---

1) 『老子翼』, 69章註, "用兵有言, 古兵家有此言也。"
2) 『老子翼』, 69章註, "行, 上如字, 下*戶剛反, 言行列也。"*『道藏』본에는 '下'자가
   '可'자로 되어 있다.
3) 『老子翼』, 69章註, "扔, 就也。詩曰, '扔執醜虜。'"
4) 『老子翼』, 69章註, "兵, 五兵, 戈矛殳戟干也。說文云, '拱手執斤曰, 兵。'"
5) 『老子翼』, 69章註, "抗, 擧也。"
6) 필사본에 없는 것을 문맥에 따라 옮긴이가 보충했다.
7) 필사본에 없는 것을 문맥에 따라 옮긴이가 보충했다.

"끌어당겨도 (당기는) 상대가 없다"고 할 때의 '끌어당긴다'(㪺)는 글자는 옛날에 '잡아당긴다'(㪺)는 글자로 썼고, 앞의 38장에서 "팔뚝을 걷어붙이고 끌어당기며 강요한다"고 할 때의 '끌어당긴다'(㪺)는 글자도 동일하니, '잡아당긴다'[8)]는 의미이다. 당시의 사람들은 전쟁에 익숙했으므로 누차 전쟁으로 도를 비유해 사람들이 쉽게 깨닫도록 했다.

해설 전직 형사 출신의 어떤 분이 '사기꾼들은 빌린 돈을 갚지 않고 있다가 사람들이 돈을 받으러 찾아 올 때쯤 아주 더할 수 없을 정도로 비참하고 초라한 모습을 연출하여 도리어 돈을 보태주고 그냥 가게 한다'고 하는 말을 들은 적이 있다. 물론 빚을 진 대부분의 사람들은 형편이 어려워 그렇게 생활하는 경우가 많겠지만 속이기 위해 연출했을 가능성도 있다고 본다. 이런 경우는 그 사기꾼이 노자의 도를 배운 것은 아니겠지만 어떻게 자신도 모르게 터득하여 아주 나쁘게 이용하는 경우라고 할 수 있다.

---

8) 38장에서는 '끌어당기며 강요한다'로, 여기서는 '끌어당긴다'로 다소 다르게 번역한 것은 이해를 돕기 위함이다. 곧 의미 전달이 쉽도록 38장에서는 '강요하다'라는 말을 더 보충해 넣었다는 것이다.

70장

吾言甚易知, 甚易行, 天下莫能知, 莫能行。言有宗, 事
有君, 夫唯無知, 是以不我知也。知我者希, 則我貴矣,
是以聖人被褐懷玉。

나의 말은 아주 알기 쉽고 아주 행하기 쉬운데, 천하에서 아무도 알지 못하고
아무도 행하지 못한다. 말에는 근본이 있고,[1] 일에는 으뜸이 있는데, 오직 무지
하기 때문에 나를 알아보지 못한다. 나를 알아보는 자가 드물다면 나는 귀한
사람이니, 바로 성인께서 초라한 옷을 입고 계시면서 가슴에는 옥 같은 진리를
품고 계신 것이기 때문이다.

> **談老** 吾之言, 以兵喩道, 甚易知易行。如有能知言之有宗, 而事之有
> 君者, 豈不能知吾言之易知易行哉。由其不我知, 故我常貴, 而戰勝
> 守固矣。
>
> 나의 말은 전쟁으로 도를 비유해 아주 알기 쉽고 아주 행하기 쉽다. 말
> 에 근본이 있고 일에 으뜸이 있음을 알 수 있는 자들이 있다면, 어찌 내
> 말의 알기 쉽고 행하기 쉬운 것을 알 수 없겠는가? 나를 알지 못하기 때
> 문에 나는 항상 귀한 사람이며, 전쟁을 하면 승리하고 수비를 하면 철
> 통같다.

---

1) 『老子翼』, 70章註, "宗者, 族之總也, 道者, 事之總也。"

71장

知不知, 上, 不知知, 病。夫唯病病, 是以不病。聖人之
不病也, 以其病病。是以不病。

지혜로운 것은 지혜를 사용하지 않아서 최상인 것이고, 지혜롭지 못한 것은
지혜를 사용해서 병인 것이다. 단지 병을 병으로 본다면, 이 때문에 병이 없게
된다. 성인께서 병이 없으신 것은 병을 병으로 보시기 때문이다. 이 때문에 병이
없으신 것이다.

談老 知者, 以不用知, 故知。不知者, 以用知, 故不知。知而不用知,
爲上, 用知以爲知, 爲病。唯知而不用知者, 能知吾言之易知易行, 而
用知以爲知者, 不能知也。自大國者下流, 至此十餘章, 意相串通,
讀者(當)¹⁾知之。

지혜로운 것은 지혜를 사용하지 않기 때문에 지혜로운 것이다. 지혜롭
지 못한 것은 지혜를 사용하기 때문에 지혜롭지 못한 것이다. 지혜롭
지만 지혜를 사용하지 않는다면 최상이고, 지혜를 사용하면서 그것을 지
혜롭다고 여기면 병이다. 오직 지혜롭지만 지혜를 사용하지 않는 자는
내 말의 알기 쉽고 행하기 쉬운 것을 알 수 있지만, 지혜를 사용하면서
그것을 지혜롭다고 여기는 자는 알 수 없다. 61장의 첫 구절 "큰 나라는

---

1) '當'자는 필사본에 없는 것을 옮긴이가 문맥에 맞추어 보충했다.

(물처럼) 아래로 흐른다"에서부터 여기까지 10여장은 의미가 서로 관통하니, 독자들은 그 점을 알아야 한다.

해설 61장의 "큰 나라가 (물처럼) 아래로 흐른다면 천하의 사귐이고 천하의 암컷이다"는 구절부터 여기 71장까지 11장은 도의 드러나지 않음을 본받아 자신을 낮추라는 말이다. 그런데 도를 본받기 위해 가장 먼저 해야 할 일은 우리의 지적 능력을 사물에 이름 붙이는 정도 그 이상으로 사용하지 않는 것이다. 그 이상으로 사용하면 사람마다 생각이 다르기 때문에 혼란이 올 수밖에 없다. 왕필이 대상화되는 것을 유로 그 상대적 이면을 무로 나눠 노자의 무위자연을 설명함에 배위(裴頠, 267~300)[2]가 「숭유론崇有論」을 지어 왕필(226~249)의 귀무론貴無論을 반박하고, 이것에 대해 다시 또 곽상(252~312)이 독화론獨化論으로 맞서는 것은 정도 이상으로 지적 능력을 사용하여 서로 겨루기 때문이다.[3]

이충익은 지혜를 사용하는 폐해를 당쟁에서 뼈저리게 직접 경험했다. 그러니 "지혜로운 것은 지혜를 사용하지 않아서 최상인 것이고, 지혜롭지 못한 것은 지혜를 사용해서 병인 것이다"라는 노자의 말이 그에게는 누구보다 생생하게 들렸다. 더구나 영조 4(1728)년부터 탕평책이 실시되어 과거 왕세제시절 영조 자신이 경종을 제거하려는 노론의 역모인 1721년의 신임사화에 관련되었다는 혐의가 영조 16(1740)년의 경신처분과 다음해 신유대훈으로 풀

---

2) 배위는 중국 서진西晉 때의 철학자로 배외라고 읽어야 하는데, 대부분 배위라고 하고 있어 그대로 따랐다.
3) 이것에 대한 대략은 80장의 해설에 있고, 자세한 논의는 졸저 「강화학파의 『노자』 주석에 관한 연구」 201-212쪽이나 『노자 도덕경과 왕필의 주』 389-427쪽을 참고하면 된다.

려 이후부터 득세한 노론 정국이 조선말까지 이어지니, 이충익(1744~1816)은 그 자신과 무관하게 선대의 당쟁의 패배 특히 을해옥사(1755)의 피해만 받고 보상받지 못했다. 그는 그 한 많은 세월을 『노자』의 사상으로 자신의 마음을 수양하면서 보냈다.

이충익 자신은 물론 그 아들 면백(1767~1830)까지 벼슬길에 나가지 않은 것은 이와 같은 시대적인 배경과 『노자』를 통해 익힌 인생관이 아들에게까지 이어졌기 때문으로 보인다. 면백 스스로 "돌아가신 아버지께서는 … '일찍이 세상이 이 지경이 된 것은 당론의 재앙 때문이다. 당론은 어진 사람과 호걸들이 할 일이 아니니, 조용히 있는 것이 오직 선과 함께 하는 것일 것이다. 선한 것을 선하게 여기기는 진실로 본래 어렵다는 것을 알지 못하면 끝내 또한 잘못될 뿐이다'"[4]라고 회상하고 있는 것에서 그런 점을 확인할 수 있다. 이충익은 이미 노자의 사상을 깊이 체득하여 노론이 정국을 주도하는 위험한 벼슬길로 나갈 필요가 없다고 판단했고 그 아들 면백까지는 그대로 따랐던 것이다.

그리고 그 직계 후손 이건창(1852~1898)이 선조 8(1575)년에서 영조 31(1755)년까지의 당쟁의 대요를 『당의통략』으로 정리한 것도 『초원담노』와 무관하지 않다. 아들 면백(1767~1830)이 '세상이 이 지경이 된 것은 당쟁의 재앙 때문이다'라고 한 이충익(1744~1816)의 말을 기억하고 있는 것으로 볼 때, 그 손자 시원(1790~1866)도 할아버지의 말씀을 아버지와 함께 직접 듣고 가슴에 깊이 새겼다가 그 아들과 손자들에게 또 전했을 것이다. 당쟁의 폐해를 『노자』와 관련하여 깊이 주목했던 이충익의 가르침이 후손에게로 이어지면서 당쟁의 원

---

4) 『岱淵遺藁』卷之二, 「先考妣合墓誌」, "椒園君, …, 嘗語勉伯曰, 世之至此, 黨論禍之也。黨論非賢豪所爲, 其默然惟善之與乎。善善固自難, 非識, 終亦失之而已。"

인과 계보에 대해 더욱 주목하게 되고, 이건창에 이르러 『당의통략』으로 정리했던 것으로 보이니, 앞으로 이에 대한 연구가 진행되어야 할 것이다.

지혜를 사용하지 말라는 노자의 사상은 현재처럼 문명이 지극히 발달된 사회에는 맞지 않다. 그러나 노자의 사상은 주자성리학을 가장 화려하게 꽃 피운 조선조에서 성리학적 명분론을 대체하는 대안으로 주목되었듯이 이 시대에도 위기를 극복하는 새로운 패러다임으로 요청되고 있다. 사람들이 개인적으로 노자의 사상을 실천하려고 하면 현실에 적응하지 못하여 살아가기 어렵다. 그러나 인류 전체가 갈등과 환경문제 등으로 위태로운 이때에 삶의 방향을 전환하기 위해 노자의 사상이 필요하다. 우리가 문명의 패턴을 계속 그대로 고집한다면, 하느님이 '너희가 동산 가운데 있는 선악과를 먹으면 정녕 죽으리라'라고 한 것처럼 인류는 문명의 찬란한 불빛에 매료되어 달려드는 하루살이의 운명이 될 수밖에 없다.

공자가 주나라로 노자를 찾아가서 예禮에 대해 질문하니, 노자는 다음처럼 말했다. "그대가 말한 자들은 그 사람과 유골이 모두 이미 썩어 없어져서 단지 말로만 남아 있는 것들이지요. 군자는 때를 만나면 벼슬하고, 그렇지 못하면 바람에 휘날리는 마른 들풀처럼 정처 없이 떠돕니다. 값비싼 물건은 없는 듯이 깊이 감춰두고, 군자의 성대한 덕은 어리석은 듯이 표정을 짓는다고 저는 들었습니다. 그대는 교만한 기질과 많은 욕심 그리고 득의양양한 표정과 방탕한 마음을 버리십시오. 이런 것들은 모두 그대의 몸에 무익하기 때문에 내가 이처럼 말씀드리는 것입니다"[5]

---

5) 『史記』「老莊申韓列傳」, "孔子適周, 將問禮於老子, 老子曰, 子所言者, 其人與骨, 皆已朽矣, 獨其言在耳。且君子得其時, 則駕, 不得其時, 則蓬累而行。吾聞之良賈深藏若虛, 君子盛德容貌若愚。去子之驕氣與多欲, 態色與淫志。是皆無益於子之身, 吾所以告子若是而已。"

노자가 예에 대해 질문하려고 멀리서 찾아온 공자에게 이처럼 충고한 것을 깊이 주목해야 한다. 유가에서 인격이 완성된 성인의 표본으로 받드는 공자에게 노자가 '교만한 기질과 많은 욕심 그리고 득의양양한 표정과 방탕한 마음을 버리라'고 질타하고 있으니 무엇 때문일까? 공자는 어렸을 때부터 예에 대해 주목하고 공부하여 그것에 대한 전문가라고 이미 세상에 알려져 있었다. 그런 그가 비록 공손하게 말하고 겸손하게 행동했을지라도 나름대로 예에 대한 확고한 신념과 자신감이 있었을 것이고 그것을 다시 박식하다고 소문난 노자에게 검증받고자 했을 것이다. 그런데 노자는 예에 대해 일체 말하지 않고 기본적 성품 그 자체에 대해 말함으로써 공자를 당황하게 하는 동시에 반성하게 했다.

위의 인용문은 후대에 노자 추종자들이 노자를 높이기 위해 만든 위작이라고 하는데, 역자는 꼭 그렇게 보지는 않는다. 사마천의 기록이 혹 사실이 아닐 수 있을지라도 최소한 위의 기록은 유가와 도가에 정통한 자가 남긴 글이다. 유가와 도가의 차이를 이처럼 꼬집어 표현하기는 결코 쉽지 않기 때문이다. 노자의 공자 비판에는 이미 인류가 우리의 지성을 반성 없이 계속 사용할 때, 어떤 결과를 초래할지 예시되어 있다. 제자백가의 이론 중에서 지성을 인간의 본성에 근거하여 순수하게 사용하고자 하는 것이 유가이다. 법가와 묵가는 우리의 지성을 본성보다 효율에 근거하여 사용하고자 하는데, 거시적인 관점으로 보면 단지 소수의 통치자를 위할 것인지 다수의 백성을 위한 것인지만 다르다.

백성을 위하여 모든 노력을 기울이는 것은 근본적으로 묵가 자신들의 희생을 전제로 한 것이기 때문에 길게 후대로 이어질 수 없는 이론이다. 왕과 국가의 힘을 강력하게 하는 법가의 이론은 왕에게 받아들여지고, 결과에 대한 달콤한 전리품이 법가 자신들에게도 확실히 주어지니, 결국 진시황은 이를 통해 천하통일이라는 대업을 완성한다. 천하통일 이후에는 인간의 보편적 본성에 근거하여 백성들을 위한다는 유가의 통치이념을 내세우지만, 이것은 각박하고 살벌한 법가의 이론을 전면에 세우기보다는 부드러운 가면으로 사람들의 충성을 이끌어내고자 하는 것일 뿐이다. 통치를 벗어나는 행위를 했을 때는 끝까지 덕으로 교화시키기보다는 법의 잣대를 가지고 바로 호되게 다스리기 때문이다.

노자가 보기에 도가와 다른 학파와 차이점은 결국 지성의 사용한계에 대한 분기점을 어디에 두느냐에 있다. 노자는 사물에 이름 붙이는 정도까지, 다른 학파는 그 이상으로 나아가 자신들의 이론을 끝까지 심화시키니, 결국 다른 학파와 서로 멀리 벗어나 서로 받아들일 수 없게 된다. 노자가 공자의 진지하고 확고한 행동을 나무라는 이유는 바로 이런 데에 있다. 이것은 성리학을 통치이데올로기로 꽃피운 나라 바로 조선의 당쟁에서 검증된다. 자기 자신들의 자체 이론에서도 서로 용납할 수 없어 서로 죽이게 되는 것이 지성을 이름 붙이는 것 이상으로 나아가 사용한 결과이기 때문이다. 공자는 조선에서 자신의 이론을 발전·심화시킨 결과 이 지경까지 온 것에 대해 어떻게 설명할지 궁금하다.

그렇다면 노자의 무위자연에 따라 바보처럼 살아야 하는 것일까? 이미 언급했듯이 인류문명의 진행에 대한 거시적인 반성이 노자의 사상이다. 노자가 보기에 인류가 문명의 발달에 매료되는 것은 하루살이가 빛에 달려드는 것과 같다. 하루살이는 빛이 뜨겁고 밝을수록 미친 듯이 모여들지만 가까이 갈수록 빨리 숨을 거둔다. 눈부신 과학의 성과는 인류를 기아와 병마에서 구제했음에도 불구하고 굶주리는 인류가 도처에 있고, 핵무기와 과학의 남용으로 인류가 한꺼번에 단숨에 전멸할 수 있다. 사람들은 어떻게 해야 행복한지도 모르면서 앞으로 달려가기만 하니, 초등학생이 공부에 시달려 대머리가 되고 당뇨병에 걸리며 심지어 자살을 하는 사건은 벌써 아득히 먼 과거의 이야기이다.

가난한 나라 사람들의 행복지수가 가장 높게 나오니, 그것은 그들이 지적 능력을 별로 사용하지 않기 때문이다. 그렇다면 행복하기 위해 현대문명의 편리함과 달콤함을 모두 포기해야 하는가? 거의 대부분의 사람들은 물론 역자도 그렇게 할 수 없다. 문명의 맛을 보고 나면 불나방처럼 그 찬란한 빛에 매혹되어 죽을 때까지 되돌아오지 못하기 때문에 『성경』에서 벌써 '지혜의 열매 선악과를 먹으면 죽는다'라고 하느님의 말씀으로 일갈했던 것이다. 엘리트들은 자신들의 탐욕을 위해 온갖 수단과 방법으로 구조조정과 같은 착취 형태를 더하고 강대국은 자국의 이익을 위해 약소국을 억압하며 개인마다 국가마다 서로 틈을 엿보며 노리니, 살아남는 것이 무엇보다 시급한 지상과제이다.

전국시대의 혼란과 조선조의 당쟁 역시 오늘날의 각박하고 살벌한 세상과 크게 다를 것이 없다. 노자는 이 때문에 2장에서 '아름답고 선한 것을 아름답고 선한 것으로 내세우는 것이 추악한 것임을 깨닫고 무위로 세상을 다스린다'라고 했고, 이충익은 "성인은 시행하는 것에 의지하지 않고 공을 차지하지 않아서 바로 저절로 그렇게 되는 것으로 되돌릴 수 있으니, 그 아름다움과 선함을 영원히 하고 길이 떠나지 않게 한다"라고 했다. 너무 늦었을 수도 있지만 그래도 현재 상황에서 최선은 거시적 관점에서 문명의 발전을 비판하는 『노자』의 의도를 이해하고 실천함으로써 남들에게 전파하여 문명의 달콤함과 편리함에 매몰되지 않게 하는 동시에 지적인 능력의 한계에 대해 깨달고 반성하도록 하는 것이다.

지성의 한계에 대해 반성하지 못하면, 공자와 같은 성인도 말투나 행동에서 그것이 드러나 지적당하니, 일반인들은 말할 것도 없다. 대부분의 사람들이 부귀에 빠져 무엇을 위해 돈을 벌고 명예를 얻는지 모르는 채 살아간다. 그래서 부귀를 세상을 행복하게 하는 도구로 사용하지 못하고 한낱 자신의 말초 신경이나 충족시키는 도구로 전락시키고 만다. 지성을 강화시킬 경우 그 날카로움 때문에 아무리 덕성을 강화시키려고 해도 할 수 없음을 노자는 이미 알고 있었다. 공자 역시 그것을 모르고 지성을 당당하게 강화시키고 있어 노자가 그 잘못을 지적했던 것이다. 많은 사람들이 부귀의 문턱에서 비리와 추태로 낙마하는 것도 끝없는 지성의 강화로 긴장된 몸을 쾌락으로 풀려고 하기 때문이다.

능력이 되면 순수하게 봉사하기 위해 높은 자리에 올라가야 하다. 그런데 그 자리를 좋게 여기는 욕심 때문에 서로 차지하려고 혈안이 된다. 지적 능력이 탁월할수록 자신의 능력을 미화시켜 아름답게 포장하는 반면에 남의 능력을 비하시켜 깎아내리면서 욕심을 줄이지 못하다가 그 자리에 오르면 온갖 비리와 추태로 망신을 당한다. 많은 학생들이 적성을 생각하지 않고 사회적 평가에 매달려 유명 대학에 가기 위해 하지 않아도 될 고생을 사서 한다. 보통 사람 누구나 쉽게 저지르는 것으로 스트레스를 말초적 식욕으로 풀려고 기름진 음식과 술을 잔뜩 먹고 살찐 몸을 줄이려고 별 짓을 다한다. 『노자』에게 평범하지만 제대로 사는 법을 배워 덜 출세하고 덜 먹고 걸어 다니며 작은 집에 살자.

72장

民不畏威, 則大威至矣。無狹其所居, 無厭其所生。夫
唯不厭, 是以不厭。是以聖人自知, 不自見, 自愛, 不自
貴。故去彼取此。

백성들이 두려워해야 될 것을 두려워하지 않으면, 크게 두려워해야 할 일이 닥
친다.[1] 그러니 (성인께서는) 주거하는 곳을 좁다고 여김이 없으시고, 사는 것을
싫다고 함이 없으시다. 오직 (성인께서) 싫어하지 않으시기 때문에 (백성들이) 싫
어하지 않는다. 이 때문에 성인께서는 스스로 아는 것을 스스로 드러내지 않
으시며, 스스로 애지중지하는 것을 스스로 귀하게 여기지 않으신다. 그러므로
저것을 버리시고 이것을 취하신다.

談老 民苟狹其所居, 而厭其所生, 則得喪榮辱, 芬然嬰懷, 而干觸
憲網, 瞢不知畏。是以聖人自知所居之不狹, 而不自見其不狹也, 自
愛所生之不厭, 而不自貴其不厭也。使民無所憎惡, 無所欣慕, 則取
舍定而同, 我反本也。

백성들이 주거하는 곳을 좁다고 여기고 사는 것을 싫어하면, 득실과 영
욕이 어지럽게 가슴에 꽉 차 법망을 저촉하면서도 이 생각 저 생각으로
두려운 줄 모른다. 이 때문에 성인께서는 주거하는 곳을 좁게 여기지 않

---

1) 『老子翼』, 72章註, "威, 畏, 古通用。人不畏其所當畏, 則大可畏者, 至矣。下文, 皆畏
其所當畏之事。"

아야 되는 것에 대해 스스로 아시지만 그들이 좁게 여기지 말아야 된다는 것을 스스로 드러내지 않으시며, 사는 것을 싫어하지 않아야 되는 것에 대해 스스로 애지중지 하시지만 그들이 싫어하지 말아야 된다는 것을 스스로 귀하게 여기지 않으신다. 백성들이 증오하는 것이 없도록 하고 사모하는 것이 없도록 하면, 취하고 버리는 것이 안정되어 동일해지니, 내가 근본으로 돌려놨기 때문이다.

해설 현대인들이 행복하게 살지 못하는 것은 남들과의 비교 탓이다. 낡은 집일지라도 대부분 연탄보다 기름이나 가스를 사용하고 샤워 시설 정도는 갖추어져 있다. 조금 일찍 나서면 대중교통을 이용해도 쉽고 값싸게 먼 거리를 갈 수 있다. 일거리도 깨끗하고 쉬운 것만 찾지 않는다면 얼마든지 구할 수 있고, 그 보수로 고급 식당을 이용하지 못할지라도 먹고 싶은 것을 직접 해먹지 못할 정도는 아니다. 물론 열악한 환경에서 곤궁하게 사는 분들도 많다는 것을 알지만 신체 건강한 사람들이라면 이 정도의 삶을 누리기에 그리 어렵지 않은 세상이다. 이미 우리나라가 선진국에 진입했는지 도로가 꽃으로 한껏 치장되었음은 물론 동네마다 공원이 아름답게 가꾸어져 있고, 강과 산의 산책로도 깨끗이 정비되어 있다.

그럼에도 삶이 고단한 첫째 이유는 자녀 교육 때문이다. 아이들의 적성보다 좋은 대학에 보내야 한다는 강박감 때문에 방과 후 학원과 과외 등으로 많은 돈을 낭비하고 있다. 둘째는 좋은 집과 차를 비롯하여 남에게 보이기 위한 겉모습을 꾸미기 위해 고생하고 있다. 3·4명의 핵가족이 살기에는 20평에서 30평 정도의 아파트만 할지라도 크게 불편하지 않은데, 비싼 위치의 큰 아파트를 구입하느라고 청춘의 노력을 허비하고 있다. 차도 아이들이 어리다면 마티즈나 모닝 정도만 해도 별로 불편하지 않다. 사실 아이들이 어느 정도 성장해도 함께 이동할 일이 자주 없다면 소나타 정도의 큰 차를 굳이 구입해야 할 이유는 없다. 물론 여유가 있는 분들마저 근검절약하며 이렇게 살아야 한다는 말은 아니다.

짧은 거리는 자전거를 이용하면, 환경오염을 줄이는 동시에 건강과 경비를 챙길 수 있다. 토요일과 일요일에는 자전거를 전철에 실을 수 있어 서울시내와 인천시내 정도는 모두 자전거로 이동할 수 있다. 직장이 10㎞ 전후의 거리에 있을 경우, 안전한 길을 택하여 출퇴근을 자전거로 하면 특별히 따로 운동할 필요도 없고 운동부족으로 오는 성인병도 막을 수 있다. 7·80년대만 할지라도 웬만한 거리는 차비를 아끼려고 한 두 시간씩 걸어 다녔는데, 요즘 500m에서 2㎞ 정도의 짧은 거리마저도 차 없이 이동할 줄을 모른다. 걸어서 벌써 도착할 시간까지도 대중교통을 기다리고 있는 경우를 흔히 본다. 원시시대부터 얼마 전까지 살아온 방식대로 몸을 움직이는 것이 우리에게 가장 좋다는 것을 알았으면 한다.

먹을거리에 대한 반성도 필요하다. 이것도 원시시대부터 어떻게 먹고 살았는지 돌이켜 봐야 한다. 제철음식이 건강을 지켜주는데, 비닐하우스를 통해 과일이나 채소를 항상 제철에 앞서 먹는다. 재배에 많은 비용을 쏟아 부으며 건강까지 해치고 있으니 참으로 이상한 노릇이다. 건강을 챙기려면 차라리 끝물을 싸게 먹는 것이 좋다. 고기도 싼 것을 먹으면 된다. 맛있는 고기는 사료를 일정하게 주면서 운동량을 조정하여 기름기의 비율을 우리의 입맛에 맞춘 것이라고 하니, 그 짐승이 그렇게 사육되느라고 얼마나 스트레스를 받았겠는지 생각해보라. 일등급의 고기에 스트레스 호르몬 수치가 가장 높지 않겠는가! 그리고 왜 비싼 삼겹살을 사서 기름기를 빼고 먹으려고 하는지 모르겠다. 그냥 값싼 다른 부위를 먹자.

셋째로 삶이 고단한 이유는 여가마저도 남들과 함께 하려고 하기 때문이다. 관악산이나 도봉산 정도의 반나절 등산은 간단한 운동복에 튼튼한 운동화만 있어도 되는데 값비싼 등산복과 장비로 치장을 한다. 운동만을 위해서라면 굳이 골프를 칠일도 아닌데 비싼 경비를 지불하면서 나간다. 휴가도 여름에만 갈일이 아닌데 교통체증으로 고생하고 바가지요금까지 지불하고 다녀온다. 그래야 남들과 할 말이 있다고 하니, 할 말이 없는 사람들에게 정말 할 말이 없다. 어느 때부터 경제가 개발되면서 농촌의 인구가 도시로 대거 이동하다보니 전통적 가치관과 인간관계가 상실되어 남들과 같이 행동하지 않으면 불안한 삶이 되어 버렸다. 사람들로 우글거리는 도시에 갇혀 꼼짝 못하는 불쌍하고 외로운 인생들이다.

아이들 교육마저도 남들과 함께 해야 하기 때문에 아이들을 다그친다. 점수 때문에 유명학원에 보내려고 교문 밖에 차를 대기해 놓고 밥까지 차에서 먹여가며 눈물겹게 노력한다. 이렇게 일류 대학에 보낸들 스스로 할 수 있는 일이 없으니, 대학 과제물까지 부모가 대신해야 하는 일이 흔히 생긴다. 한가하고 여유 있는 주부들이 생각이 너무 많아 아이들의 장래를 망쳐놓고 부모 노릇 잘했다고 하면서 남들까지 여기에 동참시키고 있다. 그 아이들이 대학 졸업 후 직장을 갖고 잘 살면 다행이겠지만 결혼도 못하고 부모에게 빌붙어 산다면 그것을 원망하지 않았으면 한다. 부모가 자식을 그렇게 키워 자식이 독립을 못하니, 가장 큰 피해자인 자식에게 배상금을 물어준다고 생각하고 계속 먹여 살려야 할 일이다.

늙어서 큰소리치는 사람은 성공한 자식이 있다는 말이 있을 정도로 자식은 인생의 꽃이다. 인생의 꽃을 잘 가꾸기 위해서는 일찍부터 홀로서기를 가르쳐야 한다. 동물들은 새끼들이 어느 정도 성장하면 그 다음부터 먹이를 주지 않고 냉정하게 쫓아낸다. 그러니 사람이 되어 동물보다 자식교육을 못해서야 되겠는가! 자식들에게 가능한 일찍부터 무엇이든 스스로 해결하게 해야 한다. 학원을 가면 많은 돈이 들어가고 일정한 시간에 찾아가서 들어야 한다는 것을 알려주고, 인터넷 강의는 아주 뛰어난 강사가 많은 노력을 들여 만들었음에도 적은 비용에 아무 때나 들을 수 있다는 것도 일러주어야 한다. 노력과 경비를 적게 들이고 최고의 혜택을 누릴 수 있는 방법을 스스로 찾게 만들어 주어야 한다는 말이다.

만약 아이가 아무것도 하지 않고 그저 놀려고만 한다면 그냥 놀게 내버려 두어야 한다. 대신 자신의 인생은 어느 정도 나이가 되면 스스로 책임져야 한다는 것을 분명하게 느끼게 해 주어야 한다. 놀만큼 놀면 노는 것이라도 배워 그것으로 인생을 살거나 다른 일을 찾아 노는 것처럼 열심히 하게 된다. 아이들은 놀 때에 놀아야 하니 놀지 못한 아이들은 다른 것도 할 수가 없다. 밥을 먹지 않는 아이는 하루 종일 밥그릇 들고 따라 다녀도 먹일 수 없다. 제 시간에 밥을 주고 먹지 않으면 밥그릇을 거둬들이고 이후에 먹을 것을 조금도 주지 않으면 된다. 배가 고프면 먹으려고 하는 것이 당연하기 때문이다. 밥을 충분히 먹어야 간식을 준다는 것을 보여주기만 하면 된다. 따라다니며 밥을 챙기는 것은 사람뿐이다.

무위자연의 동물들은 그 시기에 맞춰 교육을 아주 적절하게 하고 있다. 맹금류를 보면, 새끼들이 어린 처음에는 사냥한 고기를 하나하나 찢어서 먹이다가 얼마 지나지 않아 스스로 찢어 먹게 하고, 이후에는 살아있는 짐승을 새끼 앞에 던져주어 사냥 연습을 하게 한다. 그런데 사람들은 아이들이 자라 웬만한 일은 스스로 할 나이가 되어도 공부만 잘 하면 된다고 하면서 일일이 챙겨준다. 우스갯소리로 흔히 할아버지의 경제력에다가 아버지의 무관심 그리고 엄마의 정보력이 합해지면 명문대에 보낸다고 하면서 그렇지 못한 자신들의 환경을 안타까워한다. 그렇게 하면 명문대에는 보낼 수 있을지라도 그 아이의 인생을 끝까지 뒷바라지하기 쉬우니, 차라리 동물에게서 자식 교육을 배우는 것이 훨씬 낫다.

73장

勇于敢則殺, 勇于不敢則活。此兩者, 或利或害。天之所
惡, 孰知其故。是以聖人猶難之。天之道, 不爭而善勝,
不言而善應, 不召而自來, 繟然而善謀。天網恢恢, 疏而
不失。

과감한 데에 용감하면 죽을 것이고,[1] 과감하지 않은 데에 용감하면 살 것이
다. 이 두 가지 중에서 어떤 것은 이롭고 어떤 것은 해롭다.[2] 하늘이 싫어하는
것은 누가 그 까닭을 알겠는가? 이 때문에 성인께서는 머뭇거리며 어렵게 여기
신다. 하늘의 도는 다투지 않지만 잘 이기고, 말하지 않지만 잘 감응시키며, 부
르지 않지만 저절로 오게 하고, 느긋하게 하지만 잘 계획한다.[3] 하늘의 그물은
넓고 넓어 엉성하지만 놓치는 것이 없다.

談老 敢與不敢之, 或利或害, 非小知所能及。天道好惡之, 故聖人
亦難言之。然徐俟其久, 而要其定, 則未之或失, 若之何不畏。

과감한 것과 과감하지 않은 것이 이롭기도 하고 해롭기도 하니 하찮은
앎으로 미칠 수 있는 것이 아니다. 하늘의 도가 좋아하고 싫어하므로,
성인께서도 말씀하시길 어려워하신다. 그러나 오랜 기간을 천천히 기다

---

1) 『老子翼』, 73章註, "殺, 猶死也。"
2) 『老子翼』, 73章註, "利, 謂活, 害, 謂殺。"
3) 『老子翼』, 63章註, "繟, 音闡, 舒緩也。"

려 그 일정한 것을 조사해 보면, 아직까지 조금도 놓친 것이 없었으니, 그와 같은 것을 어떻게 두려워하지 않겠는가?

해설 우리의 지성을 사용하여 과감하게 일을 결단하지 말고 마음을 비우고 차분하게 하늘의 이치에 따라 살라는 말이다.

74장

民常不畏死, 奈何以死懼之。若使人常畏死, 而爲奇者,
吾得執而殺之, 孰敢常。有司殺者殺, 而代司殺者殺, 是
代大匠斲。夫代大匠斲, 希有不傷其手矣。

백성들이 죽을까 두려워하지 않는 것을 항구한 도로 여기는데, 어떻게 죽이는
것으로 두렵게 하겠는가? 가령 사람들이 죽을까 두려워하는 것을 항구한 도
로 여기고 속이는 자들에 대해 내가 법을 집행해서 죽일 수 있을지라도 누가
감히 항구한 도로 할 수 있겠는가? 사찰해서 죽이는 자가 죽일 것인데, 사찰해
서 죽이는 자를 대신해서 죽인다면, 이는 목수를 대신해서 나무를 다듬는 것이
다. 목수를 대신해 나무를 다듬으면 손을 다치지 않는 경우가 거의 없다.

> **談老** 常不畏死者, 明乎禍福之原, 而不以外至易心者, 非刑罰之可
> 懼。常畏死而爲奇者, 撓情乎禍福, 而爲奇邪以邀避。如此者, 方可
> 得以執而殺之以威民。然非吾得以殺, 自有司殺者, 吾爲之吏而已。
> 若不順乎司殺者之意, 而代爲之殺, 是失爲吏之職, 而非五刑五用之
> 道矣。執, 如皐陶執之之執。

죽을까 두려워하지 않는 것을 항구한 도로 여기는 자들은 화와 복의
근원에 밝아 외부적인 것 때문에 마음을 바꾸는 자들이 아니니, 형벌로
두렵게 할 수 있는 것이 아니다. 죽을까 두려워하는 것을 항구한 도로
여기면서 속이는 자들은 화와 복에 마음이 흔들려 속이고 나쁜 짓을 하

면서 (형벌에서) 벗어나기를 구한다. 이와 같은 자들은 법을 집행해 죽임으로써 백성들을 두렵게 해야 한다. 그러나 내가 죽일 수 있는 것이 아니라 사찰해서 죽이는 자가 본래 있으니 나는 그를 관리로 삼을 뿐이다. 만약 사찰해서 죽이는 자의 뜻을 따르지 않고 그를 대신해서 죽인다면, 이는 관리된 직분을 잃게 하는 것이고 "(하늘이 죄 있는 자를 토벌함에) 다섯 가지 형벌로 다섯 가지 등급을 써서 징계하는"[1] 도가 아니다. (본문의 '내가 법을 집행해서 죽일 수 있을지라도'[吾得執而殺之]에서) '집행한다'[執]는 말은 "고요皐陶가 (법을) 집행했다"[2]고 할 때의 '집행하다'는 의미이다.

孰敢常, 絶句。此經多使常字, 如常道常名, 道常知常, 皆言恒久之義。此章常不畏死, 常畏死二者, 皆各以爲恒道也。孰敢常者, 言執爲奇而殺之者, 孰有能爲恒久之道者。唯聽司殺者, 而不容私以代之者, 乃可常也。畏死而爲奇, 雖可得而殺之, 然天道惡殺, 孰敢以爲常。唯當聽於司殺者。此又一義。

'누가 감히 항구한 도로 할 수 있겠는가'[孰敢常]에서 구두를 끊어야 한다. 『도덕경』은 많은 곳에서 '항구하다'[常]는 말을 사용했으니, 1장의 '항구한 도'[常道]나 '항구한 이름'[常名] 그리고 32장과 37장의 '도는 언제나'[道常]나 16장과 55장의 '항구함을 아는 것'[知常]과 같은 것들로, 모두 항구하다는 의미로 말했다. 이 장에서 '죽을까 두려워하지 않는 것을 항구한 도로 여긴다'[常不畏死]와 '죽을까 두려워하는 것을 항구한 도로 여긴다'[常畏死]는 두 경우는 모두 제각기 항구한 도로 여긴다는 것이고, '누가 감히 항구한 도로 할 수 있겠는가'[孰敢常]의 경우는 '속이는 자들에게

---

1) 『尙書』「皐陶謨」, "天討有罪, 五刑五用哉。"
2) 『唐宋八家文』, 「刑賞忠厚之至論」, "……。當堯之時, 皐陶爲士, 將殺人。皐陶曰, 殺之三, 堯曰, 宥之三。故天下畏皐陶執法之堅, 而樂堯用刑之寬。……。"

법을 집행해서 죽이는 것을 누가 항구한 도로 할 수 있겠는가?'라는 말
이다. 오직 사찰해서 죽이는 자를 따르고 사사롭게 대신하는 것을 용납
하지 않을 경우에만 곧 장구할 수 있다는 것이다. 죽음을 두려워하면서
속인다면 비록 죽일 수야 있겠지만 하늘의 도는 죽이는 것을 싫어하니,
누가 감히 그것을 항구한 도로 삼겠는가? 오직 사찰해서 죽이는 자를
따라야 될 뿐이다. 이것 또한 하나의 의미이다.

해설 "죽을까 두려워하지 않는 것을 장구한 도로 여기는 자들은 화와 복의
근원에 밝아 외부적인 것 때문에 마음을 바꾸는 자들이 아니니, 형벌로 두렵
게 할 수 있는 것이 아니다"라는 이충익의 주석은 당쟁을 일삼는 엘리트들에
대해 하는 말이다. 그들은 자신들의 명분을 정해놓고 죽을 각오로 절대 물러
서지 않으니, 노자의 무위자연으로 마음을 비우게 해야 한다. 곧 그들이 어떤
명분을 옳다고 내세우는 것 자체가 바로 잘못임을 깨닫게 해야 한다는 말이
다. 그렇게 하지 않으면 그들은 자신들의 명분이 옳다고 하고 이어 남들도 동
조하게 만들어 세상을 더욱 혼란하게 하게 한다. 동서분당 이후 당쟁이 끊이
지 않고 계속 이어질 수밖에 없는 이유는 자신들의 명분이 옳다고 내세우는
그 자체가 잘못임을 모르기 때문이다.

"죽을까 두려워하는 것을 장구한 도로 여기면서 속이는 자들은 화와 복에
마음이 흔들려 속이고 나쁜 짓을 하면서 (형벌에서) 벗어나기를 구한다. 이와
같은 자들은 법을 집행해 죽임으로써 백성들을 두렵게 해야 한다"라는 주석
은 평범한 사람들에 대해 하는 말이다. 곧 이들은 처벌을 두려워하면서도 작
은 이익에 마음이 흔들려 갈팡질팡하니 처벌로 본보기를 보여야 한다는 것이
다. 그런데 이어 "내가 죽일 수 있는 것이 아니라 사찰해서 죽이는 자가 본래
있으니 나는 그를 관리로 삼을 뿐이다"라는 주석은 물론 노자의 말을 따른

것이지만 당시 현실에 대한 생생한 비판이다. 곧 정치와 무관한 올바른 판관을 두어 당쟁에 개입된 평범한 가족들에게까지 연좌제를 적용하여 정치적 보복을 하지 말라는 현실 비판이다.

75장

民之飢, 以其上食稅之多也。是以飢。民之難治, 以其
上之有爲也。是以難治。民之輕死, 以其生生之厚也。
是以輕死。夫唯無以生爲者, 是賢于貴生。

백성들이 굶주리는 것은 위에서 세금[1]으로 받아먹는 것이 많기 때문이다. 이
때문에 (백성들이) 굶주린다. 백성들을 다스리기 어려운 것은 위에서 무엇인가
하기 때문이다. 이 때문에 다스리기 어렵다. 백성들이 죽음을 가볍게 여기는
것은 너무 잘 살려고 하기 때문이다. 이 때문에 죽음을 가볍게 여긴다. 단지 삶
을 위해 아무것도 함이 없는 것이 삶을 귀중하게 여기는 것보다 현명하다.[2]

> **談老** 上食稅多, 則民飢, 上有爲, 則民勞。勞且飢, 則民愈重生。重
> 生, 故輕觸憲網, 而不畏死。若無以生爲者, 則不有其身者也。不有
> 其身者, 雖勞且飢, 必不輕死而重生者, 豈不賢乎。當時刑罰繁重,
> 故復以刑罰喩道, 欲人之有曉。自民不畏威至此四章, 意亦串通。
>
> 위에서 세금으로 받아먹는 것이 많으면 백성들이 굶주리고, 위에서 시
> 행하는 일이 있으면 백성들이 수고롭다. 수고롭고 굶주리게 되면 백성
> 들이 더욱 삶을 무겁게 여긴다. 삶을 무겁게 여기므로 법망에 저촉되는

---

1) 『老子翼』, 75章註, "稅, 租也。"
2) 『老子翼』, 75章註, "純甫云, '無以生爲者, 賢于貴生, 卽吾無吾身, 吾有何患之意。此
章之言, 由粗及精, 要歸其重*于此耳。'" *『道藏』본에는 '重'자가 '淨'으로 되어 있다.

짓을 가볍게 여기고 죽는 것을 두려워하지 않는다. 삶을 위해 아무것도 함이 없는 자들은 그 자신을 의식하지 않는다. 그 자신을 의식하지 않는 자들은 비록 수고롭고 또 굶주릴지라도 반드시 죽음을 가볍게 여기지도 않고 삶을 무겁게 여기지도 않는 자들이니, 어찌 현명한 것이 아니겠는가? (노자) 당시에 형벌이 번다하고 무거웠으므로 다시 형벌로 도를 비유해서 사람들이 깨닫도록 했다. 72장의 "백성이 두려워해야 될 것을 두려워하지 않으면"이라는 구절부터 여기까지 4장은 그 의미가 또한 관통되어 있다.

해설 전직 대통령들이 재직 기간에 만든 정치자금에 대해 불법자금이니 국가에 귀속시키라는 법원의 명령에 꿈쩍도 하지 않고 있다. 세계적으로 명성이 자자한 국내 최대 그룹이 불법 상속을 하고도 당당하다. 좋은 본보기를 남겨야 할 귀한 분들과 큰 기업이 참으로 치졸한 짓들을 하고 있으니, 정계에 있는 많은 분들은 물론 일반 서민들마저도 기회만 생기면 불법이라도 챙기고 봐야 한다는 도둑심보가 팽배하다. 그 때문에 국가나 사회를 위해 제대로 일하는 사람들은 가슴 뿌듯하기보다는 나만 왜 이렇게 살아야 하는지 억울한 심정이 들게 한다. 역자는 박사학위 후 시간강사 자리도 별로 없어 그저 책이나 보고 있었지만 후배들이 어떻게 살았기에 이런 현실을 만들었냐고 따지면 부끄러워할 말이 없다.

어쩌다 세상이 이 지경이 된 것일까! 어제 오늘의 일이 아니라 노자 시대부터 아니 그 이전부터 계속 있었던 일일 것이다. 백성들이 굶주리든 말든 위에서는 자신들의 배를 불리기 위해 언제나 과중한 세금으로 그 노력을 빼앗아 가니, 불법자금을 모아 꿀꺽하고, 법망을 요리조리 피해 상속세를 내지 않는 것과 무슨 차이가 있겠는가? 서민들도 위에서 하는 못된 짓을 그대로 본받아 그렇게 하지 못하는 사람들만 바보이고, 그렇게 하다가 법에 걸리면 단지 재수가 없었을 뿐이라고 생각하니, 기회만 오면 두려워하지 말고 일을 저질러야 하는 것이다. 잘못된 본보기로 선량한 국민들까지 도둑이 되지 않으면 억울해서 살지 못하도록 내몰고 있다. 이런 한심하고 위험한 상황을 어떻게 해야 구제할 수 있을까?

노자의 말처럼 위에서 세금으로 많이 빼앗아가 살기 위해 죽음을 두렵게 여기지 않는 것은 그리 큰일이 아니다. 이왕 죽을 바에는 도둑질이라도 하는 것이 낫기 때문이다. 큰일은 선량한 서민들이 위에서 불법으로 잘 사는 것을 본받아 더 잘 살려고 뻔뻔하게 범죄를 저지르는 것이다. 노자나 이충익은 서민들이 이런 것을 본보기로 삼지 말고 마음을 비우라고 외친다. "삶을 위해 아무것도 함이 없는 자들은 그 자신을 의식하지 않는다. 그 자신을 의식하지 않는 자들은 비록 수고롭고 또 굶주릴지라도 반드시 죽음을 가볍게 여기지도 않고 삶을 무겁게 여기지도 않는 자들이니, 어찌 현명한 것이 아니겠는가" 라는 이충익의 말은 마음을 비우면 외부의 어떤 환경에도 영향을 받지 않고 꿋꿋하게 살 수 있다는 것이다.

이충익의 이 말은 노자를 관념적으로 설명하기 위한 것이 아니라 노자의 사상에 따라 몸소 실천하고자 하는 주석이니, 그 사상을 알아보는 데 중요하다. 대부분 무위의 다스림은 통치자인 성인의 입장에서 언급되는데 여기서는 백성의 입장에서 기술되었다. 왕필이 『노자주』에서 다소 모호하게 주석한 것[3]과 달리 이충익은 이것에 대해 백성의 입장에서 분명하게 "그 자신을

---

3) 『老子注』75章注, "백성들이 마음대로 행동하는 까닭과 다스림이 어지러워지는 까닭은 모두 윗사람들에게 원인이 있는 것이지, 아랫사람들에게 원인이 있는 것이 아니니, 백성들은 윗사람을 따른다는 말이다.(言民之所以僻, 治之所以亂, 皆由上, 不由其下也, 民從上也。)"

의식하지 않는 자들은 비록 수고롭고 또 굶주릴지라도 반드시 죽음을 가볍게 여기지도 않고 삶을 무겁게 여기지도 않는 자들이니, 어찌 현명한 것이 아니겠는가"라고 하고 있으니, 생부와 양부가 돌아가신 후 벼슬도 포기하고 고향을 떠나 20여년을 떠돌다가 귀향하기 때문이다. 이충익에게 『노자』 주석은 자신이 몸소 실천한 삶 그 자체이다.

이런 점에서 이충익은 당쟁의 폐해로 평생 찢어지는 가난의 고통 속에서 살았지만 그것을 무위자연으로 승화하여 곧 마음을 비워 원망도 슬픔도 분노도 없이 마치 "군자는 때를 만나면 벼슬하고, 그렇지 못하면 바람에 휘날리는 마른 들풀처럼 정처 없이 떠돕니다"라는 노자의 말처럼 초연하게 산 것으로 보인다. '세상이 이 지경이 된 것은 모두 당쟁 때문이다'라고 그 아들 면백에게 한 말은 세상에 대한 자신의 분노를 드러낸 것이 아니라 나라와 백성들을 위하는 심정에서 나온 것이다. 그처럼 삶에서 무위자연을 직접 실현했기에 유복한 천재소년 왕필의 『노자주』보다 훨씬 더 정교할 뿐만 아니라 간결한 주석을 내면서 위진현학의 유와 무에 대한 논쟁까지도 잘못된 것이라고 비판할 수 있었던 것이다.

76장

人之生也柔弱, 其死也强堅。草木之生也柔脆, 其死也
枯槁。故堅强者死之徒, 柔弱者生之徒。是以兵强則不
勝, 木强則共。强大處下, 柔弱處上。

사람이 살아있으면 부드럽고 약하지만, 죽으면 강하고 견고해진다. 초목도 살
아있으면 연약하지만[1] 죽으면 딱딱해진다. 그러므로 견고하고 강한 것들은 죽
은 것들이고, 부드럽고 약한 것들은 살아있는 것들이다.[2] 이 때문에 군대가
강하면 승리하지 못하고, 나무가 단단하면 꺾인다. 강대한 것들은 아래에 있
고, 유약한 것들은 위에 있다.

> **談老** 木强則共(之共),[3] 董, 音如字,[4] 言人共伐之, 是也。如史記共
> 一老禿翁之共。强大處下, 柔弱處上, 承上木强, 因以木形爲喩。
>
> "나무가 단단하면 꺾인다"에서 '꺾인다'[共]는 말은 '정벌된다'[董]는 말로
> 소리 그대로 글자의 의미이니, 사람들이 베어 간다고 말하는 것이 이런
> 경우이다. 이를테면 『사기』에서 "관직도 없는 한 늙은이를 공격한다"[5]

---

1) 『老子翼』, 76章註, "脆, 頓也。"
2) 『老子翼』, 76章註, "徒, 類也。"
3) 필사본에는 '之共' 두 글자가 없는데, 옮긴이가 문맥에 맞추어 수정했다.
4) 『老子翼』에 "董音如字, 言人共伐之也。(處, 上聲。)"라는 주가 있는 것으로 볼 때, 『노
   자익』의 말을 그대로 옮겨 적은 것이 아닌가 한다.
5) 『史記』 「魏其武安侯列傳」, "武安已罷朝, 出止車門, 召韓御史大夫載, 怒曰, '與長孺

라고 할 때의 '공격한다'는 말과 같다. "강대한 것들은 아래에 있고, 유약한 것들은 위에 있다"는 구절은 바로 위의 "나무가 단단하면 꺾인다"는 구절을 이어서 나무의 형체로 비유한 것이다.

共一老禿翁, 何爲首鼠兩端'" …. 『漢文大系』의 註, "漢書音義曰, '禿老翁, 言嬰無官位板綬也.'"

77장

天之道, 其猶張弓乎。高者抑之, 下者擧之, 有餘者損之, 不足者補之。天之道損有餘而補不足, 人之道則不然, 損不足而奉有餘。孰能以有餘奉天下。唯有道者。是以聖人爲而不恃, 成功而不居, 其不欲見賢邪。

하늘의 도는 활을 쏘는 것과 같구나! 높은 것은 내려주고, 낮은 것은 올려주어 충분한 것은 덜어내고 부족한 것은 보태준다. 하늘의 도는 충분한 것에서 덜어내 부족한 것에 보태주는데, 사람의 도는 그렇게 하지 않고 부족한 사람들에게서 덜어내 충분한 사람들을 섬긴다. 누가 충분한 것으로 천하를 섬길 수 있겠는가? 오직 도를 체득한 자일 뿐이다. 이 때문에 성인께서는 무엇인가 위해 주시면서도 그것에 의지하지 않으시고, 공을 이루어 주시면서도 자처하지 않으시니, 현명함을 드러내려고 하지 않으시려는 것이다.

談老 天下均治, 而功歸乎君上, 是損不足, 而奉有餘。是以聖人歸功于天下, 不欲以見賢也。

천하가 고르게 다스려져서 공이 임금에게로 되돌아가면, 이것은 부족한 것에서 덜어내 충분한 것을 섬기는 것이다. 이 때문에 성인께서는 천하에 공을 되돌리시고 현명함을 드러내려고 하지 않으신다.

해설 1997년 IMF 이후 기업의 구조조정으로 5천만원 전후의 연봉으로 근근이 절약하며 생활하던 서민들이 대거 실직 상태로 내몰렸다. 많은 사람들이 퇴직금으로 작은 사업을 시작하여 생계를 꾸리려고 했지만 대부분 실직으로 이전보다 경제력이 급격히 떨어진 탓에 구매가 원활하게 일어나지 않으니, 있는 돈마저 모두 날리고 빚더미에 몰렸다. 가장은 월 2백만원도 되지 않는 임시직으로 다시 일거리를 찾을지라도 생계를 유지할 수 없으니, 가정을 돌볼 아이들의 어머니들은 식당이나 심지어 노래방 도우미 등으로 아르바이트를 찾아 나섰다. 한마디로 대다수의 서민들은 모두 저임금 노동자인 노예로 전락하고 말았다.

그 대신 소수의 엘리트들은 상상할 수 없는 연봉에다 갖가지 혜택을 받으면서 호화로운 생활을 하고 있다. 옛날에 백성들이 살기 어려운 것은 위에서 세금으로 받아먹는 것이 많았기 때문이지만, 이제는 기업의 구조 조정을 통한 대량 해고로 일을 하지 못하기 때문이다. 같은 일을 하면서도 정규직은 몇 배 이상의 연봉을 받고 임시직은 최소생활도 할 수 없는 연봉을 받는다. 그러니 굶어서 죽을 바에는 차라리 서슴없이 도둑질이라도 하고 그러다가 강도로 돌변하는 것이다. 농촌의 농작물과 하수도 뚜껑 등이 밤사이에 사라지는 것은 사람들의 심성이 나빠졌기 때문이라기보다는 살기 위해 어쩔 수 없이 몸부림치는 것이다.

기업의 대량해고 때 노동조합에서는 도대체 무엇을 했는지 묻고 싶다. 최소한 노동자들만이라도 하나로 단결하여 월급을 깎을지라도 함께 살 방법을 찾았어야 했다. 노동시간과 월급을 줄임으로써 모두가 살 방법을 구할 때, 위에서도 반성함으로써 같이 살 방법을 강구하기 때문이다. 엘리트들이 뛰어날지라도 일반 노동자들보다 그렇게 많은 연봉을 받을 정도는 아니다. 그런데도 그들이 그런 연봉과 갖은 혜택을 받는 것은 힘과 법률을 마음대로 할 수 있는 위치에서 그것을 간교하게 이용하여 일반 노동자의 월급을 약탈한 것에 불과하다.

어쩔 수 없는 경우도 있었겠지만 모두 함께 살 방법을 구하지 않고 노동조합까지 구조조정에 동참한 것은 자신들만 살겠다는 이기주의적인 생각이다. 이런 점에서 "하늘의 도는 충분한 것에서 덜어내 부족한 것에 보태주는데, 사람의 도는 그렇게 하지 않고 부족한 사람들에게서 덜어내 충분한 사람들을 섬긴다. 누가 충분한 것으로 천하를 섬길 수 있겠는가?"라는 노자의 말은 의미심장하게 다가온다. 기업가와 같은 특권층은 엘리트들을 이용해 노동력을 값싸게 공급받는 구조를 계속 가속화시킬 것이고, 엘리트들은 특권층이 주는 당근에 넘어가 계속 충성할 것이다.

이와 같은 구조는 하루 빨리 개선되어야 한다. 기업가와 노동자의 대립이 아니라 하나 되어 기업도 살고 노동자 개개인도 사는 구조를 만들어야 한다. 그래야 저녁에 으슥한 골목길을 마음 놓고 갈 수 있고, 시골 농부가 밤에 농작물을 지키러 나가지 않아도 되는 세상이 된다. 살기 어려워 죽을 바에는 차라리 도둑질이라도 해야겠다고 마음먹는 세상은 절대로 와서는 안 된다. 기업이 직원을 아끼고 직원이 기업을 위해 헌신해야만 서로가 하나 되는 아름다운 세상을 만들 수 있다. 그러나 노자는 그 출발이 노동자보다는 엘리트 집단에 있다고 외치고 있다.

78장

天下莫柔弱于水, 而政堅强者莫之能先。以其無以易之也, 故柔之勝剛, 弱之勝强, 天下莫不知, 莫能行。是以聖人云, 受國之垢, 是謂社稷主, 受國之不祥, 是謂天下王。正言若反。

천하에는 물보다 부드럽고 약한 것이 없는데, 단단하고 굳센 것을 공격하는 데는 어느 것도 이것을 앞설 수 없다. 그 무엇으로도 그 역할을 대신할 수 없기 때문에 약한 것이 강한 것을 이기고 부드러운 것이 굳센 것을 이기는 것인데, 천하에서 아무도 알지 못하고 아무도 행하지 못한다. 이 때문에 성인께서는 "나라의 더러움을 받아들이는 자를 사직의 주인이라고 하고, 나라의 불미스러움을 받아들이는 자를 세상의 왕이라고 한다"라고 말씀하셨다. 곧이곧대로 하신 말씀하신 것이 마치 거꾸로 말씀하신 것 같다.

談老 水之趨下, 純一無貳, 無以易之。此亦柔弱之情形本然也。故以攻堅强, 而莫能先也。聖人之云, 正言天下之正道, 而似若反言之。

물이 아래로 흘러가는 것은 순전하고 전일해서 바뀌지 않으니, 그 무엇으로도 대신할 수 없다. 이것은 또한 부드럽고 약한 것의 정황이 원래 그런 것이다. 그러므로 그것으로 단단하고 강한 것을 공격하면, 어느 것도 앞설 수 없다. 성인의 말씀은 천하의 올바른 도리를 곧이곧대로 말씀하신 것인데 마치 거꾸로 말씀하신 것 같다.

79장

和大怨, 必有餘怨, 安可以爲善. 是以聖人執左契, 而不
責于人. 故有德司契, 無德司徹. 天道無親, 常與善人.

큰 원한은 화해를 시켜도 반드시 앙금이 남으니, 어찌 잘했다고 할 수 있겠는
가? 이 때문에 성인께서는 왼쪽 문서를 가지고 계시면서 남을 책망하지 않으
신다.[1] 그러므로 덕이 있는 자는 계약문서 살피는 일을 담당하며, 덕이 없는
자는 세금 걷는 일을 담당한다.[2] 하늘의 도는 친함이 없이 항상 선한 사람과
함께 한다.

---

1) 『老子翼』, 79章 蘇註, "원한은 함부로 하는 것에서 나오는데, 함부로 하는 것은 본성
에서 벗어난 것이다. 본성에 대해 아는 자는 함부로 함을 드러내지 않는데, 다시 무엇
으로 원한을 삼겠는가? 그런데 이제 근본적으로 원한을 제거할 줄 몰라 말단에서 화
해시키려고 하므로, 겉으로 비록 화해한 것 같지만 속으로 원한을 잊지 못한다. 계약
문서에 좌우가 있는 것은 신표로 삼아 다투지 않도록 하기 위한 것이다. 성인과 사람들
은 똑같이 본성이 있다. 그런데 사람들은 늘 함부로 하는 것으로 일상을 삼아 다투면
서 본성에는 애당초 조금도 함부로 함이 없다는 것에 대해 알지 못한다. 이 때문에 성인
께서 사람들에게 본성을 보여주심으로써 함부로 하는 것을 제거해 본성을 회복하도
록 하신다. 함부로 하는 것이 다해 본성이 회복되길 기다리면, 허심탄회하게 되어 자
득하지 않는 경우가 없으니, 계약문서가 왼쪽문서와 합치하는 것처럼 따져보길 기다
리지 않아도 저절로 따른다. 그렇다면 비록 큰 원한이 있을지라도 눈 녹듯이 사라진다.
원한이 본시 있는 것이 아님을 아는데, 어찌 그것을 화해시킬 필요가 있겠는가? 덕
이 없는 저들은 사람마다 똑같이 만들려고 하니 힘만 들고 공은 없다. ······.(夫怨生
于妄, 而妄出于性. 知性者, 不見諸妄, 而又何怨乎? 今不知除其本, 而欲和其末, 故外雖和
而內未忘也. 契之有左右, 所以爲信而息爭也. 聖人與人, 均有是性. 人方以妄爲常, 馳騖于
爭奪之場, 而不知性之未始少妄也. 是以聖人以其性示人, 使之除妄以復性. 待其妄盡而性
復, 未有不廓然自得, 如契之合左, 不待責之而自服也. 然則雖有大怨懟, 煥然氷解. 知其本
非有矣, 而安用和之. 彼無德者, 乃欲人人通之, 則亦勞而無功矣. ······.)"
2) 『老子翼』, 79章註, "徹, 徹法也."

有德者, 司契, 酬責而無私。無德者, 司徹, 通力而均收。則上下之分定, 而天下均治。尙何怨之可和。

덕 있는 자가 계약문서 살피는 일을 담당함에 빚이 청산되지만 사사롭게 함이 없다. 덕 없는 자가 세금 걷는 일을 담당함에 힘이 미치지 않는 곳이 없지만 고르게 거둔다. 그렇다면 상하의 신분이 안정되고 천하가 고루 다스려지는 것이다. 그런데 여전히 무슨 원한을 화해시키겠는가?

해설 이충익의 주석과 별도로 이곳의 본문은 그 내용이 무엇을 말하기 위한 것인지 그 의미 파악이 어렵다. 그래서 홍익출판사를 통해 출간한 『노자도덕경과 왕필의 주』에서 설명한 내용을 다소 수정해서 본문에 대해 이충익의 입장과 무관하게 보충설명 하고자 한다. 그 내용을 간략히 설명하면 계약에 문제가 생겨 재판을 할 때, 성인이 피고 곧 약자의 입장에 있으면 원고나 관리들이 성인 때문에라도 함부로 할 수 없다는 것이다. 여러 주석을 참고하여 이처럼 정리하였으니 상식적으로 참고하길 바란다.

『예기禮記』「곡례曲禮」에 "곡식을 바칠 자는 우계를 잡는다"(獻粟者, 執右契)라고 되어 있는데, 이는 그 차용 관계에 대한 문서를 좌우로 나누어서 채무자가 오른쪽 문서를 집어서 채권자에게 주는 것을 기술한 것이다. 정현鄭玄이 주에서 "계는 계약문서인데 오른쪽이 높음이 된다"(契券要也, 右爲尊)라고 한 것과 종합해서 생각해 볼 때, 오른쪽 문서를 가진 사람이 왼쪽 문서를 가진 사람에게 그 내용을 이행하도록 요구할 수 있는 권리가 있는 것으로 보인다.

그런데 임희일林希逸은 『도덕진경구의道德眞經口義』에서 "좌계란 요즘 함께 작성한 문서와 같은데, 한 사람은 왼쪽을 가지고 있고 다른 한 사람은 오른

쪽을 가지고 있다. 그러므로 '좌계'라고 했으니, 이 문서가 나에게 있다면 그 내용을 반드시 요구할 수 있다. 성인은 비록 이 문서를 가지고 있을지라도 남에게 요구하지 않으니, 그것을 잊고서 함께 동화되었기 때문이다"(左契者, 如今合同文字也, 一人得左一人得右。故曰左契, 此契在我, 則其物必可索。聖人雖執此契, 而不以索於人, 忘而化也)라고 함으로써 『예기』와 상반되게 주하고 있다.

이에 비해 오징吳澄은 "좌계를 가진 자는 자신이 남에게 요구하지 못하고 남이 와서 자기에게 요구하기를 기다린다. 우계를 가지고 와서 합쳐 보는 자가 있으면 바로 그 내용을 이행하고, 속으로 그 사람이 선한지를 헤아리지 않는다"(執左契者, 己不責於人, 待人來責於己, 有持右契來合者, 卽與之。無心計較其人之善否)라고 함으로써 『예기』와 부합되게 주하고 있다.

임희일과 오징의 견해를 서로 비교해 볼 때, 일단 좌계에 대해 서로 상반된 견해가 있음을 알 수 있다. 이상의 내용과 왕필의 주를 종합해서 본문을 생각해 볼 때, 우계를 가진 사람이 좌계를 가진 사람에게 문서의 내용대로 이행할 것을 요구할 권리가 있는 것으로 보인다. 그런데 본문의 내용은 우계를 가진 사람이 좌계를 가진 사람에게 문서의 내용을 실행하라고 요구했지만 그 내용의 이행에 대해 서로 다르게 생각함으로써 문제가 생겼을 때, 어떻게 해결할 것인가에 관한 기술로 보인다.

본문 첫 구절 "큰 원한은 화해를 시켜도 반드시 앙금이 남으니"에 대해 "문서의 내용을 분명하게 처리하지 못해서 커다란 원망이 생기도록 해놓고 덕으로 풀어주면, 그 상처는 회복되지 않으므로 원한이 남는다"(不明理其契, 以致大怨已至, 而德和之, 其傷不復, 故有餘怨也)라고 한 왕필의 주를 참고해 볼 때, 좌계를 지닌 사람과 우계를 지닌 사람이 서로 문서의 내용을 이행하다가 문제가 생겨서 그 해결을 관청에 맡겼을 경우 그 문제를 분명하게 처리해야 한다는 것으로 봐야 한다.

그리고 "이 때문에 성인께서는 왼쪽 문서를 가지고 계시면서 남을 책망하지 않으신다"는 본문의 말은 이 문제를 처리하는 과정에서 성인이 채무자의 입장에 서 있는 것으로 봐야 한다. 곧 성인이 약자인 채무자의 입장에 서 있으면 관리나 채권자가 강자의 입장에서 함부로 문제를 처리할 수 없게 된다는 것이다. 그래서 유덕한 사람이 나와서 문서를 공정하고 분명하게 살핌으로써 원망이 생기지 않도록 하는 것이다. 바로 아래의 "그러므로 덕이 있는 자는 계약문서 살피는 일을 담당한다"라는 본문은 이것을 말하는 것으로 봐야한다.

80장

小國寡民, 使有什伯之器而不用。使民重死而不遠徙,
雖有舟車, 無所乘之, 雖有甲兵, 無所陳之。使民復結
繩而用之, 甘其食, 美其服, 安其居, 樂其俗, 鄰國相望,
鷄犬之音相聞, 民至老死, 不相往來。

나라를 작게 하고 백성들을 적게 하여 열배 백배로 능력 있는 자가 있어도 쓰
이지 않게 한다.[1] 백성들이 죽음을 무겁게 여기고 멀리 이사하지 못하게 하니,
배와 수레가 있을지라도 그것을 탈 일이 없고, 갑옷과 병기가 있을지라도 전쟁
할 일이 없다. 백성들이 다시 새끼를 꼬아 (글자 대신 부호로) 사용하게 하고, 자
신들의 음식을 달게 먹게 하며, 자신들의 의복을 아름답게 여기게 하고, 자신
들의 거처를 편안하게 여기게 하며, 자신들의 풍속을 좋아하게 하니, 이웃 나
라를 서로 바라보고 닭 울고 개 짖는 소리가 서로 들릴지라도 백성들이 늙어
죽을 때까지 서로 왕래하지 않는다.

> **談老** 小國寡民, 自䀰器。用其有什伯之器, 宜無少時之間, 而乃至於
> 不用, 則其無所營, 可知。
>
> 나라를 작게 하고 백성들을 적게 하여 스스로 그릇을 작게 한다. 열배
> 나 백배로 능력 있는 자를 등용함이 어느 때인들 당연히 조금도 없어
> 쓰이지 않으니, 다스릴 일이 없음을 알 수 있다.

---

1) 『老子翼』, 80章, 蘇註, "……。民各安其分, 則小有材者, 不求用于世。什伯人之器, 則
   材堪什夫伯夫之長者也。……。"

해설　이쯤에서 노자老子의 무위자연無爲自然과 장자莊子의 소요逍遙가 무엇인지 또 어떻게 다른지 그 차이를 설명해야 하겠다. 대부분의 학자들마저도 노자와 장자가 어떻게 같고 어떻게 다른지 명확하게 설명하지 못하고 있다. 사실 이들에 대한 주석이 다양하기 때문에 어느 것이 그들의 진면목을 알려주는지 판별하기도 결코 쉽지 않다. 그래서 옮긴이는 위진시대魏晉時代의 왕필王弼(226~249)과 곽상郭象(252~312)의 『노자주老子注』와 『장자주莊子注』를 토대로 노자와 장자의 같은 점과 다른 점을 설명하고, 이어 이충익의 『초원담노』와도 서로 간략히 비교하겠다. 『초원담노』를 여기까지 충실하게 읽었을 경우, 왕필과 곽상의 입장을 정확히 알고 나면, 이충익의 입장과 어떻게 같고 다른지는 저절로 알게 된다.

　전공자들마저도 왕필을 유학자로 보는 경우가 흔한데, 그들에게는 『노자』 19장에서 유학의 인의仁義를 비판한 것에 대해 왕필이 어떻게 주석했는지 보라고 하면 된다. 이충익이 노자의 시각으로 『초원담노』를 지었다고 하면 대부분의 전공자들이 펄펄 뛰면서 반대하는데, 동일하게 반박하면 된다. 한 권의 주석을 모두 읽어보면 어떤 관점에서 어떻게 주석했는지 바로 드러나는데, 왜들 그렇게 엉뚱한 소리를 하는지 모르겠다. 왕필에 대한 기존 학자들의 오해는 2013년 인천대에서 펴낸 졸저 '인천학연구총서19' 곧 「강화학파의 『노자』 주석에 관한 연구」 4장 1절에 최근의 논문까지 대부분 모두 검토해서 정리해 놨으니 독자들께서 직접 참고하시길 바란다. 이충익의 입장은 바로 여기서 직접 확인해 보자.

　『노자』19장 본문: 거룩함을 끊고 지혜로움을 없애버리면, 백성들이 백배로 이롭게 된다. 어짊을 끊고 의로움을 없애버리면, 백성들이 효성과 자애를 회복한다. 교묘함을 끊고 이로움을 없애버리면 도적이 없어진다. 이상의 세 가지를 '아름다움'[文]으로 삼으면 충분하지 못하다. 그러므로 속할 곳이 있게 했으니, 소박한 것을 알고 껴안게 하며 사사로움과 욕심을 적게 한다.

이충익의 주석: 거룩함과 지혜로움은 최상으로 구별되는데 스스로 거룩함과 지혜로움을 없애버리면, 뭇 사람들은 느끼지 못하고 알지 못하지만 천하가 다스려진다. 어째서 반드시 한숨 쉬며 어짊과 의로움을 말한 다음에 이롭게 되겠는가? 효도와 자애를 중요하게 여기면서 불화를 바라고, 충성과 믿음을 어질게 보면서 혼란을 바라는 경우는 없다. 그렇다면 효도·자애·충성·믿음은 불화와 혼란에서 드러나는 아름다움이지만 그렇게 되기를 원해서는 충분하지 못한 것이다. 그러므로 효도·자애·충성·믿음이 조화롭고 고요한 곳으로 되돌아가 이름으로 내세워지지 않으면 거의 제대로 된 것이다. 소박함을 알고 껴안으며 사사로움과 욕심을 적게 하면, 거룩함·지혜로움·어짊·의로움이 근본으로 되돌아가니, 끊고 버리기를 기다리지 않아도 저절로 사용할 곳이 없게 된다.

이충익이 노자의 시각으로 인과 의에 대해 주석한 것은 많은 설명도 필요 없다. "어째서 반드시 한숨 쉬며 '어짊'[仁]과 '의로움'[義]을 말한 다음에 이롭게 되겠는가? …. 그러므로 효도·자애·충성·믿음이 조화롭고 고요한 곳으로 되돌아가 이름으로 내세워지지 않으면 거의 제대로 된 것이다"라는 구절에서 '이름으로 내세우지 말아야 한다'고 분명히 말하고 있기 때문이다. 이것은 바로 노자가 2장에서 "천하가 모두 아름다움이 아름다운 것이 되는 줄 아는 것, 이런 것은 악한 것일 뿐이다"라고 한 것을 그대로 지키는 것일 뿐이다. 이충익이 유학자의 시각으로 『노자』를 주석했다고 주장하는 자들은 제발 답답한 소리 그만하고 기본전제부터 제대로 다시 좀 확인하길 부탁드린다.

본론으로 돌아가면, 노자의 무위자연은 우리의 지적인 능력을 개발하지 않아 원시상태 정도의 생활을 하는 것이다. "나라를 작게 하고 백성들을 적게 하여 열배 백배로 능력 있는 자가 있어도 쓰이지 않게 한다"는 말과 "백성들이 다시 새끼를 꼬아 (글자 대신 부호로) 사용하게 한다"는 말에서 그것을 확인할 수 있다. 지적 능력을 통한 문화의 축적은 문자를 통해 이루어지는데 문자를 사용하지 못하도록 막기 위해 노자는 새끼줄을 신호로 사용하라고 하고 있다. 여기서 "열배 백배로 능력 있는 자가 있어도 쓰이지 않게 한다"라고 하고, 또 3장에서 "지혜로운 자가 감히 어떤 일도 하지 못하게 한다"라고 하는 것은 사람들이 그런 머리 좋은 사람들을 통해 지적인 능력이 개발되지 못하도록 하기 위함이다.

노자는 문화가 축적되지 않은 소박한 원시사회를 무위자연의 표본으로 보고 문화가 그 이상으로 발달되지 않도록 곧 사람들이 지적인 능력을 개발하지 못하도록 막고 있다. 그런데 노자의 무위자연에는 모순이 있으니 그것이 바로 저절로 터져 나오는 지적인 능력을 억누른다는 것이다. 태어나면서부터 저절로 머리가 좋아서 남들보다 탁월한 생각을 할 수 있고 기묘한 것을 만들 수 있다면, 이런 능력을 억누를 것이 아니라 그대로 발휘해야 된다는 것이 장자의 관점이다. 장자는 노자의 무위자연에 이와 같은 모순이 있음을 알고 지양했으니, 『장자莊子』의 「소요유逍遙遊」에서 강과 숲속의 일반적인 물고기와 새가 아니라 크기가 몇 천리나 되는 물고기와 새 곧 곤鯤과 붕鵬의 이야기가 그것에 해당한다.

몇 천리나 되는 물고기 곤이 어두운 북쪽 바다에 있다가 큰 새로 변해 태풍을 타고 9만리를 치솟아 남쪽 바다를 향해 날아가니, 이 나무에서 저 나무로 날아다니는 숲속의 평범한 새들은 붕이 무엇 때문에 저렇게 높이 올라 날아가고 있냐고 숙덕거린다. 많은 주석가들과 학자들이 붕을 도를 체득한 군자로 보는데, 곽상은 그렇게 보지 않고 단지 일반 사람보다 훨씬 더 뛰어난 능력을 가진 사람 곧 혼란을 타고 떠오르는 영웅으로 본다. 사실 이런 것은 우리 주변에서 흔히 발생하는 일이기도 하다. 평범한 사람들은 꿈이 큰 사람이 작은 것에 만족하지 않고 계속 더 나아가기 위해 노력하는 것을 보고 '현실에 만족하고 그냥 살면 되지 무엇 때문에 그 고생을 하냐'고 빈정거리는 것이 이런 경우에 해당한다.

장자는 이것에 대해 '하찮은 지혜'[小知]로는 '큰 지혜'[大知]를 이해할 수 없다고 함으로써 큰 지혜를 하찮은 지혜보다 일단 우월하게 본다. 그리고는 열자가 바람을 타고 다니는 것에 대해 '무엇에 의지함이 있는 것'[有待]이라고 깎아내리고, 이어서 '그 무엇에도 의지함이 없는 것'[無待]에 대해 말한다. 장자가 이렇게 하는 의도는 지혜의 긍정으로 나타나는 문제를 '무엇에 의지함이 있는 것'으로 제한하여 '어디에도 의지함이 없는 것'을 통하여 지양하기 위함이다. 좀 더 자세히 설명하면 하찮은 사람이든 뛰어난 사람이든 모두 자신의 능력에 의지하여 살아가는 것은 마찬가지이니, 그 어디에도 의지하지 않고 스스로 유유자적해야 '남과 나를 구분하지 않는 참다운 삶'[玄同彼我者之逍遙]이라는 것이다.

장자는 노자에서 부정되던 지적인 능력을 일단 자연으로 긍정한 다음, 이어서 그것을 무엇에 의지함이 있는 것으로 한정해놓고 그 무엇에도 의지함이 없는 것으로 고양시켜야 피아의 구분이 사라져 천지와 하나 되는 진정한 삶을 누릴 수 있다고 한다. 그는 사람들 개개인의 지적인 능력을 선천적인 것으로 긍정하지만 각기 다른 능력의 차이로 세상을 다르게 볼 수밖에 없으니, 각기 세상을 다르게 보는 것에 대해 시비를 가리려고 하지 말고 그대로 받아들이라고 한다. 곧 능력이 작든 크든 그것을 잣대로 세상을 판단하면 능력에 의지하는 것에서는 동일하니, 그것을 벗어나야 한다는 것이다. 장자는 노자의 무위자연에서 부정되던 지적인 능력을 이렇게 지양하여 유유자적 곧 소요로 표현했던 것이다.[2]

지적인 능력이 처음에 부정되다가 뒤에 긍정되는 것은 『성경』의 「창세기」에서도 동일하다. 「창세기」에서 지적인 능력을 부정하는 것은 52장의 해설에서 이미 어느 정도 설명했다. 땅위에 사람들이 불어남에 사람의 딸들 중에서 아리따운 여자를 하느님의 아들들이 취해 아내로 삼으면서 그들 사이에 자식이 태어나 영웅이 되고, 또 사람들이 계속 악행을 저지르는 것에 대해 하느님은 못마땅하여 노아와 그 가족 외에는 인류를 멸하려고 홍수의 재앙을 내린다. 그런데 하느님은 홍수 후에 노아와 그 가족의 제사를 받고 '사람들은 어려서부터 악한 생각을 하기 마련이니 다시는 사람 때문에 땅을 저주하지 않겠다'고 하니, 이것은 하느님이 '지혜의 열매를 먹지 말라'는 자신의 금기 명령을 스스로 철회한 것이다.[3]

동서양의 위대한 고전에서 모두 우리의 지적 능력에 대해 이런 식으로 다루고 있으니 참으로 신기하다. 부가적으로 다소 더 언급한다면, 왕필(226~249)의 귀무론·배위(267~300)의 숭유론·곽상(252~312)의 독화론으로 이어지는 위진현학은 천지의 도와 합일하기 위해 지적인 능력을 긍정할 것인가 부정할 것인가에 대하여 유가의 대표 배위와 도가의 대표 왕필·곽상이 치열하게 서로 논쟁을 벌인 것이다. 그런데 이런 논쟁은 춘추전국시대부터 주례를 수정·

---

2) 이것에 대한 자세한 논의는 2001년 『동양철학』 14집에 실려 있는 졸고 「노자의 무위 자연과 장자의 소요」를 참고하기 바란다.
3) 이것에 대한 자세한 논의는 졸고 「『도덕경』의 시각으로 본 『성서』의 창세기 신화」를 참고하기 바란다.

보완하여 여전히 통치이데올로기로 사용하자는 유가, 다른 이데올로기로 대체하자는 법가와 묵가, 어떤 이데올로기로도 난세를 구할 수 없으니 소박하게 살던 옛날로 되돌아가자는 도가 특히 노자의 입장이 이후에 유가와 도가로 좁혀져서 다시 부딪힌 것이다.

왕필은 노자의 입장을 그대로 계승하여 '대상화되는 것'[有]은 '그 상대적이면'[無]에 의해 성립하는 것이어서 우리의 지성으로는 절대적인 진리를 파악할 수 없으니, 마음을 비움으로써 천지의 흐름과 하나가 되어야 한다고 한다. 배위는 이에 맞서 유가를 대변하여 유有가 비록 부분적으로 드러날지라도 우리의 지성을 통해 그 이면에 있는 이치를 파악하면 천도를 알 수 있다고 반박한다. 그러자 곽상이 다시 장자의 입장을 계승하여 우리의 지성을 통해서는 절대로 천지와 하나 되는 물아일체의 상태를 체득할 수 없으니 마음을 비우고 신묘함으로 천명을 받아들여야 한다고 반박한다. 왕필은 『노자주』로, 배위는 『숭유론』이라는 짧은 논문으로, 곽상은 『장자주』로 이와 같은 입장을 주장하며 격돌했던 것이다.[4]

한문을 능숙하게 읽을 수 있는 자라면 누구나 왕필과 곽상이 『노자』와 『장자』의 문맥에 맞추어 유연하고 충실하게 주석하고 있음을 바로 알 수 있다. 이충익 역시 『노자』의 문맥에 따라 간략하고 정교하게 주석하고 있다. 왕필의 『노자주』와 이충익의 『초원담노』와의 차이를 간략히 살펴보면, 주석 형태에서 왕필이 각 구절마다 주석을 덧붙여 설명하는 데 비해 이충익은 각 장의 끝에 그 내용을 종합하는 형식으로 주석을 달고 있다. 주석 내용에서는 왕필이 유와 무의 이원적 구조로 마음 비움을 설명하고 이어 물아일체의 상

---

4) 이것에 대한 자세한 논의는 졸저 「강화학파의 『노자』 주석에 관한 연구」 201-212쪽이나, 『노자 도덕경과 왕필의 주』 389-427쪽을 참고하면 된다.

태를 강조함으로써 노자의 무위자연을 드러내지만, 이충익은 유와 무를 이원적으로 파악하는 폐단 때문에 왕필과 배위의 논쟁이 생겼다고 비판하고 유와 무를 하나로 볼 것을 강조한다.

좀 더 자세히 설명하면, 왕필은 『노자』 2장과 11장 및 40장의 유와 무를 이원적으로 나누어 '대상화되는 것'[有]은 언제나 '그 상대적 이면'[無]을 기반으로 드러난다고 한다. 곧 우리의 지성으로는 유와 무가 하나로 되어 있는 절대적인 도를 파악할 수 없으니 마음을 비움으로써 천지와 하나가 되어야 한다고 한다. 이충익은 이런 왕필의 입장을 비판하니, 작은 명분의 차이가 피비린내 풍기는 살육으로 이어지는 당쟁의 참화를 몸소 뼈저리게 겪었기 때문이다. 그래서 그는 『노자』 1장에서부터 유와 무를 하나로 보고는 상유常有와 상무常無라고 하는 것이다. 곧 무위를 실현하기 위해서는 유와 무를 달리 보는 것과 같은 구분을 절대로 하지 말아야 한다는 것이 이충익의 기본적 입장이다.

이런 차이가 2장 첫 구절 "천하개지미지위미天下皆知美之爲美, 사오이斯惡已" 구절의 해석에서 명료하게 드러나니, "세상 사람들은 모두 아름다운 것이 아름다운 것이 된다고 알고 있는데, 그것은 추한 것 때문일 뿐이다"로 보는 것이 왕필의 관점이고, "천하가 모두 아름다움이 아름다운 것이 되는 줄 아는 것, 이런 것은 추한 것일 뿐이다"로 보는 것이 이충익의 입장이다. 왕필은 아름다운 것과 추한 것을 이원적으로 유와 무로 보기 때문에, 이충익은 구분 자체를 아예 없애야 한다고 보기 때문에 이처럼 해석의 차이가 생겼다. 이충익은 작은 구분이라도 생기면 그 자체에서 멈추지 않고 계속 나아가 큰 혼란을 조장한다고 보고 이처럼 주석했으니, 『초원담노』는 조선조 당쟁의 반동으로 나온 산물이다.

왕필의 『노자주』가 최고의 주석으로 평가되는 이유는 유와 무의 이원적 구조로 노자의 무위자연을 잘 설명하기 때문이다. 그런데 이충익은 그처럼 이원적 구조로 『노자』를 설명하는 것 자체가 잘못되고 보니, 작은 명분의 차이가 얼마나 크게 달라지는지 몸소 체험한 결과이다. 역자가 이충익의 『초원담노』를 왕필의 『노자주』보다 뛰어나다고 하는 이유는 그 주석이 간단·명료할 뿐만 아니라 『노자주』의 단점을 정확하게 지적하고 있기 때문이다. 이런 점에서 역자는 『초원담노』를 국보급 문화유산이라고 강력하게 주장하는 것이다. 대부분의 학자들이 성리학 연구와 불교 연구에 매달려 이런 보물이 우리에게 있다고 외쳐도 돌아보지도 않고 도리어 그렇지 않다고 곡해하고 있으니 참으로 안타까운 현실이다.

81장[1]

信言不美, 美言不信。善言不辯, 辯言不善。知者不博,
博者不知。聖人不積, 旣以爲人, 己愈有, 旣以與人, 己
愈多。天之道, 利而不害, 聖人之道, 爲而不爭。

진실한 말은 좋게 들리지 않고, 좋게 들리는 말은 진실하지 않다. 선한 말은 분
별하지 않고, 분별하는 말은 선하지 않다. 아는 자는 해박하지 않고, 해박한
자는 알지 못한다. 성인께서는 쌓아 두지 않으시고 처음부터 남들을 위해 주
셨지만 자신은 더욱더 갖게 되시고, 처음부터 남들에게 주셨지만 자신은 더욱
더 많아지셨다. 하늘의 도는 이롭게 하면서 해치지 않고, 성인의 도는 시행하
시면서 다투지 않으신다.

> **談老** 己愈有, 己愈多, 而不成積者, 何也。其所有而多者, 常出乎無
> 爲, 而合乎自然, 則有且多者, 無積矣。夫自然之然, 天地不得不然,
> 無爲之爲, 聖人不能不爲。利而不害, 天地不得不然之然也, 爲而不
> 爭, 聖人不能不爲之爲也。然則自然之然, 無爲之爲, 固萬化萬事之
> 根柢, 而人所共由, 不可須臾離者也。

성인 자신께서 더욱 더 소유하시고 더욱 더 많아지셨는데도 쌓아두지
않으시는 것은 무엇 때문이신가? 성인께서 소유하시고 많아지시는 것

---

1) 沈慶昊의 논문 「椒園 李忠翊의 『談老』에 관하여」 468-469쪽에 81장 주석에 대한
   그의 번역이 있으니 참고하기 바란다.

은 항상 아무것도 함이 없음에서 나오는 것이고 저절로 그렇게 됨에 합하는 것이니, 소유하시고 많아지시는 것이 쌓이지 않는다. '저절로 그렇게 되어 그런 것'[自然之然]은 천지가 그렇게 하지 않을 수 없는 것이고, '아무 것도 함이 없이 시행하는 것'[無爲之爲]은 성인께서 시행하지 않으실 수 없는 것이다. 이롭게 하면서 해치지 않는 것은 천지가 그렇게 하지 않을 수 없어서 그런 것이고, 무엇인가 시행하면서 다투지 않는 것은 성인께서 시행하지 않으실 수 없어서 하시는 것이다. 그렇다면 저절로 그렇게 되어 그런 것과 아무것도 시행함이 없으면서 하는 것은 진실로 온갖 변화와 갖은 일의 근본이고, 사람들이 함께 말미암아 잠시라도 떨어질 수 없는 것이다.

後世以是爲淸虛之談助, 無所不然, 則可以然不然, 而不然然矣。不爲而無爲, 則塗耳目, 而詭黜聰明, 其爲不爲, 而無別於禽獸矣。孰能知自然之然, 固天地之常道, 而無爲之爲, 聖人所以日孶孶而爲之者與。

후세에 이것을 잡된 생각 없이 마음이 맑은 이야기에 그렇지 않음이 없는 것으로 여기니, 그렇지 않은 것을 그렇다고 하는 것이고 그런 것을 그렇지 않다고 하는 것이다. '아무것도 하지 않아서 시행함이 없는 것'[不爲而無爲]은 눈과 귀를 진흙으로 막고 총명을 속여서 없앤 것이니, 그것은 아무 것도 하지 않는 것을 시행해서 금수와 구별이 없게 된 것이다. 누가 저절로 그렇게 되어서 그런 것이 진실로 천지의 항구한 도이고, '아무것도 함이 없이 시행하는 것'[無爲之爲]이 성인께서 날마다 부지런히 하시는 것임을 알 수 있겠는가?

今之論世者, 蓋亦陋漢唐, 而尊三代矣。然以今視漢唐, 邈然如邃古之不可返, 而三代之事類, 非今人情知之可及焉。則玄聖之値衰周,

慨然思所以反古者, 必不但太息言堯舜, 而緬懷於懷葛者, 其不可用
此, 爲務而輓。

요즘 세상을 논하는 자들은 대개 또한 한漢·당唐의 시대를 낮게 보고
하夏·은殷·주周 삼대의 시대를 높인다. 그런데 지금을 기준으로 한과
당을 보면 아득해서 마침내 옛날로 돌아갈 수 없을 것 같고 삼대의 일
도 비슷하니, 요즘 사람들의 분명한 지식으로 미칠 수 있는 것이 아니
다. 그렇다면 '가장 뛰어난 성인'[玄聖]께서 기울어 가는 주대 말기에 슬
퍼하며 옛날로 되돌아가기를 사모했던 것은 굳이 요堯 임금과 순舜 임
금에 대해 한숨 쉬며 말하기 위한 것만은 아니고, 상고시대의 제왕 무회
씨無懷氏와 갈천씨葛天氏를 회상했던 것은 이것들을 사용할 수 없을지
라도 힘써 인도하기 위하심이다.

近世至人, 固知之矣, 善乎, 呂吉甫之論, 曰世去太古也久矣, 老子之
言之, 何也。曰禮至于兼三王, 樂至於備六代, 其文極矣。然而禮不
以玄酒大羹而措之醴酒和羹之下, 樂不以嘒管淸商加之朱絃疏越之
上者。使人知禮樂之意, 所不得已者, 如彼, 而所欲反本復始者, 如
此也。

근세에 '도덕이 지극히 높으신 분'[至人]께서는 진실로 이런 의미를 아셨
으니, 여길보呂吉甫 선생의 다음과 같은 말씀은 훌륭하다. "세대가 태고
에서 멀어진지가 오래되었는데 노자께서 그것에 대해 말씀하신 것은
무엇 때문인가? 예禮는 삼왕三王을 아우르는 것에서, 악樂은 황제黃帝·
당唐·우虞·하夏·은殷·주周 육대六代를 갖추는 것에서 그 '문식'[文]이 지
극해졌다. 그렇지만 예에 '맑은 찬물'[玄酒]과 '순 고깃국'[大羹]을 '단술'[醴
酒]과 '양념하고 간을 맞춘 국'[和羹]의 아래에 놓지 않으며, 악에 작은 피
리의 맑은 소리를 붉은 현악기의 탁하고 느린 소리 위에 가하지 않는

다.²⁾ 그러니 사람들이 예악의 의미를 알아 그만 둘 수 없도록 한 것은 저와 같고, 근본과 처음으로 되돌아가도록 한 것은 이와 같다.

方斯時也, 孔子方求文武周公之墜緒而賡之。老子論其道與世如此, 其意猶是而已。故聞古之治, 雖有什伯之器而不用, 有舟車而不乘, 有甲兵而不陳, 則擧大事, 用大衆, 非得已也。聞其民結繩而用之, 鄰國相望, 鷄犬相聞, 至老死而不相往來, 則煩文倦令, 督稽趣留, 而足迹接乎諸侯之境, 車軌結乎千里之外, 非得已也。則不得已者, 常在於此, 而所欲復者, 常在於彼也。卽沒而不言, 猶屛玄水徹疏越, 其孰知禮之能儉, 而樂之節樂, 爲反本復始之意乎。夫聖人之言, 豈小補哉。

이때 공자께서는 문왕과 무왕 및 주공의 잃어버린 실마리를 구해 계승하셨다. 노자께서는 도와 세상에 대해 이와 같이 논하셨으니, 그 의미가 이와 같을 뿐이다. 그러므로 옛날의 다스림은 비록 열배 백배로 능력 있는 자가 있을지라도 쓰지 않고, 배와 수레가 있을지라도 타지 않으며, 갑옷과 병기가 있을지라도 전쟁하지 않는다고 들었으니, 큰일을 거행하고 많은 사람 부리는 것은 부득이한 것이다. 백성들이 다시 새끼를 꼬아서 (글자 대신 부호로) 사용하고, 이웃 나라를 서로 바라보고 닭 울고 개 짖는 소리가 서로 들릴지라도 늙어 죽을 때까지 서로 왕래하지 않는다고 들었으니, 문식을 번거롭게 하는 것과 명령을 지나치게 하는 것, 나아가고 머무름을 살피는 것, 발자국을 제후의 지경까지 잇고 수레 길을 천리 밖까지 연결하는 것들은 부득이한 것이다. 그렇다면 부득이한 것은 항상 여기 현재에 있고, 회복하고자 하는 것은 항상 저기 옛날에 있다.

---

2) 『禮記』「樂記」, "淸廟之瑟, 朱弦而疏越, 壹倡而三歎, 有遺音者矣。大饗之禮, 尙玄酒而俎腥魚, 大羹不和, 有遺味者矣。是故先王之制禮樂也, 非以極口腹耳目之欲也。鄭氏註, …。朱絃練朱絃。練則聲濁。越瑟底孔也, 畫疏之, 使聲遲也。……。"

이미 사라져서 말하지 않지만 여전히 '맑은 찬물'[玄水]을 지키고 '탁하고 느린 소리'[疎越]를 사용하니, 예가 검소한 것이고 음악이 즐거움을 절제하는 것임을 그 어느 분이 알아서 근본과 처음으로 되돌아가는 의미를 실행하겠는가? 성인의 말씀이 어찌 소소하게 도움이 되겠는가?"[3)]

---

3) 『老子翼』, 80章, 呂註,* "……。然詩書之所言, 則止于堯舜三代, 而老子欲反太古之治, 何哉。曰, '……。' 然則世去太古也久矣, 遂可以盡復乎。曰, '未可也。' 然則其言之, 何也。曰, '禮至于兼三王, 樂至於備六代, 其文極矣。然而禮不以玄酒大羹, 而措之醴酒和羹之下, 樂不以嘒管淸商, 加之朱絃疎越之上者, 使人知禮樂之意, 所不得已者, 如彼, 而所欲反本復始者, 如此也。方斯時也, 孔子方求文武周公之墜緖, 而賡之, 老子論其道與世, 如此, 其意猶是而已。……。故聞古之治, 雖有什伯之器而不用, 有舟車而不乘, 有甲兵而不陳, 則擧大事用大衆, 非得已也。聞其民結繩而用之, 鄰國相望, 鷄犬相聞, 至老死而不相往來, 則煩文倦令, 督稽趣留, 而足迹接乎諸候之境, 車軌結乎千里之外, 非得已也。則不得已者, 常在於此, 而所欲復者, 常在於彼也。……。卽歿而不言, 猶屛玄水徹疎越, 其孰知禮之能儉, 而樂之節樂, 爲反本復始之意乎。夫聖人之言, 豈小補哉。'" *여길보의 주석은 『道藏』본에는 없어 『漢文大系』에 있는 것을 참고했음.

無家, 卑世學之迷其本,[2)] 有家, 嫌玄理之不綜物。各自主奴, 不相融
攝, 有無俱不成立, 而道術裂。夫老子之言, 曰[3)]有無相形, 非有, 無
以形無, 非無, 無以形有也。又曰, 無, 名天地之始, 有, 名萬物之母。
兩者, 同出而異名。有與無, 名異而同出, 有無即有有, 而天地之始,
與萬物之母, 非有異同, 非有先後也。

‘무無를 귀하게 여기는 학파’[無家]는 세속의 학문이 근본에 헷갈리는 것
을 비천하게 보고, ‘유有를 높이는 학파’[有家]는 현묘한 이치가 일을 처리
하지 못하는 것을 싫어하였다. 제각기 스스로 높이고 폄하하여 서로 융
합되지 못하니, 유와 무가 모두 성립하지 못하고 도술이 분열되었다. 『도
덕경』 2장에 "유와 무가 … 서로 드러낸다"[4)]고 했으니, 유가 아니면 무

---

1) 沈慶昊의 논문 「椒園 李忠翊의 『談老』에 관하여」 458-460쪽에 「후서」에 대한 그의
   번역이 있으니 참고하기 바란다.
2) 규장각의 『椒園遺藁』에 있는 「談老後序」(奎15733)에는 '本'자가 '夲'자로 되어 있다.
   이하 「談老後序」(奎15733)는 奎本이라고 하겠다.
3) 奎本에는 '有'자로 되어 있다. 바로 앞의 "老子之言"을 말 그대로 "노자의 말" 곧 『도
   덕경』으로 보면 해석이 매끄러워진다.
4) 『道德經』에 "有無相形"이란 말은 없다. 그러니 2장 "有無相生, 難易相成, 長短相
   形, 高下相傾, 聲音相和, 前後相隨。" 구절의 "有無相生"과 "長短相形"에서 "有無"와

를 드러낼 방법이 없고, 무가 아니면 유를 드러낼 방법이 없다. 또 1장에서 "무는 천지의 시작에 대해 이름 붙인 것이고, 유는 만물의 어미에 대해 이름붙인 것이다. …⁵⁾ 두 가지는 나온 곳이 같은데 이름이 다르다"고 했다. 그러니 유와 무는 이름이 다르지만 나온 곳이 같고 무가 있는 것은 바로 유가 있는 것이어서 천지의 시작은 만물의 어미와 동이同異가 있는 것이 아니고 선후先後가 있는 것이 아니다.

今有家之言曰, 至無者, 無以能生, 故始生者自生也, 以明其不生於無, 而自生之特有。夫天地生, 而後方有天地, 若指天地自生之始, 而號之曰有, 天地之名, 不立不成, 爲有。故因旣生之後, 推原自生之始, 而號之曰無, 此無因有而立名者。故曰同出而異名也。自生者, 不得不生者也, 自然者, 不得不然者也。天地以之高厚, 萬物以之芸芸, 旣生而然, 方謂之有。有有斯⁶⁾有無, 乃指其生而然者之始, 謂無也。生者自生, 順有而爲形然者。自然, 本⁷⁾無而語。故此其所以同出異名, 而强爲之字曰道者也。然則崇有而攻無, 與崇無而攻⁸⁾有, 卽朝三之論也。蓋以老子之言, 善無爲而貴淸靜。又曰萬物生於有, 有生於無, 似若無先於有者。此不能弘通文句之過也。如謂有有生萬物, 人知其不恊。何獨於上句必曰, 有無能生有乎。此蓋因旣生, 而原始之論也。

이제 유를 높이는 학파에서 "'지극한 무[至無]'란 아무것도 낳을 수 없기 때문에 처음으로 나온 것은 저절로 나온 것이다"⁹⁾라고 함으로써 무에

"相形"을 취해 축약해서 표현한 것이라고 봐야 한다.

5) 이충익의 글과 관계없이 『초원담노』 1장 원문에서 생략된 문구에 대한 표시이다.
6) 奎本에는 '斯'자가 '期'자로 되어 있다.
7) 奎本에는 '本'자가 '쵸'자로 되어 있다.
8) 奎本에는 '攻'자가 '卑'자로 되어 있다.
9) 『晉書(上)』, 「崇有論」, "夫至無者無以能生, 故始生者自生也。自生而必體有, 則有遺

서 나오지 않고 저절로 나오는 특이한 유를 밝혔다. 천지가 나온 다음에 천지가 있으니, 만약 천지가 어디에서 나오는 시작을 가리켜 유有라고 부른다면, 천지라는 이름이 성립되지 않았을 때가 유이다. 그러므로 이미 나온 다음에 근거해서 저절로 나오는 시작을 추구해 들어가 무無라고 부르니, 여기의 무는 유에 근거해서 이름이 성립된 것이다. 그러므로 "나온 곳이 같은데 이름이 다르다"라고 했다. 저절로 나오는 것이란 나오지 않을 수 없는 것이고, 저절로 그런 것이란 그렇게 되지 않을 수 없는 것이다. 천지가 이것으로 높고 두터우며, 만물이 이것으로 성대해지니, 이미 나와서 그렇게 된 것을 유라고 한다. 유가 있으면 이것은 무가 있는 것이니, 나와서 그렇게 되는 시작을 그대로 가리켜서 무라고 말한다. 나오는 것이란 저절로 나오는 것이니, 유를 따라 형태가 그렇게 되는 것이다. 저절로 그렇게 되는 것은 무를 근본으로 해서 말했다. 그러므로 이것은 나온 곳이 같은데 이름이 달라서 억지로 별명을 붙여 도라고 말하는 까닭이다. 그렇다면 유를 높이고 무를 공박하는 것과 무를 귀하게 여기고 유를 공격하는 것은 바로 조삼모사朝三暮四처럼 왈가왈부하는 것이니, 대개 노자의 말은 아무것도 함이 없음을 훌륭한 것으로 여기고 청정함을 귀하게 보는 것이기 때문이다. 또 40장에서 "만물은 유에서 나오고, 유는 무에서 나온다[10]"고 했으니, 무가 유에 앞선 것으로 본 것 같다. 그러나 이렇게 보는 것은 문구를 넓게 이해하지 못한 잘못이다. 만약 "유가 있어 만물을 낳았다"고 말한다면, 사람들은 그것이 이치에 맞는 말이 아님을 안다. 그런데 어째서 40장의 구절에서만 "무가 있어 유를 낳을 수 있다"고 굳이 말하겠는가? 이것은 대개 이미 나와 있던 것으로 말미암아 근본을 따져보려는 논의이다.

　而生虧矣。"

10)『초원담노』40장에는 "천하의 사물은 유有에서 나오고, 유는 무無에서 나온다.(天下之物生於有, 有生於無。)로 되어 있다.

當周之衰世之治, 方術者, 隨流逐迹,[11] 迷失原始, 詐僞並作, 天下
大亂。老子慨然思撟救之方, 亦曰反其本[12]而已。自然者, 不得不然,
不得不然者, 然乎然, 不然乎不然, 安常而已。是固天地之神教, 而
人物之弘軌也。若夫有無之辨, 聖人明言之曰, 同出而異名焉。今乃
昧於同出而異名之執, 則其亦末流之失, 而非道之全也。

주대 말기의 쇠약한 다스림 때문에 학술(術)이라고 하는 것이 유행을 따
르고 흔적을 좇아서 시작과 근원을 잃어버리니, 거짓된 것들이 아울러
일어나 천하가 크게 어지러워졌다. 노자가 분개해 그것을 바로 잡고 구
할 방법을 생각하고는 또한 근본으로 되돌아가는 것을 말했을 뿐이다.
저절로 그렇게 되는 것이란 그렇게 되지 않을 수 없는 것이고, 그렇게
되지 않을 수 없는 것이란 그런 것에서 그렇게 되고 그렇지 않은 것에서
그렇지 않게 되면서 항구한 것을 편하게 여기는 것일 뿐이다. 이것이 진
실로 천지의 신묘한 교화이고 사람들의 넓은 길이다. 유와 무에 관한 변
론이라면 성인께서 분명히 "나온 곳이 같은데 이름이 다르다"라고 말씀
하셨다. 그러니 이제 "나온 곳이 같은데 이름이 다르다"라는 구절에 어
두워서 생긴 집착이라면, 또한 말류의 잘못이고 도의 온전함이 아니다.

---

11) 奎本에는 '迹'자가 '跡'자로 되어 있다.
12) 奎本에는 '本'자가 '夲'자로 되어 있다.

부록

앞의 글 두 편 이광려의 「독노자오칙」과 신작의 「노자지략서」는 이광려와 신작이 남긴 글이다. 이미 알고 있듯이 이충익에게 이광려는 집안 아저씨이고 신작은 이종 사촌 동생이다. 이들 상호간의 긴밀한 영향을 독자들이 직접 눈으로 확인하라고 이광려와 신작의 『노자』에 대한 글 및 이광려에 대한 역자의 논문을 『부록』으로 더하여 함께 묶었으니 참고하기 바란다.

월암月巖 이광려李匡呂의
「노자를 읽음 다섯 가지 교훈 讀老子五則」

석천石泉 신작申綽의
「노자지략서老子旨略序」

이광려의 『독노자오칙』 분석

「노자를 읽음 다섯 가지 교훈 讀老子五則」[1]

1. 첫 번째 교훈[2]

道者, 路也, 人所共由也。[3] 人之有道, 猶夫道路然, 故以道[4]喩道。
旣曰道, 已名之矣, 夫非其生而俱者, 則道常無名。不得不謂之道,
而常無名。無名者, 常不去, 有名者, 不可常。故曰, 可道而非常道, 可
名而非常名。可道則非常道, 可名則非常名。

도道는 길[路]이니, 사람들이 함께 따라가는 것이다. 사람들에게 도道가
있는 것은 마치 도로와 같으므로 길[道]로 도道를 설명했다. 이미 도라고

---

1) 月巖 李匡呂, 『李參奉集』, 卷四, 8-13쪽. 韓國精神文化研究院에서 간행한 『江華學派
의 文學과 思想』(1) 256-264쪽에 鄭良婉 교수의 번역이 이미 있으니 참고하기 바란다.

2) 「첫 번째 교훈」이라는 소제목은 필자가 월암 이광려의 의도에 따라 임의로 붙인 것
이다. 곧 民族文化推進會에서 1999년에 간행한 『韓國文集叢刊』237 『李參奉集』
권4 「文」의 「독노자오칙」을 참고할 때, 다섯 단락으로 되어 있어 필자가 그것에 맞추
어 이름붙인 것일 뿐이다.

3) 『皇極經世書解』 「觀物外篇之四」, "一陰一陽之謂道, 道無聲無形, 不可得而見者也。
故假道路之道而爲名。人之有行, 必由乎道。一陰一陽, 天地之道也, 物由是而生, 由
是而成者也。

4) 이곳의 '道'자는 '路'자로 바꾸거나 또는 뒤에 '路'자를 붙여 '道路'로 해야 한다.

말해 벌써 이름을 붙였을지라도 만들어서 갖춘 것이 아니라면, 도는 항구히 이름이 없다. 도라고 하지 않을 수 없지만 항구히 이름이 없다. 이름 없는 것은 항구히 사라지지 않고, 이름 있는 것은 항구할 수 없다. 그러므로 "도라고 할 수 있어서 항구한 도가 아니고, 이름붙일 수 있어서 항구한 이름이 아니다"라고 했다. 도라고 할 수 있으면 항구한 도가 아니라는 것이고 이름붙일 수 있으면 항구한 이름이 아니라는 것이다.

名始於天地。而有天地之所始焉, 無其名, 而有其物。旣有矣, 不得不言, 故曰, 有, 名萬物之母。雖與物共名, 不可以與物而物之, 乃物之母也。其曰天地之始, 萬物之母, 乃名之有無耳, 非二言也。

이름은 천지에서 시작된다. 그런데 천지의 시작이 있는 것은 그 이름이 없는데도 '그 무엇'[其物]이 있는 것이다. 이미 있어 말하지 않을 수 없으므로, "있는 것은 만물의 어미에 대해 이름 붙인 것이다"라고 했다. 그러니 비록 사물과 이름을 함께 할지라도 사물과 함께 사물 취급할 수 없는 것이 바로 사물의 어미이다. 『노자』에서 '천지의 시작'과 '만물의 어미'라고 했던 것은 바로 '있는 것'[有]과 '없는 것'[無]으로 이름 붙였다는 것뿐이지 두 가지로 말하려는 것은 아니다.

此爲經之首章, 而第二句便說名, 所以因名辨實, 由顯而識微, 意在言外者也。故曰, 此兩者同出而異名, 同謂之玄。又曰 玄之又玄, 衆妙之門。此以心存默識, 而不可以名言也。自此以下第二至末章, 蓋其名言之餘耳。

이것은 『도덕경』 1장인데, 둘째 구절에서 갑자기 이름을 말한 것은 이름을 가지고 실질을 구분하고, 드러나는 것을 가지고 드러나지 않는 것을 인식하기 위함이니, 의미는 말 밖에 있다. 그러므로 "이 두 가지는 나온 곳이 같은데 이름이 다르니, 하나로 현묘하다(玄)고 한다"라고 했고, 또 "현묘하고 또 현묘한 것이 모든 묘한 것의 문이다"라고 했다. 이것은 묵묵히 마음속으로 알고 있어야 하는 것이지, 이름으로 말해서는 안 되는 것이다. 이 뒤로 2장부터 끝장까지는 대개 이름으로 말하는 나머지 것들일 뿐이다.

2. 두 번째 교훈

孔子曰, 道二, 仁與不仁而已。[5] 所以此第二章, 卽言美惡與善不善也,[6] 夫道之興廢, 天下之治亂, 豈有他哉。今所爲立言著書, 苦心喩人者, 又豈有他哉。美者美之實, 善者善之實, 而美之爲美, 善之爲善, 其名也。名實形矣, 善惡之所由生, 而道之興替, 天下之治亂係焉。

"도는 두 가지로 어짊과 어질지 않음일 뿐이다"라고 공자님께서 말씀하신 것은 『도덕경』 2장에서 바로 아름다움과 추함, 선함과 선하지 않음에 대해 말했기 때문이니, 도의 흥폐興廢와 천하의 치란이 어찌 다른 것에 있겠는가? 이제 견해를 내세우고 글을 써서 애써 사람들을 깨우치는 것이 또한 어찌 다른 것에 있겠는가? 아름다움은 아름다운 것의 실질이고, 선함은 선한 것의 실질이지만, 아름다움이 아름다운 것이 되고, 선함이 선한 것이 됨은 그 이름 때문이다. 이름으로 실질이 드러나면, 선한 것과 악한 것이 그것으로부터 나오니, 도의 흥폐와 천하의 치란이 여기에서 갈라진다.

---

5) 『孟子』「離婁章句上」, "孔子曰, 道二, 仁與不仁而已矣."
6) "卽言美惡與善不善也" 구절은 원문에 "卽言美惡善與不善也"로 되어 있는 것을 필자가 수정한 것이다.

有無之相生云云, 至前後之相隨, 勢也。有無也, 難易也, 長短也, 高下也, 音聲也, 前後也者, 名之所形也, 有而無, 難而易, 而名不可常矣, 而毀於道焉。古之聖人, 不使天下皆知美之爲美善之爲善, 而常使天下不離於善不離於美。

"있는 것과 없는 것이 서로 낳아준다"고 한 구절에서부터 "앞과 뒤가 서로 연결되게 한다"라고 하는 구절까지는 형세에 대한 것이다. 있는 것과 없는 것, 어려운 것과 쉬운 것, 긴 것과 짧은 것, 높은 것과 낮은 것, 음音과 성聲, 앞과 뒤는 이름으로 드러난 것이니, 있는 것인데 없는 것이고, 어려운 것인데 쉬운 것이어서 이름이 항구할 수 없고 도를 훼손하는 것이다. 옛날의 성인들께서는 천하가 모두 아름다움이 아름다운 것인 줄 선함이 선한 것인 줄 알지 못하도록 해서 천하가 선함과 아름다움에서 떠나지 못하도록 하셨다.

不言而已, 非不教也, 無爲而已, 非無事也, 弗居而已, 非無功也。非不言也, 不可言也, 非無爲也, 無可爲也, 非弗居也, 無可居也。

말하지 않았을 뿐이지 교화하지 않는 것이 아니고, 하는 일이 없었을 뿐이지 일삼지 않는 것이 아니며, 자처하지 않았을 뿐이지 공이 없는 것이 아니다. 말하지 않는 것이 아니지만 무엇을 말했다고 할 수 없고, 아무것도 하지 않은 것이 아니지만 무엇을 했다고 할 수 없으며, 아무것도 자처하지 않은 것이 아니지만 무엇을 자처했다고 할 수 없다.

聖人知名之不可常, 知勢之不可奪也。於是乎, 察其幾, 愼其微, 持滿御極, 而爲之豫焉。名實不二, 情僞不形, 天下常治, 風俗常厚, 而道常行, 歷千百世, 久而不失。向使古無聖人者, 天地幾於廢矣, 道幾於息矣。惟其終不可廢, 終不可息, 代有聖人而扶持之, 以爲民先。

성인께서 이름은 항구하게 할 수 없고 형세는 꺾을 수 없다는 것을 아셨다. 이에 그 조짐을 살피고 그 기미를 조심스럽게 해서 높은 자리를 지속하여 임금의 자리에 오르시고는 그것에 대비하셨다. 이름과 실질이 둘로 되지 않고 진실과 거짓이 드러나지 않아 천하가 항구하게 다스려지고 풍속이 항구하게 두텁게 되면, 도가 항구하게 실행되어 아무리 많은 세월이 흐를지라도 항구하게 잘못되지 않는다. 가령 옛날에 성인께서 계시지 않았다면 천지는 거의 없어졌을 것이고 도는 거의 사라졌을 것이다. 그런데 유독 끝내 천지가 없어지지 않고 도가 사라지지 않았으니, 대를 이어 성인들께서 계시면서 도를 떠받치고 지킴으로써 백성들의 솔선자가 되셨기 때문이다.

蓋去古益遠, 而民始疑於道矣。既而天下日亂, 風俗日薄, 聖人亦無如勢何。不得不使天下之人, 知惡之爲惡, 不善之爲不善, 以進人於善。故曰天下皆知美之爲美云云, 至不善已。以此進人, 而善者希矣, 於是乎, 道不在人, 而在於言, 聖人憂天下後世, 存其名而已。民疑於道, 而後道載空言。

대개 옛날에서 현재로 더욱 가까워지자 백성들이 도에 대해 생각하기 시작했다. 이미 천하는 날로 어지러워지고 풍속은 날로 야박해지니, 성인께서도 형세를 어떻게 할 수 없으셨다. 부득불 천하 사람들이 악함이 악한 것인 줄 알게 하고 선하지 않음이 선하지 않은 것인 줄 알게 해서 선함으로 나아가게 했다. 그러므로 "천하가 모두 아름다움이 아름다운 것인 줄 알게 하니 …… 선하지 않은 것일 뿐이다"라고 했다. 이렇게 사람들에게 나아갔는데도 선한 자가 드물었다. 이에 도가 사람에게 있지 않고 말에 있게 되니, 성인께서는 천하 후세의 사람들이 이름만 보존할까 염려하셨다. 백성들이 도를 의심한 이후에 도에 헛된 말이 실렸다.

人知老子之言道, 爲古之道也, 而不知古無是言。言之自老氏也。無
是言, 故有是道。無是道而後言焉。雖然言之所存者無幾, 僅其名也。
道之所存者, 猶在其所不知, 而天下未嘗自知也, 而道未始息也。則
老子之言, 豈不尤信然乎。然則老子之言, 言之可也, 不言亦可也, 而
言益妙矣, 言亦何可少也。

사람들은 노자가 말한 도가 옛날의 도라는 것을 알지만 옛날에는 도
에 대한 말이 없었다는 것을 모른다. 이런 말을 한 것은 노자가 처음이
다. 도에 대한 말이 없었으므로 도가 있었다. 도가 없어진 다음에 도에
대해 말했다. 비록 그럴지라도 말에 보존된 것은 거의 없으니 겨우 이름
정도이다. 도에 보존된 것은 오히려 알 수 없는 것에 있어 천하가 스스
로 알 수 없었는데도 도가 애초부터 사라진 적이 없었다. 그러니 노자
의 말이 어찌 더욱 믿음직스럽지 않겠는가? 그렇다면 노자의 말은 말로
해도 되고 하지 않아도 되어 말이 더욱 묘하니, 말을 또한 어찌 하찮다
고 할 수 있겠는가?

3. 세 번째 교훈

貴以賤爲本, 高以下爲基。是貴名於賤, 高名於下也, 是以侯王自謂
孤寡不穀。此有以見其以賤爲本, 而古者制名之義, 亦可見矣。夫賤
極於孤寡, 而孤寡者無所驕人。況得之孤寡, 而爲侯王, 而以驕之,
不亦危乎。故曰, 富貴而驕, 自遺其咎。又曰, 無以爲貞而貴高, 將恐
蹶。孤寡而驕乎人, 人所不受也。

귀한 것은 천한 것을 근본으로 하고 높은 것은 낮은 것을 기반으로 하
니, 이것은 귀한 것이 천한 것에서 이름 지어졌다는 것이고, 높은 것이

낮은 것에서 이름 지어졌다는 것이다. 이 때문에 왕후가 스스로 외로운 사람·덕이 부족한 사람·덜 여문 사람이라고 했다. 이것에서 왕이 천한 것을 근본으로 삼았다는 것이 드러나니, 옛날에 이름을 제정한 의도를 또한 알 수 있다. 외로운 사람과 덕이 부족한 사람들은 가장 천해서 그들이 사람들에게 교만하게 구는 일은 없다. 하물며 외로운 사람과 덕이 부족한 것을 얻어 왕후 노릇하는데 교만하게 행동한다면 또한 위태롭지 않겠는가? 그러므로 (9장에서) "부귀한데도 교만하면 스스로 허물을 남긴다"라고 했고, 또 (39장에서) "(왕후는) 바르고 고귀하게 될 방법이 없으면 넘어질까 염려된다"라고 했다. 외로운 사람이고 덕이 부족한데 사람들에게 교만을 떨면 사람들이 받아들이지 않는다.

侯王者, 自有其貴高, 甚危哉。且求爲孤寡, 不可得也, 貴高爲侯王, 而孤寡甚於匹夫匹婦。故古之人, 若不終日焉, 而敢驕乎。所惡惟孤寡不穀, 而貴者以爲稱, 則知所以處貴矣。所謂一在侯王, 豈有他哉。顧名而已矣。故曰, 數車無車。今夫輪輻衡軛之物, 所以爲車也, 然數之物, 而車無名焉。求其爲侯王, 而失其貴高, 所謂可名而非常名者也。夫輪輻衡軛所以爲車, 然輪自輪衡自衡, 不可以爲用。必也, 物不離車, 車不離物, 非物非車, 而有車之用焉。夫道亦若是。若夫碌碌者, 玉而已矣, 落落者, 石而已矣。碌碌落落之謂, 不道也。

왕후는 그 자체로 고귀함을 갖추고 있어 매우 위태롭다. 또 외로운 사람 노릇하고 덕이 부족한 사람 노릇하려고 해도 할 수 없으니, 고귀한 것으로는 왕후 노릇하지만 외로운 사람이고 덕이 부족함으로는 보통 사람들보다 못하다. 그러므로 옛 사람들은 하루도 넘기지 못할 것처럼 했는데 감히 교만을 떨겠는가? 싫어하는 것이 유독 외로운 사람이고 덕이 부족함인데도, 귀한 자가 그것을 호칭으로 삼았다면, 귀한 자리에서 어떻게 처신해야 되는지를 알고 있었던 것이다. 그러니 이른바 (39장의) 왕후에게서 '하나로 함'[一]이 어찌 다른 것에 있겠는가? 이름에 대해 반성하는 것일 뿐이다. 그러므로 (39장에서) "수레의 부품을 셀 경우 수레는 없어진다"고 했다. 바퀴·바퀏살·가로나무·멍에라는 부품이 수레를 이루는 것들이지만, 그 부품들을 헤아리다 보면 수레라는 이름은 사라진다. 왕후 노릇하려고 하면 그 고귀함을 상실하니, 이른바 (1장의) "이름붙일 수 있어서 항구한 이름이 아니다"라는 것이다. 바퀴·바퀏살·가로나무·멍에는 수레가 되는 부품이지만 바퀴는 스스로 바퀴이고 가로나무는 스스로 가로나무이니, 그것을 수레로 사용할 수는 없다. 틀림없는 것은 부품은 수레를 떠나있지 않고 수레는 부품을 떠나 있지 않으니, 부품도 아니고 수레도 아니지만 수레의 효용이 그것에 있다는 것이다. 도도 또한 이와 같다. 푸른빛을 내는 것이라면 옥일 뿐이고, 흔하고 흔한 것이라면 돌일 뿐이다. 푸른빛을 내는 것과 흔한 것에 대해서는 도라고 하지 않는다.

4. 네 번째 교훈

微生高未嘗不直也。其始也, 固有有, 而無無者也。旣而知直之爲直, 於是乎, 吝其名, 求爲之直焉耳。夫旣吝於名, 而求爲之直, 雖有有無無, 不足以爲直。況無而爲有, 而至於乞隣乎。故曰, 微生高之不直, 猶甚於罔之爲也。夫罔民之棄也, 不直之甚者也。以罔而視微生, 其賢不肖, 豈不懸矣。雖然一日捨其罔, 則直矣。

미생고가 곧지 않았던 것은 아니었다. (그도) 처음에는 진실로 있는 것은 있다고 하고 없는 것은 없다고 하는 자였다. 이윽고 곧음이 곧은 것이 됨을 알고 이때부터 곧은 것에 대한 이름을 탐해 곧은 것이 되기를 구하였다. 이윽고 이름을 탐해 곧게 되기를 구하면서 비록 있는 것을 있다고 여기고 없는 것을 없다고 여길지라도 그것으로는 곧게 여기는 것이 부족했다. 하물며 없는데도 있는 척하면서 이웃에게 얻다가 주기까지 함에랴.[7] 그러므로 미생고의 곧지 않음을 말했던 것이니, 오히려 속이는 것보다 심하기 때문이다. 백성을 속이는 것에 대해 멀리 내침은 곧지 않음이 심하기 때문이다. 속인 것을 가지고 미생고를 본다면, 그의 잘남과 못남이 어찌 현격하지 않겠는가? 비록 그렇다고 할지라도 하루라도 그 속이는 것을 버린다면 곧아진다.

罔之爲直, 不猶順而易乎。乃微生以直爲直, 宜其直不可勝用, 而常得枉焉。愈直而愈枉, 愈不捨直, 而愈不能直, 是微生之爲直, 直待其捨直, 而後爲之直, 而後直矣。夫捨直而爲之直, 不亦逆且難乎。是終身不復能直, 喪其直而已矣。此於罔之民, 又不反懸矣乎。善乎老子之言, 曰天下皆知善之爲善, 斯不善已。夫微生高猶是矣。

속이는 것을 곧게 하기란 오히려 이치대로 하는 것이어서 쉬운 것이 아니겠는가? 그런데 미생고는 곧음을 곧은 것으로 여겨 정말 곧은 것을 이루 다 쓸 수 없을 지경인데도 늘 잘못되었다. 곧게 할수록 더욱 잘못되고 곧은 것을 버리지 않을수록 더욱 곧게 될 수 없었던 것이 바로 미생고의 곧음이니, 다만 그가 곧음에 집착하지 않은 다음에 곧게 되어서 곧음을 앞세우지 않기를 기다려야 할 뿐이다. 곧음에 집착하지 않지만 곧게 되는 것은 이치를 역행하는 것이어서 또한 어렵지 않겠는가? 이것이 일생동안 다시 곧아질 수 없어 곧음을 잃게 된 것일 뿐이다. 이것은 속이는 백성들보다 더욱 어긋나게 멀리 벗어난 것이 아니겠는가? 훌륭하구나! "선함이 선한 것인 줄 천하가 모두 아는 것은 불선한 것일 뿐이다"라는 노자의 말이여. 미생고가 이와 같았구나.

---

7) 『論語』, 「公冶長第五」, "子曰, 孰謂微生高直。或乞醯焉, 乞諸其鄰而與之。"

聖人豈不知善之爲善, 而未嘗使天下皆知之也。但不使其及於惡而
已。厚其生安其俗, 不取於善, 不動於惡。古昔聖人之臨民御世, 能
久而不失者, 用此道耳。名實不二, 情僞不見, 歷數千百年, 而風俗不
失。使天下不知善之爲善, 而不離於善, 乃所謂至善也。惟其知善之
爲善, 而後無益於善之實, 無損於惡之情, 乃不知惡之爲惡, 而日趨
於惡矣。

성인께서 어찌 선함이 선한 것인 줄 알지 못해서 천하의 사람들이 모두
그것을 알지 못하도록 하셨겠는가? 단지 악에 미치지 못하도록 하셨을
뿐이다. 그 삶을 두텁게 하고 그 풍속을 편하게 함에 선을 취하지 않고
악을 요동치지 않게 했다. 옛날의 성인께서 백성들을 다스리고 세상을
제어하길 오래도록 하시면서 잘못되지 않으셨던 것은 이 도를 사용하
셨기 때문이다. 이름과 실질이 나누어지지 않으면 사실과 거짓이 드러
나지 않아 아무리 많은 세월이 흐를지라도 풍속이 잘못되지 않는다. 천
하의 사람들이 선함이 선한 것인 줄 알지 못하도록 했는데, 선에서 벗어
나지 않으니, 이른바 (『대학의』) 지극한 선이다. 오직 선함이 선한 것인 줄
알게 된 다음에는 선한 것의 실질에 보탬이 없고 악한 것의 실정을 덜어
냄이 없으면, 바로 악함이 악한 것인 줄 알지 못하여 날마다 악한 것으
로 달려간다.

微生之乞隣也, 固以爲爲直, 不知其爲不直也。且不知爲不直, 而知
其爲掠美爲市恩者乎。不知惡之爲惡, 而日趨於惡爾, 朱子斷之曰,
掠美市恩。不直之甚, 君子之所甚惡也。微生之爲人, 宜不至此, 而
原情擬律, 不得辭也。上世民容有不直者, 不直以爲直者, 與爲直而
不直者, 必知其無有也。此世道之益下, 不可以復古也。古者不欲使
天下知善之爲善, 後世乃不得不使天下知不善之爲不善。而老氏之
言, 亦言之自老氏耳, 古無有也。故曰, 老氏之言, 末世之言也。言之

以存其意也。

미생고가 이웃에서 식초를 빌린 것은 진실로 그것을 곧음을 행하는 것으로 생각해 곧지 않음이 되는 줄 몰랐기 때문이다. 또 곧지 않음인 줄 몰랐는데, 그것이 아름다움을 빼앗아 생색내는 것인 줄 알았겠는가? 악함이 악한 것인 줄 알지 못해 날마다 악한 것으로 달려갔으니, 주자가 "아름다움을 빼앗아 생색냈다"[8]고 단죄했다. 심하게 곧지 못함은 군자가 아주 미워하는 것이다. 미생고의 사람됨은 당연히 이 지경까지 이르지 않았지만 사실을 추적해서 법에 비춰보지 않을 수 없다. 상고시대 백성 중에 곧지 않은 자가 있을 수 있지만, 곧지 않은 것을 곧다고 하는 자와 곧은데 곧지 않다고 여기는 자는 없었다는 것을 반드시 알아야 한다. 이것은 세상의 도가 추락할수록 옛날로 돌아갈 수 없다는 것이다. 옛날에는 선함이 선한 것인 줄 천하가 알지 못하도록 했고, 후세에는 부득불 선하지 않음이 선하지 않은 것일 줄 천하가 알도록 했다. 그러나 노자의 말은 또한 노자에게서 나온 말일 뿐이니, 옛날에는 없었다. 그러므로 "노자의 말은 말세의 말이다"라고 한 것은 그것을 말해서 그 뜻을 보존하기 위함이다.

5. 다섯 번째 교훈

世之不直者, 甚多也, 而聖人未嘗言。獨於微生高 譏其乞隣之一事, 謂爲不直。則天下之不直 無甚於高者乎。是不然。微生之事乃甚微, 而天下之盜行而僞言者, 乃不可勝言也。雖然他人之不直者, 不直而已矣。微生之事, 旣不直矣, 又害直大焉。聖人之言, 爲其害直而言

---

8) 『論語』「公冶長第五」, 朱子註, "人來乞時, 其家無有, 故乞諸鄰家以與之。夫子言此, 譏其曲意殉物, 掠美市恩, 不得爲直也。"

之也。他人之不直者, 蓋亦有高之所賤惡而不爲矣。雖然無所害直,
則雖甚不直, 不直不甚也。事雖甚微, 且害於直, 則不直甚也。故聖
人之譏微生, 爲其害直而言之也。

세상에는 곧지 않은 경우가 아주 많지만 성인께서 말씀하신 적이 없다.
그런데 유독 미생고에 대해 이웃에서 식초 빌린 한 가지 일을 꾸짖어 곧
지 않다고 하셨다. 그렇다면 천하의 곧지 않은 것 가운데 미생고보다 심
한 경우가 없다는 말인가? 그렇지는 않다. 미생고의 일은 아주 미미하지
만 천하를 도적이 되게 하고 거짓말을 하게 한 것은 이루다 말할 수 없
다. 비록 그렇다고는 하지만 다른 사람들 중에 곧지 않은 경우는 곧지
않았을 뿐이다. 그런데 미생고의 일은 곧지 않을 뿐만 아니라 또 곧은
것을 해침이 크다. 성인의 말씀은 그것이 곧은 것을 해쳐서 언급했다는
것이다. 다른 사람들 중에 곧지 않은 경우는 대개 또한 미생고가 천시하
고 싫어해서 하지 않는 것이 있다. 비록 그렇다고 하지만 곧은 것을 해
치는 경우는 없으니, 비록 아주 곧지 않을지라도 곧지 않은 것이 심하지
는 않다. 일이 비록 아주 미미할지라도 또 곧은 것을 해친다면 곧지 않
은 것이 심하다. 그러므로 성인께서 미생고를 나무란 것은 곧은 것을 해
쳤기 때문에 그것을 말씀하신 것이다.

何爲其害於直也。爲其爲直, 而爲不直也。爲不直者, 固害於直, 猶
此爲不直, 而彼爲直, 人得以易見而取舍焉。爲直而爲不直者, 亂於
直, 人不得以易見。不但人不得易見, 有不能自見者。夫不直者, 猶對
直而直見焉。直而不直者, 不但不見其不直。而所謂直者以直亂直,
而遂亡焉, 豈不甚害矣乎。苟害於道, 事無大小, 聖人之所懼也。惡
夫似者, 而常愼其幾微, 以爲後世戒也。

어째서 미생고의 경우가 곧은 것을 해치는 것이 되는가? 곧은 것을 행했

는데 곧지 않은 것이 되었기 때문이다. 곧지 않은 것을 행한 경우는 곧은 것만 해쳐 오히려 이 사람이 곧지 않은 것을 행하는데 저 사람이 곧은 것을 행하면, 사람들이 쉽게 알아보고 취사선택한다. 곧은 것을 행했는데 곧지 않은 것이 되는 경우는 곧은 것을 어지럽혀 사람들이 쉽게 알아 볼 수 없다. 사람들이 쉽게 알아볼 수 없을 뿐만 아니라 스스로도 알 수 없는 것이 있다. 곧지 않은 경우는 오히려 곧은 것을 마주하면 곧은 것을 안다. 곧은데 곧지 않은 경우는 그 곧지 않은 것을 알 수 없을 뿐만이 아니다. 이른바 곧다는 것이 곧은 것으로써 곧은 것을 어지럽혀 마침내 사라지게 하니, 어찌 아주 해롭다고 하지 않겠는가? 도에 해가 되면 일의 크고 작음에 관계없이 성인께서 두려워하시는 바이다. 사이비를 미워하고 항상 그 기미를 조심함으로써 후세의 경계를 삼으신 것이다.

석천石泉 신작申綽의

「노자지략서老子旨略序」[1]

大道旣隱, 淳風日遠, 皇降而帝, 帝[2]降而王, 王降而覇, 忠臣薄於上,
詐僞飾於下。老君生于周末, 見周道之弊於文。救文無如以質。故其
所尊者, 虛靜寬簡樸信也, 所薄者, 聖知禮義巧利也。故曰, 爲善非
以爲名也, 而名隨之, 名不以爲利, 而利歸之, 利不與爭期, 而爭成
之。然則老子之黜仁義, 殆欲歸根反質, 而馴致不爭之德也。夫體無
而禦有, 因樸而止名, 貴愛其身, 而常善救人, 宏紆大辯, 而守之以
訥, 老氏之術, 有如是者。

대도가 쇠미해진 다음 순박한 풍속이 날로 멀어지니, 황皇은 강등해서
제帝로 되고, 제는 강등해서 왕王으로 되며, 왕은 강등해서 패覇로 되었
고, 위에서는 충신이 적어지며 아래에서는 거짓이 꾸며졌다. 노자는 주
대 말기에 태어나 주나라의 도가 '문식'[文]에서 잘못되는 것을 보았다.

---

1) 민족문화추진회에서 발간한 『韓國文集叢刊』 279권 『石泉遺稿』 卷二 515-516쪽에
「老子旨略序」가 있다. 심경호의 논문 「椒園 李忠翊의 『談老』에 관하여」 476-478쪽
에 「老子旨略序」에 대한 그의 번역이 있으니 참고를 바란다.

2) 원본은 필사본인데, 바로 위와 같은 글자가 이어지니 'ゝ'과 비슷한 상동표시로 다시
적는 번거로움을 피했다. 곧 원본에는 "皇降而帝, ゝ降而王, ゝ降而覇"로 되어 있다
는 것이다.

문식을 바로잡는 데는 '실질'[質]을 사용하는 것만 한 것이 없다. 그러므로 그가 높인 것은 '비움'[虛]·'고요함'[靜]·'너그러움'[寬]·'간결함'[簡]·'순박함'[樸]·'믿음직함'[信]이었고, 천시한 것은 '성스러움'[聖]·'지혜'[知]·'예의'[禮]·'의로움'[義]·'뛰어난 기술'[巧]·'이로움'[利]이었다. 그러므로 "선을 행하는 것은 이름을 위한 것이 아닌데도 이름이 뒤따르게 되고, 이름은 이로움을 위한 것이 아닌데도 이로움이 돌아오며, 이로움은 다툼을 기약한 것이 아닌데도 다툼이 이루어진다"라고 했다. 그렇다면 노자가 '어짊'[仁]과 '의로움'[義]을 내친 것은 거의 근본으로 되돌아가고 실질을 되찾아서 다투지 않는 덕을 순리대로 이룩하기 위함이다. 무無를 체득해 유有를 제어하고, 질박함으로 말미암아 이름을 멈추게 하며, 그 자신을 귀중히 여기고 아껴서 항상 사람들을 잘 구제하며, 아주 말 잘하는 것을 널리 구부러뜨려서 어눌함을 지키게 하니, 노자의 도술은 이와 같은 것에 있다.

莊周放於論, 而忽於靜訥, 故其失也任。楊朱厚於身, 而薄於救人, 故其失也劃。申韓拘於名, 而迷於知止, 故其失也慘。王何流於無, 而疏於利有,[3] 故其失也誕。此皆偏於一, 而蔽於二也。若虛而無誕任之失, 實而無慘劃之過, 緣督爲經, 游德之宅, 可以無爲無不爲, 而措神器於安泰, 倫天地之化育矣。故未聞單父之治下堂, 東海之政出閤。載寧一於齊國, 底刑措於漢文。或肥遯於五湖, 或輕擧於河上, 雖眞精緒餘, 所施殊別, 其源於道德, 則一也。

장주莊周[4]는 언론을 함부로 하고 조용히 말없이 있는 것을 소홀히 하

---

3) 필사본에는 '故'자 다음에 '有'자가 있다. 곧 "疏於利, 故有其失也誕"으로 되어 있는 것을 수정했다.
4) 장주: BC 4세기에 활동한 중국 도가 초기의 가장 중요한 사상가. 본명은 장주莊周로 그가 쓴 『장자莊子』는 도가의 시조인 노자가 쓴 것으로 알려진 『도덕경道德經』보다

였으므로 그 잘못은 '방종함'[任]에 있다. 양주楊朱[5]는 자신에게는 후하고 남을 구제하는 것에 야박했으므로 그 잘못은 '구분함'[劃]에 있다. 신불해申不害[6]와 한비자韓非子[7]는 이름에 구속되어 멈출 곳을 아는 데 혼미했으므로 그 잘못은 '무자비함'[慘]에 있다. 왕필王弼[8]과 하안何晏[9]은 무無로 절제 없이 흘러가 유有를 이롭게 보는 데 서툴렀으므로 그 잘못은 '허망함'[誕]에 있다. 이들은 모두 하나에 치우쳐 둘을 가렸다. 만약 비

더 분명하며 이해하기 쉽다. 장자의 사상은 중국불교의 발전에도 영향을 주었으며, 중국의 산수화와 시가詩歌에도 많은 영향을 미쳤다.

5) 양주(BC440~360년경): 전국시대(BC 475~221) 초기의 도가 철학자로 양자楊子·양자거楊子居·양생楊生이라고도 한다. 위魏나라 사람으로 중국 역사에서 철저한 개인주의자이며 쾌락주의자라는 비난을 받았다.

6) 신불해(BC 385년경~337): 중국 전국시대의 사상가. 정鄭나라의 경京 곧 하남성河南省 형양현滎陽縣 남동쪽 사람이다. 한韓나라 소후昭侯에게 가서 재상이 되었다. 내정內政을 정비하고 밖으로 다른 제후들과의 관계를 잘 이끌어 15년 만에 나라를 강성하게 만들었다. 그의 사상은 황노사상黃老思想에 기반을 두고 형刑과 명名을 중시했다. 또 술術을 중시했는데 이것에 대해서는 '군주가 재능에 따라 관리를 임명하고 직무에 근거해 업적을 평가하여 명名과 실實이 부합되도록 하며 절대적인 권위로써 신하들을 제어하는 것'이라고 『한비자韓非子』에서 설명했다. 술에 대한 그의 사상은 법가이론을 구성하는 중요한 성분이 되었다.

7) 한비자(?~BC 233): 중국의 법가 철학자. 진왕秦王 정政 곧 시황제始皇帝는 그의 전제정부에 관한 이론에 깊은 감명을 받아 BC 221년 중국을 통일한 후 이를 통일국가의 정치원리로 삼았다. 그의 이름을 따라 한비자로 명명된 그의 저서는 당시 법가 이론의 총괄이다.

8) 왕필(226~249): 중국 삼국시대 위魏나라의 철학자. 자는 보사輔嗣. 산양山陽 고평高平 곧 지금의 산동성山東省 금향현金鄕縣 사람이다. 상서랑尙書郎을 지냈다. 왕필은 24세의 나이로 죽을 때 이미 도교경전인 『도덕경道德經』과 유교경전인 『주역周易』을 주석했을 정도로 탁월한 학자였다.

9) 하안(193년경~249): 중국의 현학가·청담가. 남양南陽 완현宛縣 곧 지금의 하남河南 남양南陽 사람이다. 한漢나라의 외척 하진何進의 손자이다. 어려서 신동으로 이름을 떨쳤다. 노자와 장자의 학설을 따랐다. 어머니 윤씨가 조조曹操의 첩이 되어 궁에서 자랐으며, 후에 위魏나라의 공주와 결혼했다. 조조의 아들 조비曹조가 위나라를 세운 후에 궁 밖으로 쫓겨났다. 그러나 조상曹爽이 권력을 잡은 후 그의 심복이 되어 이부상서吏部尙書의 자리에 올랐다. 후에 사마司馬懿에게 살해당했다. 하안과 하후현夏侯玄·왕필王弼 등은 현학玄學을 창도하여 일대 새로운 기풍을 일으켰다.

우면서도 허망하고 방종하는 잘못이 없고 '실질'[實]이 있으면서도 무자비하고 구분하는 과실이 없어 말미암아 살피는 것을 법으로 삼고 덕德이라는 집에 노닐 수 있다면, 아무것도 하지 않으면서 하지 못하는 것이 없고 편안한 것에 신령스러운 그릇을 둘 수 있으니 천지의 화육과 하나 될 수 있다. 그러므로 아직까지 단보單父를 다스림에 관아 아래로 내려갔고[10] 동해의 정치가 문밖으로 나갔다는 말을 듣지 못했다. 편안함을 신는 것이 제나라에서 한결같아졌고 형벌을 줄이는 것이 한문제漢文帝[11]에게서 놓여졌다. 혹 오호五湖로 여유 있게 은둔했고 혹 강가로 가볍게 올라갔으니, 비록 참된 정수의 나머지로 베푸는 바가 아주 다를지라도 도덕에 근원을 둔 것이라면 하나이다.

老子曰, 吾言甚易知, 甚易行, 天下莫能知, 莫能行。竊苦其書辭之微妙難識, 仁智之見謂不同。爰自漢唐訖[12]于宋明, 玄言繹襲, 不啻屢數百家。或云兵家之秘, 或歸修養之詮, 或强合儒佛, 引喩失據。信乎道德之多岐, 玄門之難尋也。謹茲綜錯經文, 顚尾會通, 漁獵衆家, 要就簡實。蓋至理窈冥, 未可以多言窮也, 名曰旨略。

노자는 『도덕경』 70장에서 "나의 말은 아주 알기 쉽고 아주 행하기 쉬운데 천하에서 아무도 알지 못하고 아무도 행하지 못한다"라고 했다. 그러나 『도덕경』의 말이 미묘하고 알기 어렵고 어짊과 지혜에 대한 견해

---

10) 『呂氏春秋』「開春論」, 二曰。今有良醫於此, …。……。故曰堯之容若委衣裳, 以言少事也。宓子賤治單父, 彈鳴琴, 身不下堂而單父治。巫馬期以星出, 以星入, 日夜不居, 以身親之, 而單父亦治。巫馬期問其故於宓子。宓子曰, 我之謂任人, 子之謂任力。任力者故勞, 任人者故逸。宓子則君子矣, 逸四肢, 全耳目, 平心氣, 而百官以治義矣, 任其數而已矣。巫馬期則不然, 弊生事精, 勞手足, 煩教詔, 雖治猶未至也。

11) 한문제는 전한前漢 제 5대 임금으로 고조의 아들이다. 이름은 항恒이고, 23년간 재위에 있었는데, 인자공검仁慈恭儉하기로 이름난 임금이다.

12) 필사본에는 '汔'자로 되어 있다.

와 비평도 동일하지 않은 것 때문에 은근히 고통을 당하였다. 이에 한나라와 당나라에서부터 송나라와 명나라에 이르기까지 현묘한 말을 풀어 계승한 것이 수 백가뿐만이 아니었다. 혹은 병가의 비결로 이야기하고, 혹은 수양의 도리로 귀속시키며, 혹은 유가와 불가로 억지로 합치시켰지만 인용하고 설명하는 데에 근거가 없었다. 진실로 도덕은 갈래가 많고 현묘한 문은 찾기가 어렵구나! 삼가 이에 경문을 정리해 섞고 끝을 뒤집어 모으고 분산시키면서 모든 학설을 모았으니, 간략한 내용을 얻기 위함이다. 대개 지극한 이치는 그윽해서 많은 말로 궁구할 수 없기 때문에 『지략旨略』이라고 이름 붙였다.

且玆經相承旣久, 文句殘錯, 傳寫譌舛, 多少不一。有唐傅奕考覈衆本,[13] 勘數其文。項羽妾本,[14] 齊武平五年, 彭城人開項羽妾塚得之。安丘望之本,[15] 魏太和中, 道士寇謙之得之。河上丈人本,[16] 齊處士寇嶽傳之。三家本[17]有五千七百七十二字, 與韓非喩老相參。又洛陽有官本,[18] 五千六百三十五字。王弼本[19]有五千六百八十三字, 或五千六百一十字。河上公本[20]有五千三百五十五字, 或五千五百九十字。

그런데 또 『도덕경』은 서로 이어진지가 이미 오래되어 문구가 없어지기도 하고 뒤섞이기도 했으며 전하여 베끼면서 잘못되기도 하여 일치하지 않는 구절이 많다. 당唐나라 부혁傅奕[21]이 많은 본을 상고하고 조사하여

---

13) 필사본에는 '本'자로 되어 있다.
14) 필사본에는 '本'자로 되어 있다.
15) 필사본에는 '本'자로 되어 있다.
16) 필사본에는 '本'자로 되어 있다.
17) 필사본에는 '本'자로 되어 있다.
18) 필사본에는 '本'자로 되어 있다.
19) 필사본에는 '本'자로 되어 있다.
20) 필사본에는 '本'자로 되어 있다.
21) 부혁(554~639)은 수말隋末의 도사로 당초에 태사령이 되었다.

그 글자들을 감수하면서 헤아려 보았다. 항우첩項羽妾본은 제나라 무평武平 5년에 팽성인彭城人이 항우첩項羽妾의 무덤을 파헤치고 얻었다. 안구망지安丘望之[22)본은 위魏나라 태화太和 연간에 도사 구겸지寇謙之[23)가 얻었다. 하상장인河上丈人[24)본은 제齊나라 처사 구악寇嶽이 전했다. 이상 세 개의 본은 5,772자인데, 한비자의 「유로喩老」편과 서로 참조가 된다. 또 낙양洛陽에 관본官本이 있는데 5,635자이다. 왕필본은 5,683자인 것도 있고 5,610자인 것도 있다. 하상공본은 5,355자인 것도 있고 5,590자인 것도 있다.

唐宋諸公轉相祖述。義有未解, 隨意損益, 眞僞糾[25)雜, 悉難稱載。今依陸氏音義例, 悉分字別。句[26)義在兩通, 兼釋異同, 名異同釋文, 附卷後。

당나라와 송나라의 여러 학자들이 여기저기서 서로 학맥을 이어 서술하였다. 그런데 뜻이 풀리지 않는 곳이 있고, 의미를 따라 덜고 보태어 진위를 합치기가 복잡하니, 모두 드러내 실어 놓기는 어렵다. 이제 육덕명陸德明[27)의 음의례音義例에 의지해서 모두 글자의 차이를 나누었다. 그런데 의미가 양쪽으로 통하면, 같고 다른 것을 모두 해석해 『이동석

---

22) 안구망지는 한漢나라 장릉長陵 사람으로 자字는 중도仲都이고, 호號는 안구장인安丘丈人이다.
23) 구겸지(?~448)는 중국 남북조시대 북위北魏의 도가道家 사상가이다.
24) 하상장인은 전국말기戰國末期 고사高士의 이름이다.
25) 필사본에는 '糾'자로 되어 있다.
26) 필사본에 '別'자 다음에 방점이 있고, '句'자가 다른 글자들과 달리 글자가 다소 작으면서 글자를 써내려가는 가로 줄에서 글자 크기의 반 정도 오른쪽으로 치우쳐 있는 것으로 볼 때, 여기서 글을 끊어야 한다는 표시로 보인다. 그렇지 않다면 "구절의 의미가 양쪽으로 통하면(句義在兩通)"으로 해석하면 된다.
27) 육덕명은 당초의 유학자로 이름은 원랑元朗이다. 고조高祖때 국자박사國子博士가 되어 태자중윤太子中允을 겸하였다. 『경전석문經典釋文』 30권을 저술하였다.

문異同釋文』이라고 이름 붙여 책 뒤에 붙여 놨다.

時上之十七年三月甲子也, 申綱撰。
정조 17(1793)년 3월 갑자 일에 신경申綱[28]이 쓰다.

『노자지략』이 사라진 이유

심경호 교수는 "석천은 34세 되던 정조 16년(임자, 1792)에서 17년(계축)에 이르기까지 『노자지략』을 편찬하였다. 다만 이 책은 석천 몰후에 없어진 듯하여, 「석천일승石泉日乘」을 편하고 주를 붙인 이는, 정조 17년 3월 갑자의 「찬노자지략서撰老子旨略序」의 주에서 '지금 그 책은 전해지지 않고 서문만 있다(今其書不傳, 唯序文在)'라고 밝혔다"[29]라고 한다. 그런데 『노자지략』이 사라진 이유를 추적함에 그 윗대 곧 이광려의 『독노자오칙』과 이충익의 『초원담노』가 체제부정 곧 유학의 이념을 근본적으로 부정하고 있다는 점을 간과해서는 안 된다. 「독노자오칙」과 『초원담노』는 그 내용이 너무 간략해 『노자』를 깊이 연구하지 않았으면 그 의미 파악이 어렵지만 『노자지략』은 그렇지 않은 것 같다.

노자는 "나의 말은 아주 알기 쉽고 아주 행하기 쉬운데 천하에서 아무도 알지 못하고 아무도 행하지 못한다"라고 했다. 그러나 『도덕경』의 말이 미묘하고 알기 어려우며 어짊과 지혜에 대한 견해와 비평도 동일하지 않은 것 때문에 말할 수 없는 고통을 당하였다. 이에 한나라와 당나라에서 송나라와 명나라에 이르기까지 현묘한 말을 풀어 계승한 것이 수 백가뿐만이 아니었다. 혹은

---

28) 신작의 초명이 경綱이다.
29) 鄭良婉·沈慶昊, 『江華學派의 文學과 思想』(4), 한국정신문화연구원, 1999, 504쪽.

병가의 비기로 이야기하고 혹은 수양의 도리로 귀속시키며, 혹은 유가와 불가를 억지로 합치시켰지만 인용하고 설명하는 데에 근거가 없었다. 진실로 도덕은 갈래가 많고 현묘한 문은 찾기가 어렵구나! 삼가 이에 경문을 정리해 섞고 끝을 뒤집어 모으고 분산시키면서 모든 학설을 모았으니, 간략한 내용을 얻기 위함이다. 대개 지극한 이치는 그윽해 많은 말로 다할 수 없으니, 이름하여 『지략』이라고 하였다.[30]

독자들도 앞에서 이미 읽어보아 알 수 있는 것으로 이광려(1720~1783)의 「독노자오칙」은 이충익(1744~1816)의 『초원담노』에 지대한 영향을 미쳤으니, 그 내용을 읽어보면 『초원담노』가 「독노자오칙」을 벗어나지 않음을 즉시 확인할 수 있다. 이광려는 이충익의 집안 아저씨이자 스승이면서 강화도에 함께 살았으니 그들의 관계는 아주 밀착되어 있다. 그런데 신작(1760~1828)도 이충익과 이종사촌이고 같은 강화학파라는 점에서 그 관계 역시 아주 특수하다. 『초원담노』의 저술연대를 알 수 없기 때문에 『노자지략』과 저술의 선후관계를 알 수 없지만 나이 차이로 볼 때, 신작 역시 이광려와 이충익의 영향 아래 곧 혈연·지연·학연의 영향 아래 『노자지략』을 지었을 것으로 추측된다.

위에서 인용한 신작 자신의 말처럼 알기 쉽고 간략한 내용을 얻기 위해 『노자지략』을 지었다면, 유학을 부정하는 강화학파의 특성이 한 눈에 바로 드러나 정말 심각한 상황이 발생할 수 있다. 지금까지 역자가 고찰한 바로는 이들의 주석은 무척 어려워 『도덕경』에 식견 있는 사람들이 「독노자오칙」과 『초원담노』를 아주 꼼꼼히 살펴야만 그 반체제적인 특성을 겨우 파악할 수

---

30) 『老子旨略序』, "老子曰, 吾言甚易知, 甚易行, 天下莫能知, 莫能行. 竊苦其書辭之微妙難識, 仁智之見謂不同. 爰自漢唐訖于宋明, 玄言繹襲, 不翅屢數百家. 或云兵家之秘, 或歸修養之詮, 或强合儒佛, 引喩失據. 信乎道德之多岐, 玄門之難尋也. 謹玆綜錯經文, 顚尾會通, 漁獵衆家, 要就簡實. 盖至理窈冥, 未可以多言窮也, 名曰旨略."

있다. 아직까지 전공자들마저도 이들이 『노자』를 통해 성리학은 물론 원시유학까지 부정한다는 사실을 지적하지 못하는 것이 그 하나의 증거이다. 그런데 신작이 이광려와 이충익의 영향 아래 읽기 쉬운 주석을 냈다면, 그 상황이 달라져 신작은 물론 이광려와 이충익 집안 전체가 모두 함께 위험해질 수 있다.

『노자지략』이 체제이데올로기 부정과 관련이 있다면 그 전문은 그것이 완성된 1793(정조 17)년 계축년 바로 그 해에 사라졌을 가능성이 높다. 신작이 어짊과 지혜를 비판하는 『도덕경』의 참된 의미를 알기 위해 다양한 여러 학설을 참조한 것으로 볼 때, 이광려나 이충익처럼 노자의 관점에서 유학의 이념을 비판하는 것은 당연하다. 그러나 1791(정조 15)년 선비들이 천주교식 제례를 행하다가 사형당하는 신해사옥辛亥邪獄 곧 진산사건과 같은 시대적인 분위기에 압도당하지 않았을 수 없다. 살벌한 시대적인 분위기에 그 주석이 용납되지 않음을 깨닫고 신작 본인이나 누군가가 바로 수거하여 없애 버렸을 수 있다. 강화학파 대부분의 사활이 걸린 위험천만한 주석이 유통되도록 묵과할 수는 없기 때문이다.

이광려의 『독노자오칙』 분석[1]

김 학 목

1. 들어가는 말

주자성리학의 최고 정점에서 시작되는 조선시대의 『도덕경道德經』 주석은 보만재保晩齋 서명응徐命膺(1716~1787)의 『도덕지귀道德指歸』(1769~1777)만 다소 예외이고 모두 주자성리학의 폐단에 대한 반성과 보완이다. 첫 출발인 율곡 栗谷 이이李珥(1536~1584)의 『순언醇言』(1580년이나 그 이전)[2]은 성리학의 명분론 으로 무장한 관료들이 정쟁에 휘말려 벗어나지 못하고 오히려 더 가열시키는 것에 대해 절제와 마음 비움의 수양을 강조한 것이다.[3] 100년 정도 뒤지는 서계西溪 박세당朴世堂(1629~1703)의 『신주도덕경新註道德經』(1681) 역시 고원한 성리학을 기반으로 날로 치열해지는 당쟁을 『논어』의 "문질빈빈文質彬彬"으

---

1) 2011년 『인천학연구』 15호에 실린 「이광려의 『독노자오칙』 분석」이라는 역자의 논문 을 다소 수정하여 여기에 부록으로 실었다.
2) 김학목, 「江華學派의 『道德經』 주석에 관한 고찰」, 『東西哲學硏究』 34호, 한국동서 철학회, 2004, 278쪽.
3) 김학목, 「『醇言』에 나타난 栗谷의 經世思想」, 『民族文化』 25집, 민족문화추진회, 2002, 194-207쪽.

로 비판한 것이다.[4]

보만재 서명응의 『도덕지귀』가 다소 예외인 것은 그 주석이 통치이념과 무관한 선천역·내단사상·상수학 등과 깊이 관련되었기 때문이다.[5] 서명응보다 생졸시기가 약간 뒤지지만 엇비슷한 시기의 초원椒園 이충익李忠翊 (1744~1816)의 『초원담노椒園談老』(?)는 양명학과 불교사상이 가미된 것으로서 유학 이외의 새로운 세계관에 대한 모색이다.[6] 마지막으로 연천淵泉 홍석주 洪奭周(1774~1842)의 『정노訂老』(1813)는 이상의 주석에 대한 반동으로 주자성 리학에서 성리학을 제거하여 주자학을 원시유학으로 재정립하려는 것이다.[7] 이외에 석천石泉 신작申綽(1760~1828)의 『노자지략老子旨略』(1792~1793)이 있지만 그 서문만 현존한다.[8]

본고에서 논의하려는 강화학파 월암 이광려(1720~1783)의 「독노자오칙」은 이 충익의 『초원담노』 및 신작의 『노자지략』에 큰 영향을 미쳤다. 조선조 학자 들이 『도덕경』을 주석한 주된 이유 중의 하나는 『노자』의 마음 비움과 질박 함이 공자의 "문질빈빈"이나 원시유학과 일치하여 성리학을 보완할 수 있다

---

4) 김학목, 「『新註道德經』에 나타난 西溪의 體用論」, 『철학』 64집, 한국철학회, 2000, 42-51쪽.
5) 서명응(조민환·장원목·김경수 역주), 『도덕지귀』, 예문서원, 2008, 28-41쪽. 金文植, 「徐命膺 著述의 種類와 特徵」, 『한국의 경학과 한문학』, 태학사, 1996, 197-198쪽. 김학목, 「『道德指歸』編制에 나타난 保晩齋 徐命膺의 象數學」, 『哲學研究』 64집, 철학연구회, 2004, 36-48쪽.
6) 조남호, 「이충익의 노자 이해」, 『인문학연구』 15집, 경희대학교 인문학연구소, 2009, 131쪽. 김학목, 「李忠翊의 『椒園談老』 研究」, 『인천학연구』 2-2, 인천대학교 인천학 연구원, 2003, 289-299쪽.
7) 김학목, 「淵泉 洪奭周가 『道德經』을 주석한 목적」, 『철학연구』 60집, 철학연구회, 2003, 16-22쪽.
8) 李鍾殷, 『한국도교문화의 초점』, 아세아 문화사, 2000, 475-478쪽. (沈慶昊, 「초원 이 충익의 『談老』에 대하여」, V장.)

고 보기 때문인데, 본고에서 논할 「독노자오칙」은 "문질빈빈"마저도 이탈한다. 이광려는 실實이 문文 곧 명名으로 드러나면, 사람들이 그것에 집착해서 잘못된다고 한다. 그의 영향으로[9] 이충익은 젊은 시절 불교에 심취했고,[10] 또 『초원담노』에 불교 용어를 차용할 수 있었으며,[11] 신작 또한 위진현학까지 언급할 수 있었던 것이다.[12] 이광려는 이충익에게 집안의 아저씨이고, 신작은 이충익의 이종 동생이니, 그들의 학문은 더욱 서로 긴밀했을 것이다.[13]

이광려는 강화학파 중기의 일인으로[14] 조선후기 실학자로 평가된다. 그의 자는 성재聖載, 호는 월암月巖 또는 칠탄七灘으로 뛰어난 문장과 높은 학행으로 천거를 받아 참봉이 되었다. 그는 정종定宗의 열번째 아들 덕천군德泉君(厚生)의 후손으로서 명문가 출신이지만, 할아버지 대에서 경종과 영조의 왕위 계승을 둘러싼 정쟁에 휘말려 가문 전체가 기울고 말았다. 당쟁의 패배로 가계가 재기불능의 상태로 되었음에도 불구하고 그는 일본으로부터 고구마를 가져와 재배하는 것에 깊이 관여했고,[15] 또 중국으로부터 벽돌제조법을

---

9)『椒園遺稿』, 乾,「李參奉集序」, "君於忠翊, 父屬而師道也."

10) 조남호,「강화학파의 중흥」,『인천학연구』9, 인천대학교 인천학연구원, 2008, 164-170쪽. 유호선,「陽明學者 李忠翊의 佛敎觀 一考」,『한국어문학연구』48집, 한국어문학연구학회, 2007, 123-138쪽.

11)『초원담노』1장과 54章의 註에 나오는 '一眞'·'四大'·'六根'은 불교 용어이다.

12)「老子旨略序」, "王何流於而, 而疏於利有, 故其失也誕."* *『石泉遺稿』卷二,『韓國文集叢刊』279권, 민족문화추진회, 515-516쪽.「老子旨略序」에 대한 기존의 번역은 심경호의 논문「椒園 李忠翊의『談老』에 관하여」476-478쪽을 참고하기 바란다.

13) 申綽,『石泉遺稿』,「先戶曹參判宛丘府君墓碑」, "忠翊虞臣, 才氣古奇, 快飮辨博, 每麗澤惠好."

14) 徐慶淑,「初期 江華學派의 陽明學에 關한 研究」, 성균관대학교 대학원 박사학위논문, 2000, 14쪽.

15) 손진태,「감저전파고(甘藷傳播考)」,『진단학보』13집, 진단학회, 1941, 96-101쪽. 이현일,「이광려(李匡呂)의 실심실학(實心實學)과 경세학(經世學)」,『민족문학사연구』35집, 민족문학사학회, 2007, 108-109쪽.

알아내려고 노력한 결과 마침내 그 기술을 도입하게 하는 등으로 민생과 국익을 위해 동분서주하며 학자로서 전혀 흔들림 없는 꿋꿋한 삶을 살았다.[16)

이광려에 대한 연구는 어느 정도 진행되었다.[17)] 그의 「독노자오칙」은 몇 쪽 되지 않는 분량임에도[18)] 다소 성과를 이루어 문학적인 시각이 가미된 정양완의 번역이 있고,[19)] 철학적인 분석이 진행된 김윤경의 논문 두 편이 있다.[20)] 그런데 「독노자오칙」은 그 자신의 사상을 『노자』 설명에 고도로 압축한 것이어서 그 전체적인 의미 파악이 결코 쉽지 않다. 그 때문에 선행연구를 토대로 「독노자오칙」 전체를 빠짐없이 차례대로 살펴보면서 『노자』에 대한 이광려의 시각을 분석하겠다. 다만 지면 관계상 정양완의 번역과 김윤경의 분석은 중요한 부분 한 두 곳 외에 나머지는 거론하지 않았으니, 그것은 독자들이 별도로 비교해서 살펴보기를 바란다.

2. 「독노자오칙」의 분석

「독노자오칙」은 『노자』 1장·2장·39(9)장의[21)] 구절을 각각 하나의 단락으

---

16) 이현일, 「이광려(李匡呂)의 실심실학(實心實學)과 경세학(經世學)」, 111쪽-123쪽.
17) 이현일은 이광려에 대한 기존의 연구를 「이광려(李匡呂)의 실심실학(實心實學)과 경세학(經世學)」, 86-87쪽의 각주 5)에 잘 요약해 놨다. 손진태의 「감저전파고(甘藷傳播考)」 외에 중요한 연구는 이광려의 삶과 문학을 넓게 다룬 鄭良婉의 「月巖李匡呂論」(『江華學派의 文學과 思想』1, 한국정신문화연구원, 1993.), 吳壽京의 「李匡呂의 實學思想과 現實主義 文學世界」(『嶠南漢文學』5, 1993), 심경호의 「조선후기 지성사와 제자백가」(『한국실학연구』13, 한국실학학회, 2007)와 「강화학파 관련 새 자료의 발굴과 강화학파 연구의 과제」(『인천학연구』13, 인천대학교 인천학연구원, 2010.) 등이 있다.
18) 이광려, 『韓國文集叢刊』237, 『李參奉集』권4 「文」, 民族文化推進會, 1999, 297-300쪽.
19) 정양완, 『강화학파의 문학과 사상』, 256-264쪽.
20) 김윤경, 「이광려의 「독노자오칙讀老子五則」에 대한 독법(讀法)」, 『정신문화연구』32권 4호, 한국학중앙연구원, 2009. 김윤경, 「하곡학파의 『노자』 독법」, 『도교문화연구』33집, 한국도교문화학회, 2010.
21) 뒤의 「독노자오칙」 해석에 나오는 것으로서 이광려가 '세 번째 교훈'에서 『도덕경』

로, 또 『논어』에서 공자의 미생고 비판을 두 단락으로 나누어 곧 모두 다섯 단락으로 이광려가 『노자』를 통해 자신의 생각을 피력한 것이다. 현재 통용되는 민족문화추진회의 『이참봉집』을 참고할 때, '독노자讀老子'의 글자 크기는 제목 아래 설명되는 내용의 글자들이나 다른 제목과 동일한 크기인데, '오칙五則'은 '독노자'의 절반 정도 밖에 되지 않는다. 모본母本인 『이참봉집』[22]에는 「노자설老子說」로 되어 있고,[23] 「독노자오칙」의 내용이 『노자』에서 본받아야 할 교훈인 점을 참고할 때, 「오칙五則」이라는 말에는 그 내용을 다섯 단락으로 나눈 것 외에 '다섯 가지 교훈'이라는 의미가 더해진 것이다.[24]

이광려는 『노자』 1장·2장·39(9)장의 구절을 통해 『노자』 전체를 개괄함으로써 자신의 사상을 요약·정리했다. 곧 1장을 통해서는 이름으로 드러나지 않은 실질의 세계 곧 도道에 대해, 2장을 통해서는 도에서 벗어났을 때 복귀하는 방법에 대해, 39(9)장을 통해서는 왕후가 자신을 고아·덕이 적은 사람·덜 여문 사람으로 부르는 의미에 대해 설명했다. 그리고 나머지 두 단락에서는 공자의 미생고 비판을 『노자』의 관점에서 설명함으로써 노자의 사상을 공자의 미생고 비판에 적용시키고 있다. 그런데 공자의 미생고 비판이 일반적인 공자의 정명론과는 달라 그 자신은 물론 그를 잇는 강화학도 이충익과 신작이 유학을 벗어나는 사상적 기반을 제공하고 있다.

39장을 인용하여 설명함에 9장의 한 구절을 유일하게 더 보완했음을 밝힌다.

22) 이현일은 「이광려(李匡呂)의 실심실학(實心實學)과 경세학(經世學)」 87쪽에서 '통행본과 달리 완질이 아닌 초고본 6책이 별도로 후손들에게 전해져 연구가들이 소장하고 있다'고 한다.

23) 김윤경, 「하곡학파의 『노자』 독법」, 214쪽.

24) 글자 크기의 차이 때문에 「讀老子五則」이라는 제목을 「노자를 읽음에 다섯 가지 교훈」으로 번역할 수 없다. 만약 초고본의 「老子說」이라는 제목을 이광려 스스로 「讀老子五則」으로 수정했다면, 글자 크기를 작게 함으로써 보다 겸손하게 자신의 의견을 피력한 것이니, **노자를 읽음** - 다섯 가지 교훈 - 정도로 번역해야 할 듯하다. 정양완은 『강화학파의 문학과 사상』 256쪽에서 「노자를 읽고 다섯 가지」로 번역했다.

1) 첫 번째 교훈[25]

이광려는 『노자』1장의[26] 구절들을 필요에 따라 세 부분으로 나눠 이름[名]과 실질[實]이 분리되지 않은 도(道)에 대해 설명하고 있다. 곧 첫째 부분에서는 "도가도비상도道可道非常道, 명가명비상명名可名非常名."구절에 대해, 둘째 부분에서는 "무無, 명천지지시名天地之始, 유有, 명만물지모名萬物之母."구절에 대해, 셋째 부분에서는 "차양자此兩者, 동출이이명同出而異名, 동위지현同謂之玄。 현지우현玄之又玄, 중묘지문衆妙之門."구절에 대해 설명했다. 차례대로 먼저 "도가도비상도道可道非常道, 명가명비상명名可名非常名."구절에 대한 설명부터 살펴보자.

①[27] 도道는 길[路]이니, 사람들이 함께 따라가는 것이다. 사람들에게 도道가 있는 것은 마치 도로와 같으므로 길[道]로 도道를 설명했다. 이미 도라고 말해 벌써 이름을 붙였을지라도 만들어서 갖춘 것이 아니라면, 도는 영원히 이름이 없다. 도라고 하지 않을 수 없지만 영원히 이름이 없다. 이름 없는 것은 영원히 사라지지 않고, 이름 있는 것은 영원할 수 없다. 그러므로 "도라고 할 수 있어서 영원한 도가 아니고, 이름붙일 수 있어서 영원한 이름이 아니다"라고 했다. 도라고 할 수 있으면 영원한 도가 아니라는 것이고 이름붙일 수 있으면 영원한 이름이 아니라는 것이다.(道者, 路也, 人所共由也。人之有

---

25) 「첫 번째 교훈」이라는 소제목은 필자가 이광려의 의도에 따라 임의로 붙인 것이다. 곧 『韓國文集叢刊』237에 있는 『李參奉集』권4「文」의 '독노자오칙'을 참고할 때, 다섯 단락으로 나누어져 있어 그것에 맞추어 필자가 이름붙인 것일 뿐이다. 이하 모두 동일하다.

26) 『椒園談老』1장, "道可道非常道, 名可名非常名。無, 名天地之始, 有, 名萬物之母。故常無欲以觀其妙, 常有欲以觀其徼。此兩者, 同出而異名, 同謂之玄。玄之又玄, 衆妙之門。"＊『椒園談老』를『노자』원문으로 제시한 것은 이광려와 이충익의 학문적 연관성을 고려했기 때문이다. 나머지도 동일하다.

27) 이하 원 기호는 논의의 전개를 편리하게 하기 위해 필자가 임의로 붙인 것인데, 「독노자오칙」의 전개 순서대로 생략 없이 따른 것임을 밝힌다.

道, 猶夫道路然, 故以道[28]喩道。旣曰道, 已名之矣, 夫非其生而俱者, 則道
常無名。不得不謂之道, 而常無名。無名者, 常不去, 有名者, 不可常。故曰,
可道而非常道, 可名而非常名。可道則非常道, 可名則非常名。)

이광려는 "도가도비상도道可道非常道, 명가명비상명名可名非常名." 구절을
해석하기 위해 먼저 도에 대해 길로 정의하고는 그 이유로 사람들이 함께 따
라가는 것이기 때문이라고 한다. 그런데 여기서 이광려가 도라는 이름을 사
용한 것은 실질의 세계를 형이상학적으로 전제하기 위한 방편이다. 실질 그
자체는 이름으로 분리된 이후의 세계와는 전혀 다르다. 그 때문에 그는 도에
대해 "이미 도라고 말해 벌써 이름을 붙였을지라도 만들어서 갖춘 것이 아니
라면, 도는 영원히 이름이 없다. 도라고 하지 않을 수 없지만 영원히 이름이
없다"라고 애써 강조했던 것이다. 이어지는 "무無, 명천지지시名天地之始, 유
有, 명만물지모名萬物之母." 구절 이하의 설명을 보면 그 의미가 더 분명해진다.

② 이름은 천지에서 시작된다. 그런데 천지의 시작이 있는 것은 그 이름이
없는데도 '그 무엇'[其物]이 있는 것이다. 이미 있어 말하지 않을 수 없으므로,
"'있는 것'[有]은 만물의 어미에 대해 이름 붙인 것이다"[29]라고 했다. 그러니

---

28) 필자가 보기에 이곳의 '道'자는 '路'자의 의미 또는 '道路'의 의미이다.
29) 김윤경은 「이광려의 「독노자오칙讀老子五則」에 대한 독법(讀法)」 119쪽에서 ①의
인용문 "이름 없는 것은 영원히 사라지지 않고, 이름 있는 것은 영원할 수 없다. 그
러므로 '도라고 할 수 있어서 영원한 도가 아니고, 이름붙일 수 있어서 영원한 이름
이 아니다.(無名者, 常不去, 有名者, 不可常。故曰, 可道而非常道, 可名而非常名。)'"라는
이광려의 말을 『노자』 본문 "道可道非常道, 名可名非常名." 구절의 해석으로 제한
하지 않고, "無名天地之始, 有名萬物之母." 구절까지 연결시켰다. 이 때문에 이광려가
인용한 『노자』 본문 "故曰, 有, 名萬物之母." 구절에 대해 "때문에 유명은 만물의 어
미라고 한 것이다.(故曰, 有名萬物之母。)"라고 해석했던 것이다. 필자가 김윤경과 다
르게 해석하는 이유는 바로 앞의 "이름은 천지에서 시작된다. 그런데 천지의 시작
이 있는 것은 그 이름이 없는데도 '그 무엇'[其物]이 있는 것이다. 이미 있어 말하지
않을 수 없으므로(名始於天地。而有天地之所始焉, 無其名, 而有其物。旣有矣, 不得不
言,)"라는 주석에서 '있는 것'[有]을 언급한 것 외에 이어지는 주석에서 또 "그러므로

비록 사물과 이름을 함께 할지라도 사물과 함께 사물 취급할 수 없는 것이 바로 사물의 어미이다. 『노자』에서 '천지의 시작'과 '만물의 어미'라고 했던 것은 바로 '있는 것'[有]과 '없는 것'[無]으로 이름 붙였다는 것뿐이지 두 가지로 말하려는 것은 아니다.(名始於天地。而有天地之所始焉, 無其名, 而有其物。旣有矣, 不得不言, 故曰, 有, 名萬物之母。雖與物共名, 不可以與物而物之, 乃物之母也。其曰天地之始, 萬物之母, 乃名之有無耳, 非二言也。)

이광려는 이름이 천지에서 시작되기 전에 이름 없이 '있는 것'[有]이 있어 이것을 만물의 어미라고 이름 붙였으니, 사물과 동일하게 취급해서는 안된다고 하면서 '만물의 어미'와 '천지의 시작'은 이름이 다를지라도 동일한 것이라고 한다. 그에게 만물의 어미는 실질이 이름으로 분리되기 이전에 있는 것이기 때문에 사물과 똑같이 취급할 수 없는 것 곧 앞 구절에서 언급된 '영원한 이름'[常名]이고 '영원한 도'[常道]이다. "차양자此兩者, 동출이이명同出而異名, 동위지현同謂之玄。현지우현玄之又玄, 중묘지문衆妙之門。"구절의 설명에서 이름 곧 드러나는 것을 언급한 이유에 대해 설명한다.

'이 두 가지는 나온 곳이 같은데 이름이 다르니, 하나로 현묘하다고 한다'라고 하고는 또 '….'라고 했다. 이것은 묵묵히 마음속으로 알고 있어야 하는 것이지, 이름으로 말해서는 안되는 것들이다.(故曰, 此兩者同出而異名, 同謂之玄。又曰, …。此以心存黙識, 而不可以名言也。)"라고 했기 때문이다. 곧 유명과 무명으로 이름이 다른 것이 아니라 있는 것과 없는 것으로 이름이 다르고, 또 유명과 무명이라는 이름이 아니라 있는 것과 없는 것이라는 이름으로 말해서는 안되는 것들이기 때문이다. 다시 말해 '있는 것'[有]과 '없는 것'[無]은 이름으로 말할 수 있지만 유명과 무명은 이름으로 말할 수 없다는 것이다. 또한 간접적인 논증으로 이충익의 『초원담노』를 염두에 두었다. 곧 3장에서 다룰 내용으로 이광려의 관점을 이어받는 이충익은 『초원담노』 1장 본문 "無, 名天地之始, 有, 名萬物之母。" 구절의 주석에서 "천지가 존재하기 이전은 無라고 이름 붙이고, 만물이 생겨 나온 이후는 有라고 이름 붙인다.(天地未有, 名之曰無, 萬物旣生, 名之曰有。)"라고 한 것을 참고했다. 정양완은 『江華學派의 文學과 思想』 3. 「노자를 읽고 다섯 가지」 256쪽에서 이광려가 인용한 『노자』 본문 "故曰, 有名萬物之母。" 구절에 대해 "그러므로 만물의 모체라는 이름이 있다"로 해석했음을 밝힌다.

③ 이것은 『도덕경』 1장인데, 둘째 구절에서 갑자기 이름을 말한 것은 이름을 가지고 실질을 구분하고, 드러나는 것을 가지고 드러나지 않는 것을 인식하기 위함이니, 의미는 말 밖에 있다. 그러므로 "이 두 가지는 나온 곳이 같은데 이름이 다르니, 하나로 현묘하다고 한다"라고 하고는 또 "현묘하고 또 현묘한 것이 모든 묘한 것의 문이다"라고 했다. 이것은 묵묵히 마음속으로 알고 있어야 하는 것이지, 이름으로 말해서는 안되는 것들이다. 이 뒤로 2장부터 끝장까지는 대개 이름으로 말하는 나머지 것들일 뿐이다.(此爲經之首章, 而第二句便說名, 所以因名辨實, 由顯而識微, 意在言外者也。故曰, 此兩者同出而異名, 同謂之玄。又曰, 玄之又玄, 衆妙之門。此以心存默識, 而不可以名言也。自此以下第二至末章, 蓋其名言之餘耳。)

『노자』 1장에서 '이름'[名]은 '실질'[實] 그 자체를 깨닫기 위한 교량일 뿐이다. 그래서 이광려는 의미는 말 밖에 있다고 하면서 다시 『노자』 1장의 종결구로 자신의 말을 확증시켰던 것이다. 실질의 세계 곧 도는 말해서는 안되고 마음으로 묵묵히 알고 있어야 하는 것이다. 실질의 세계를 이름으로 지칭하면 부작용이 생기니, 이광려는 이것에 대해 『老子』 2장과 39(9)장 및 공자의 미생고 비판을 가지고 설명한다.

2) 두 번째 교훈

이광려는 『노자』 2장의[30] 첫 번째 구절 곧 "천하개지미지위미天下皆知美之爲美, 사오이斯惡已, 개지선지위선皆知善之爲善, 사불선이斯不善已."를 풀이하기 위해 맹자가 "도는 두 가지로 어짊과 어질지 않음일 뿐이다"라고 인용한

---

30) 『椒園談老』 2장, "天下皆知美之爲美, 斯惡已, 皆知善之爲善, 斯不善已。故有無相生, 難易相成, 長短相形, 高下相傾, 聲音相和, 前後相隨。是以聖人處無爲之事, 行不言之敎。萬物作焉而不辭, 生而不有, 爲而不恃, 功成而不居。夫唯不居, 是以不去。"

공자의 말을[31] 전제로 삼고 있다. 곧 이광려가 보기에 도가 흥하고 천하가 다
스려지는 까닭은 실질의 세계에서 벗어나지 않았기 때문이고, 도가 없어지고
천하가 어지러운 까닭은 실질의 세계를 이름으로 지칭하여 드러냈기 때문이
다. 이런 점에서 도는 두 가지일 뿐이라고 공자의 말을 인용했던 것이다.

①"'도는 두 가지로 어짊과 어질지 않음일 뿐이다'라고 공자께서 말씀하셨
다." 그래서 『도덕경』 2장에서 바로 아름다움과 추함, 선함과 선하지 않음에
대해 말했던 것이니, 도의 흥패興廢와 천하의 치란治亂이 어찌 다른 것에 있
겠는가? 이제 견해를 내세우고 글을 써서 애써 사람들을 깨우치는 것이 또
한 어찌 다른 것에 있겠는가? 아름다움은 아름다운 것의 실질이고, 선함은
선한 것의 실질이지만, 아름다움이 아름다운 것이 되고, 선함이 선한 것이
됨은 그 이름 때문이다. 이름으로 실질이 드러나면, 선한 것과 악한 것이 그
것으로부터 나오니, 도의 흥폐와 천하의 치란이 여기에서 갈라진다.(孔子曰,
道二, 仁與不仁而已。所以此第二章, 卽言美惡與善不善也,[32] 夫道之興廢,
天下之治亂, 豈有他哉。今所爲立言著書, 苦心喩人者, 又豈有他哉。美者美
之實, 善者善之實, 而美之爲美, 善之爲善, 其名也。名實形矣, 善惡之所由
生, 而道之興替, 天下之治亂係焉。)

인용문의 요지는 실질적인 선함과 아름다움을 이름으로 지칭하여 강조하
면 할수록 오히려 세상이 좋아지는 것이 아니라 더욱 더 나쁘게 될 뿐이라는
것이다. 이광려의 설명대로 하면, 『노자』 2장 첫 구절의 해석은 "아름다움이
아름다운 것인 줄 천하가 모두 아는 것은 추한 것일 뿐이고, 선함이 선한 것
인 줄 모두 아는 것은 불선한 것일 뿐이다.(天下皆知美之爲美, 斯惡已, 皆知善之

---

31) 『孟子』 「離婁章句上」, "孔子曰, 道二, 仁與不仁而已矣。"
32) "卽言美惡與善不善也" 구절은 원문에 "卽言美惡善與不善也"로 되어 있는 것을 필
자가 수정한 것이다.

爲善, 斯不善已。)"로 된다.[33] 이런 의미를 공자의 어짊과 어질지 않음으로 환원하면, 선함과 아름다움과 같은 어짊을 드러내면 의도와는 달리 나쁘게 곧 어질지 않게 된다는 의미에서 도는 어짊과 어질지 않음 일 뿐이라는 것이다.

② "있는 것과 없는 것이 서로 낳아준다"고 한 구절에서부터 "앞과 뒤가 서로 연결되게 한다"라고 하는 구절까지는 형세에 대한 것이다. 있는 것과 없는 것, 어려운 것과 쉬운 것, 긴 것과 짧은 것, 높은 것과 낮은 것, 음音과 성聲, 앞과 뒤는 이름으로 드러난 것이니, 있는 것인데 없는 것이고, 어려운 것인데 쉬운 것이어서 이름이 영원할 수 없고 도를 훼손하는 것이다. 옛날의 성인들께서는 천하가 모두 아름다움이 아름다운 것인 줄 선함이 선한 것인 줄 알지 못하도록 해서 천하가 선함과 아름다움에서 떠나지 못하도록 하셨다.(有無之相生云云, 至前後之相隨, 勢也。有無也, 難易也, 長短也, 高下也, 音聲也, 前後也者, 名之所形也, 有而無, 難而易, 而名不可常矣, 而毁於道焉。古之聖人, 不使天下皆知美之爲美善之爲善, 而常使天下不離於善不離於美。)

이어지는 『노자』 2장의 두 번째 구절 곧 "고유무상생故有無相生, 난이상성難易相成, 장단상형長短相形, 고하상경高下相傾, 성음상화聲音相和, 전후상수

---

33) 김윤경은 「이광려의 「독노자오칙讀老子五則」에 대한 독법(讀法)」 124쪽에서 "…, 『노자』의 '천하 사람들이 모두 아름다운 것은 저 추함일 뿐이고, 모두 착한 이를 착하다고 여기는 것은 저 불선일 뿐이다.'에서의 미(美)와 악(惡), 선(善)과 불선(不善)은 그 상대적인 관념들이 상생의 구조로 이루어져 있다는 것을 밝히려는 것으로 보인다"라고 하면서 125쪽에서 "그 명에 — 예를 들면 '미(美)'와 '선(善)' — 걸맞는 실질이 없기 때문에 이를 통해서 선과 악이 생기고 세상이 혼란스러워진다는 것이다"라고 함으로써 필자와 다르게 분석하고 있다. 곧 김윤경의 시각을 따르면, 공자의 "문질빈빈"과 노자의 사상이 서로 어긋나지 않으니, 필자의 관점과 다르다. 심경호는 「이광려의 서찰에 관한 일고찰」(『어문논집』 63, 민족어문학회, 2011) 281쪽 각주 34)에서 "이광려는 …. 또한 『노자』의 '천하 사람이 모두 어짊의 어짊 됨을 알게 되자 곧 어질지 않아졌을 따름이다'에 동의하여, 이름과 실체, 진정과 허위의 분별지가 없는 상태를 지선(至善)이라고 보았다"라고 함으로써 필자와 유사한 입장을 취하고 있다.

前後相隨。"는 형세에 따라 실질에 대해 이름을 붙여서 드러난 것들이니, 도를 해치는 것들이고 영원할 수 없는 것들이다. 그러니 옛날의 성인들께서는 무엇이 아름답고 선한 행위인지 천하의 사람들이 아무도 모르게 했던 것이다. ①에서 "이제 견해를 내세우고 글을 써서 애써 사람들을 깨우치는 것이 또한 어찌 다른 것에 있겠는가?"라고 이광려가 말한 의미가 여기서 분명하게 드러난다. 곧 노자가 『도덕경』을 남긴 이유는 '실질'[實]을 '이름'[名]으로 드러내서는 안된다는 것에 대해 강조하기 위한 것이라는 말이다.

③ 말하지 않았을 뿐이지 교화하지 않은 것이 아니고, 하는 일이 없었을 뿐이지 일삼지 않는 것이 아니며, 자처하지 않았을 뿐이지 공이 없는 것이 아니다. 말하지 않는 것이 아니지만 무엇을 말했다고 할 수 없고, 아무것도 하지 않은 것이 아니지만 무엇을 했다고 할 수 없으며, 아무것도 자처하지 않은 것이 아니지만 무엇을 자처했다고 할 수 없다.(不言而已, 非不教也, 無爲而已, 非無事也, 弗居而已, 非無功也。非不言也, 不可言也, 非無爲也, 無可爲也, 非弗居也, 無可居也。)

이상의 인용문은 이어지는 『노자』 본문 곧 "시이성인처무위지사是以聖人處無爲之事, 행불언지교行不言之教。"라는 구절을 설명한 것이다. 실질을 이름으로 드러내지 않음으로써 선함과 아름다움을 강조하지 않으니, 성인은 일 없는 일삼음을 유지하고 말하지 않는 교화를 행함으로써 세상을 제대로 다스린다는 것이다. 드러내지 않음으로 세상을 다스렸으니, 아무 것도 하지 않은 것이 아니지만 무엇을 했다고 할 수도 없는 묘한 것이다.

④ 성인께서 이름은 영원히 할 수 없고 형세는 꺾을 수 없다는 것을 아셨다. 이에 그 조짐을 살피고 그 기미를 조심스럽게 해서 높은 자리를 지속하여 임금의 자리에 오르시고는 그것에 대비하셨다. 이름과 실질이 둘로 되지 않고

진실과 거짓이 드러나지 않아 천하가 영원히 다스려지고 풍속이 영원히 두텁게 되면, 도가 영원히 실행되어 아무리 많은 세월이 흐를지라도 영구히 잘못되지 않는다. 가령 옛날에 성인께서 계시지 않았다면 천지는 거의 없어졌을 것이고 도는 거의 사라졌을 것이다. 그런데 유독 끝내 천지가 없어지지 않고 도가 사라지지 않았으니, 대를 이어 성인들께서 계시면서 도를 떠받치고 지킴으로써 백성들의 솔선자가 되셨기 때문이다.(聖人知名之不可常, 知勢之不可奪也。於是乎, 察其幾, 愼其微, 持滿御極, 而爲之豫焉。名實不二, 情僞不形, 天下常治, 風俗常厚, 而道常行, 歷千百世, 久而不失。向使古無聖人者, 天地幾於廢矣, 道幾於息矣。惟其終不可廢, 終不可息, 代有聖人而扶持之, 以爲民先。)

위의 인용문은 어쩔 수 없이 실질이 이름으로 드러날지라도 다시 실질로 돌아가는 방법을 성인께서 대비해 놓으셨기 때문에 세상이 망하지 않고 유지된다는 것이다. 실질로 돌아가는 방법은 바로 『노자』 2장의 첫 구절이다. 곧 선함이 선한 것인 줄 아름다움이 아름다운 것인 줄 알게 하는 것은 사람들을 선하게 아름답게 하는 것이 아니라 도리어 불선하고 악하게 하는 것이니, 이것을 깨달아야 그렇게 하지 않는다는 것이다. 이광려는 바로 이어서 이것에 대해 설명하고 있다.

⑤ 대개 옛날에서 현재로 더욱 가까워지자 백성들이 도에 대해 생각하기 시작했다. 이미 천하는 날로 어지러워지고 풍속은 날로 야박해지니, 성인께서도 형세를 어떻게 할 수 없으셨다. 부득불 천하 사람들이 악함이 악한 것인 줄 알게 하고 선하지 않음이 선하지 않은 것인 줄 알게 해서 선함으로 나아가게 했다. 그러므로 "천하가 모두 아름다움이 아름다운 것인 줄 알게 하니 …… 선하지 않은 것일 뿐이다"라고 했다. 이렇게 사람들을 선함으로 나아가게 하면 선한 자가 드물게 되어 이에 도가 사람에게 있지 않고 말에 있게 되니, 성인께서는 천하 후세의 사람들이 이름만 보존할까 염려하셨다. 백성들이 도

에 대해 생각한 이후에 도에 헛된 말이 실렸다.(蓋去古益遠, 而民始疑於道矣. 旣而天下日亂, 風俗日薄, 聖人亦無如勢何. 不得不使天下之人, 知惡之爲惡, 不善之爲不善, 以進人於善. 故曰天下皆知美之爲美云云, 至不善已. 以此進人, 而善者希矣, 於是乎, 道不在人, 而在於言, 聖人憂天下後世, 存其名而已. 民疑於道, 而後道載空言.)

그런데 위의 인용문에서 조심스럽게 되새겨야 할 구절이 있으니, 바로 "부득불 천하 사람들이 악함이 악한 것인 줄 알게 하고 선하지 않음이 선하지 않은 것인 줄 알게 해서 선함으로 나아가게 했다"는 것이다. 이 구절의 의미는 선함과 아름다움을 드러내는 것이 불선함이고 추함이니, 이것을 깨닫고 그렇게 하지 말라는 의미이다. 그래서 바로 이어 『노자』 2장의 첫 구절을 다시 인용하여 "그러므로 '천하가 모두 아름다움이 아름다운 것인 줄 알게 하니 …… 선하지 않은 것일 뿐이다.'라고 했다"라고 했던 것이다. 선함과 아름다움을 이름으로 드러내면 사람들은 실질이 아니라 이름만 따르게 되고 더 나아가 도를 설명해서 드러내려고 한다.

⑥ 사람들은 노자가 말한 도가 옛날의 도라는 것을 알지만 옛날에는 도에 대한 말이 없었다는 것을 모른다. 이런 말을 한 것은 노자가 처음이다. 도에 대한 말이 없었으므로 도가 있었다. 도가 없어진 다음에 도에 대해 말했다. 비록 그럴지라도 말에 보존된 것은 거의 없으니 겨우 이름 정도이다. 도에 보존된 것은 오히려 알 수 없는 것에 있어 천하가 스스로 알 수 없었는데도 도가 애초부터 사라진 적이 없었다. 그러니 노자의 말이 어찌 더욱 믿음직스럽지 않겠는가? 그렇다면 노자의 말은 말로 해도 되고 하지 않아도 되어 말이 더욱 묘하니, 말을 또한 어찌 하찮다고 할 수 있겠는가?(人知老子之言道, 爲古之道也, 而不知古無是言. 言之自老氏也. 無是言, 故有是道. 無是道而後言焉. 雖然言之所存者無幾, 僅其名也. 道之所存者, 猶在其所不知, 而天下

未嘗自知也, 而道未始息也。則老子之言, 豈不尤信然乎。然則老子之言, 言之可也, 不言亦可也, 而言益妙矣, 言亦何可少也。)

이상의 인용문은 옛날에 도에 대한 설명이 없어 실질을 그대로 유지했을 때는 도리어 도가 있었고, 후대에 도에 대한 언급이 있을 때는 실질을 보존할 수 없어 오히려 도가 사라졌다는 말이다. 도가 없어지자 노자가 처음으로 도에 대해 언급했지만 사람들이 이름을 없애고 실질을 회복하는 방향으로 나아가게 했으니, 노자가 도에 대해 설명한 말은 결국 말을 하지 않은 것과 같은 묘한 것이 되니, 결코 무시할 수 없다는 것이다.

3) 세 번째 교훈

이광려는 이상 두 번째 교훈까지로 『노자』에 관한 자신의 사상을 거의 요약했다. 세 번째 교훈은 이상의 설명이 적용된 사례로서 『노자』 39장을[34] 제시한 것이다. 2장의 "천하가 아름다움이 아름다운 것인 줄 아는 것은 추한 것일 뿐이다.(天下皆知美之爲美, 斯惡已。)"라는 구절과 "있는 것과 없는 것이 서로 낳아준다.(有無相生)"라는 구절 등이 39장의 "왕후가 하나로 됨을 얻어 천하의 바름이 된다.(侯王得一以爲天下貞)라는 구절과 "귀한 것은 천한 것을 근본으로 한다.(貴以賤爲本)"라는 구절 등과 서로 관계되어 있다. 다시 말해 고귀한 왕후가 그 명칭을 천한 것으로 짓는 것은 천한 것과 하나로 됨을 얻어 그 고귀함을 드러나지 않도록 하기 위함이라는 말이다.

① 귀한 것은 천한 것을 근본으로 하고 높은 것은 낮은 것을 기반으로 하니,

---

34) 『椒園談老』 39장, "昔之得一者。天得一以淸, …, 侯王得一以爲天下貞。其致之一也。天無以淸將恐裂, …, 侯王無以貞而貴高將恐蹶。故貴以賤爲本, 高以下爲基。是以後王自謂孤寡不穀。此其以賤爲本邪。非乎。故致數輿無輿, 不欲碌碌如玉, 落落如石。"

이것은 귀한 것이 천한 것에서 이름 지어졌다는 것이고, 높은 것이 낮은 것에서 이름 지어졌다는 것이다. 이 때문에 왕후가 스스로 외로운 사람·덕이 부족한 사람·덜 여문 사람이라고 했다. 이것에서 왕후가 천한 것을 근본으로 삼았다는 것이 드러나니, 옛날에 이름을 제정한 의도를 또한 알 수 있다. 외로운 사람과 덕이 모자란 사람들은 가장 천해서 그들이 사람들에게 교만하게 구는 일은 없다. 하물며 외로움과 덕이 부족함을 얻어 왕후 노릇하는데 교만하게 행동한다면 또한 위태롭지 않겠는가? 그러므로 (9장에서) "부귀한데도 교만하면 스스로 허물을 남긴다"라고 했고, 또 (39장에서) "(왕후는) 바르고 고귀하게 될 방법이 없으면 넘어질까 염려된다"라고 했다. 외로운 사람이고 덕이 부족한데 사람들에게 교만을 떨면 사람들이 받아들이지 않는다.(貴以賤爲本, 高以下爲基, 是貴名於賤, 高名於下也。是以侯王自謂孤寡不穀。此有以見其以賤爲本, 而古者制名之義, 亦可見矣。夫賤極於孤寡, 而孤寡者無所驕人。況得之孤寡, 而爲侯王, 而以驕之, 不亦危乎。故曰, 富貴而驕, 自遺其咎。又曰, 無以爲貞而貴高, 將恐蹶。孤寡而驕乎人, 人所不受也。)

이광려가 보기에 왕후가 그 칭호를 '외로운 사람'·'덕이 부족한 사람'·'덜 여문 사람'으로 하는 이유는 가장 귀한 존재를 가장 천하게 부름으로써 드러나지 않도록 함과 동시에 또 가장 천한 것과 함께 하나가 되어 실질을 벗어나지 않도록 하기 위함이다. 옛날에 왕후에 대해 천하게 이름을 지은 까닭이 바로 여기에 있으니, 이것을 분명히 알고 절대로 실질을 벗어나 자신을 내세우며 교만을 떨어서는 안된다는 것이 이광려가 『노자』 39(9)장을 보는 입장이다.

그런데 지금부터는 이광려의 핵심이 이미 거의 설명되었기 때문에 중요한 부분만 인용하거나 요약하고, 그 나머지는 모두 각주로 처리하겠다. 인용문과 각주로 처리된 내용을 원번호 순서에 따라 차례대로 이어나가면 이광려의 설명이 모두 빠짐없이 차례로 이어지니, 그것에 대해 밝힌다. 39장에 대한 이광려의 나머지 설명 중에서 중요한 부분만 보자.

② 왕후는 그 자체로 고귀함을 갖추고 있어 매우 위태롭다.(侯王者, 自有其貴高, 甚危哉。) ③ ···.[35] ④ 그러니 이른바 (39장의) '하나로 함'[一]이 왕후에게 있지 어찌 다른 것에 있겠는가? 이름에 대해 반성하는 것일 뿐이다. 그러므로 (39장에서) "수레의 부품을 셀 경우 수레는 없어진다"고 했다. 바퀴·바큇살·가로나무·멍에라는 부품이 수레를 이루는 것들이지만, 그 부품들을 헤아리다 보면 수레라는 이름은 사라진다. 왕후 노릇하려고 하면 그 고귀함을 상실하니, 이른바 (1장의) "이름붙일 수 있어서 영원한 이름이 아니다"라는 것이다.(···。所謂一在侯王, 豈有他哉。顧名而已矣。故曰, 數車無車, 今夫輪輻衡軛之物, 所以爲車也, 然數之物, 而車無名焉。求其爲侯王, 而失其貴高, 所謂可名而非常名者也。···。) ⑤ ···.[36]

왕후는 그 자체로 고귀해서 그것을 이름으로 드러내면 사람들이 모두 왕

---

35) ③ 또 외로운 사람 노릇하고 덕이 부족한 사람 노릇하려고 해도 할 수 없으니, 고귀한 것으로는 왕후 노릇하지만 외로움과 덕이 부족함으로는 보통 사람들보다 못하다. 그러므로 옛 사람들은 하루도 넘기지 못할 것처럼 했는데 감히 교만을 떨겠는가? 싫어하는 것이 유독 외로운 사람이고 덕이 부족함인데도, 귀한 자가 그것을 호칭으로 삼았다면, 귀한 자리에서 어떻게 처신해야 되는지를 알고 있었던 것이다.(且求爲孤寡, 不可得也, 貴高爲侯王, 而孤寡甚於匹夫匹婦。故古之人, 若不終日焉, 而敢驕乎。所惡惟孤寡不穀, 而貴者以爲稱, 則知所以處貴矣。) * 각주의 내용은 위의 인용문에서 "③ ···"라는 표시로 생략된 내용 전체이다. 이하 모두 같다.

36) ⑤ 바퀴·바큇살·가로나무·멍에에는 수레가 되는 부품이지만 바퀴는 스스로 바퀴이고 가로나무는 스스로 가로나무이니, 그것을 수레로 사용할 수는 없다. 틀림없는 것은 부품은 수레를 떠나있지 않고 수레는 부품을 떠나있지 않으니, 부품도 아니고 수레도 아니지만 수레의 효용이 그것에 있다는 것이다. 도도 또한 이와 같다. 푸른빛을 내는 것이라면 옥일 뿐이고, 혼하고 혼한 것이라면 돌일 뿐이다. 푸른빛을 내는 것과 혼한 것에 대해서는 도라고 하지 않는다.(夫輪衡軛所以爲車, 然輪自輪衡自衡, 不可以爲用。必也, 物不離車, 車不離物, 非物非車, 而有車之用焉。夫道亦若是。若夫碌碌者, 玉而已矣, 落落者, 石而已矣。碌碌落落之謂, 不道也。)

후가 되려고 다투기 때문에 매우 위험해진다. 곧 2장의 표현을 빌리면, 고귀함이 고귀한 것인 줄 사람들이 아는 것은 비천하게 되는 것일 뿐이니, 이름으로 드러내는 것에 대해 반성하라는 말이다. 수레에서 그 부품들을 헤아리다 보면 수레 그 자체가 사라지는 것처럼 왕후도 고귀한 자신을 드러내지 말고 거꾸로 자신을 고귀하게 만드는 신하나 비천한 백성들을 생각하라는 말이다. 그래서 이광려는 "왕후 노릇하려고 하면 그 고귀함을 상실하니, 이른바 (1장의) '이름붙일 수 있어서 영원한 이름이 아니다.'라는 것이다"라고 못을 박아서 강조하는 것이다.

4) 네 번째 교훈

이상의 내용을 요약하면, 이광려는 『노자』 1장과 2장의 내용을 가지고 자신의 견해를 정리하고는 그것의 실례를 『노자』 39(9)장에서 찾았던 것이다. 네 번째 교훈은 이광려가 공자의 미생고 비판[37]에서 그것의 실례를 찾은 것이니, 이것은 『노자』의 사상이 공자의 사상과도 연결될 수 있다는 것이다. 그러니 위의 세 번째 교훈에 이어서 공자의 미생고 비판이 이광려의 노자관과 어떻게 연결되는지 필요한 부분만 간략히 살펴보자.

이광려는 '미생고도 원래는 실질을 벗어나지 않은 곧은 사람이었는데, 이름으로 드러내는 것에 대해 알고는 그것을 탐해 잘못되었다.'[①][38]고 한다. 그

---

37) 『論語』「公冶長」, "子曰, 孰謂微生高直。或乞醯焉, 乞諸其鄰而與之."
38) ① 미생고가 곧지 않았던 것은 아니었다. (그도) 처음에는 진실로 있는 것은 있다고 하고 없는 것은 없다고 하는 자였다. 이윽고 곧음이 곧은 것이 됨을 알고는 이때부터 곧은 것에 대한 이름을 탐해 곧은 것이 되기를 구하였다. 이윽고 이름을 탐해 곧게 되기를 구하면서 비록 있는 것을 있다고 여기고 없는 것을 없다고 여길지라도 그것으로는 곧게 여기는 것이 부족했다. 하물며 없는데도 있는 척하면서 이웃에게 얻어다가 주기까지 함에랴. 그러므로 미생고의 곧지 않음을 말했으니, 오히려 속이는 것보다 심하기 때문이다. 백성을 속이는 것에 대해 멀리 내침은 곧지 않음이 심하기

러면서 미생고의 잘못을 고치는 방법은 그가 곧음에 집착하지 않음으로써 곧게 되는 것일 뿐인데, 이것은 이치를 역행하는 것이어서 매우 어렵다고 하고는 다시 또 『노자』 2장의 "천하 사람들이 모두 선함이 선한 것인 줄 알게 하니, 이것은 선하지 않은 것일 뿐이다"라는 구절에 대해 훌륭한 말이라고 칭찬한다.

② 속이는 것을 곧게 하기란 오히려 이치대로 하는 것이어서 쉬운 것이 아니겠는가? 그런데 미생고는 곧음을 곧은 것으로 여겨 정말 곧은 것을 이루 다 쓸 수 없을 지경인데도 늘 잘못되었다. 곧게 할수록 더욱 잘못되고 곧은 것을 버리지 않을수록 더욱 곧게 될 수 없었던 것이 바로 미생고의 곧음이니, 다만 그가 곧음에 집착하지 않은 다음에 곧게 되어서 곧음을 앞세우지 않기를 기다려야 할 뿐이다. 곧음에 집착하지 않지만 곧게 되는 것은 이치를 역행하는 것이어서 또한 어렵지 않겠는가? 이것이 일생동안 다시 곧아질 수 없어 곧음을 잃게 된 것일 뿐이다. 이것은 속이는 백성들보다 더욱 어긋나게 멀리 벗어난 것이 아니겠는가? 훌륭하구나! "선함이 선한 것인 줄 천하가 모두 아는 것은 불선한 것일 뿐이다"라는 노자의 말이여. 미생고가 이와 같았구나.(罔之爲直, 不猶順且易乎。乃微生以直爲直, 宜其直不可勝用, 而常得枉焉。愈直而愈枉, 愈不捨直, 而愈不能直, 是微生之爲直。直待其捨直, 而後爲之直, 而後直矣。夫捨直而爲之直, 不亦逆且難乎。是終身不復能直, 喪其直而已矣。此於罔之民, 又不反懸矣乎。善乎老子之言, 曰天下皆知善之爲善, 斯不善已。夫微生高猶是矣。)

때문이다. 속인 것을 가지고 미생고를 본다면, 그의 잘남과 못남이 어찌 현격하지 않겠는가? 비록 그렇다고 할지라도 하루라도 그 속이는 것을 버린다면 곧아진다.(微生高未嘗不直也。其始也, 固有有, 而無無者也。旣而知直之爲直, 於是乎, 各其名, 求爲之直焉耳。夫旣各於名, 而求爲之直, 雖有有無無, 不足以爲直。況無而爲有, 而至於乞隣乎。故曰, 微生高之不直, 猶甚於罔之爲直也。夫罔民之棄也, 不直之甚者也。以罔而視微生, 其賢不肖, 豈不懸矣。雖然一日捨其罔, 則直矣。)

백성들의 삶을 두텁게 하고 풍속을 편하게 하는 방법은 실질과 이름이 나누어지지 않게 하는 것 곧 선함이 선한 것인 줄 모르게 하는 것이니, 이것이 바로 『대학』의 지극한 선이다.③[39] 그런데 이미 잘못되었다면, 되돌리는 방법은 선함이 선한 것인 줄 알게 하는 것이 불선한 것임을 깨닫게 함으로써 더 잘못하지 않고 다시 선한 실질로 돌아오게 하는 것이다. 옛날에 실질과 이름이 분리되지 않았을 때는 선함이 선한 것일 줄 모르게 하면 그뿐이었다. 그런데 이름과 실질이 이미 분리된 이후에는 그 잘못을 깨우치게 해서 다시 되돌아가게 해야 하기 때문에 노자가 『노자』를 저술했던 것이다.

④ 오직 선함이 선한 것인 줄 알게 된 다음에는 선한 것의 실질에 보탬이 없고, 악한 것의 실정을 덜어냄이 없으면, 바로 악함이 악한 것인 줄 알지 못하여 날마다 악한 것으로 달려간다.(惟其知善之爲善, 而後無益於善之實, 無損於惡之情, 乃不知惡之爲惡, 而日趨於惡矣.) ⑤ …[40] ⑥ 옛날에는 선함

---

39) ③ 성인께서 어찌 선함이 선한 것 줄 알지 못해서 천하의 사람들이 모두 그것을 알지 못하도록 하셨겠는가? 단지 악에 미치지 못하도록 하셨을 뿐이다. 그 삶을 두텁게 하고 그 풍속을 편하게 함에 선을 취하지 않고 악을 요동치지 않게 했다. 옛날의 성인께서 백성들을 다스리고 세상을 제어하길 오래도록 하시면서 잘못되지 않으셨던 것은 이 도를 사용하셨기 때문이다. 이름과 실질이 나누어지지 않으면 사실과 거짓이 드러나지 않아 아무리 많은 세월이 흐를지라도 풍속이 잘못되지 않는다. 천하의 사람들이 선함이 선한 것인 줄 알지 못하도록 했는데, 선에서 벗어나지 않으니, 이른바 (『대학의』) 지극한 선이다.(聖人豈不知善之爲善, 而未嘗使天下皆知之也。但不使其及於惡而已。厚其生安其俗, 不取於善, 不動於惡。古昔聖人之臨民御世, 能久而不失者, 用此道耳。名實不二, 情僞不見, 歷數千百年, 而風俗不失。使天下不知善之爲善, 而不離於善, 乃所謂至善也。)

40) ⑤ 미생고가 이웃에서 식초를 빌린 것은 진실로 그것을 곧음을 행하는 것으로 생각해 곧지 않음이 되는 줄 몰랐기 때문이다. 또 곧지 않은 줄 몰랐는데, 그것이 아름다움을 빼앗아 생색내는 것인 줄 알았겠는가? 악함이 악한 것인 줄 알지 못해 날마다 악한 것으로 달려갔으니, 주자가 "아름다움을 빼앗아 생색냈다"*고 단죄했다. 심하게 곧지 못함은 군자가 아주 미워하는 것이다. 미생고의 사람됨은 당연히 이 지경까지 이르지 않았지만 사실을 추적해서 법에 비춰보지 않을 수 없다. 상고시대 백성 중에 곧지 않은 자가 있을 수 있지만, 곧지 않은 것을 곧다고 하는 자와 곧은데

이 선한 것인 줄 천하가 알지 못하도록 했고, 후세에는 부득불 선하지 않음이 선하지 않은 것일 줄 천하가 알도록 했다. 그러나 노자의 말은 또한 노자에게서 나온 말일 뿐이니, 옛날에는 없었다. 그러므로 "노자의 말은 말세의 말이다"라고 한 것은 그것을 말해서 그 뜻을 보존하기 위함이다.(古者不欲使天下知善之爲善, 後世乃不得不使天下知不善之爲不善。而老氏之言, 亦言之自老氏耳, 古無有也。故曰, 老氏之言, 末世之言也。言之以存其意也。)

이광려의 견해로 볼 때, 노자 이전에는 이런 말이 없었다. 그런데 노자가 이런 말을 처음으로 한 이유는 선함이 선한 것인 줄 알게 하는 것이 도리어 잘못된 것임을 깨닫도록 하기 위함이다. 곧 이름과 실질이 분리되지 않은 도의 세계로 사람들을 되돌리기 위해서 어쩔 수 없이 『도덕경』을 지었다는 말이다.

5) 다섯 번째 교훈

이광려는 여기서 미생고의 잘못이 크지는 않지만 곧음을 해쳐 천하가 도적이 되도록 하고 거짓말을 하도록 한 것이 무엇보다 큰 죄이기 때문에 공자가 꾸짖었다고 한다.①[41] 그러면서 그는 미생고의 잘못에 대해 다시 자세히

곧지 않다고 여기는 자는 없었다는 것을 반드시 알아야 한다. 이것은 세상의 도가 추락할수록 옛날로 돌아갈 수 없다는 것이다.(微生之乞隣也, 固以爲直, 不知其爲不直也。且不知爲不直, 而知其爲掠美爲市恩者乎。不知惡之爲惡, 而日趨於惡爾, 朱子斷之曰, 掠美市恩。不直之甚, 君子之所甚惡也。微生之爲人, 宜不至此, 而原情擬律, 不得辭也。上世民容有不直者, 不直以爲直者, 與爲直而不直者, 必知其無有也。此世道之益下, 不可以復古也。) * 『論語』,「公冶長第五」, 朱子註, "人來乞時, 其家無有, 故乞諸鄰家以與之。夫子言此, 譏其曲意殉物, 掠美市恩, 不得爲直也。"

41) ① 세상에는 곧지 않은 경우가 아주 많지만 성인께서 말씀하신 적이 없다. 그런데 유독 미생고에 대해 이웃에서 식초 빌린 한 가지 일을 꾸짖어 곧지 않다고 하셨다. 그렇다면 천하의 곧지 않은 것 가운데 미생고보다 심한 경우가 없다는 말인가? 그렇지는 않다. 미생고의 일은 아주 미미하지만 천하를 도적이 되게 하고 거짓말을 하게 한 것은 이루다 말할 수 없다. 비록 그렇다고는 하지만 다른 사람들 중에 곧지 않은 경우는 곧지 않았을 뿐이다. 그런데 미생고의 일은 곧지 않을 뿐만 아니라 또 곧은 것을 해침이 크다. 성인의 말씀은 그것이 곧은 것을 해쳐서 언급했다는 것이다.

언급하고는 도를 해치는 일은 일의 경중에 관계없이 성인께서 경계한다고 한다.

② 어째서 미생고의 경우가 곧은 것을 해치는 것이 되는가? 곧은 것을 행했는데 곧지 않은 것이 되었기 때문이다. 곧지 않은 것을 행한 경우는 곧은 것만 해쳐 오히려 이 사람이 곧지 않은 것을 행하는데 저 사람이 곧은 것을 행하면, 사람들이 쉽게 알아보고 취사선택한다. 곧은 것을 행했는데 곧지 않은 것이 되는 경우는 곧은 것을 어지럽혀 사람들이 쉽게 알아 볼 수 없다. 사람들이 쉽게 알아볼 수 없을 뿐만 아니라 스스로도 알 수 없는 것이 있다. 곧지 않은 경우는 오히려 곧은 것을 마주하면 곧은 것을 안다. 곧은데 곧지 않은 경우는 그 곧지 않은 것을 알 수 없을 뿐만이 아니다. 이른바 곧다는 것이 곧은 것으로써 곧은 것을 어지럽혀 마침내 사라지게 하니, 어찌 아주 해롭다고 하지 않겠는가? 도에 해가 되면 일의 크고 작음에 관계없이 성인께서 두려워하시는 바이다. 사이비를 미워하고 항상 그 기미를 조심함으로써 후세의 경계를 삼으신 것이다.(何爲其害於直也。爲其爲直, 而爲不直也。爲不直者, 固害於直, 猶此爲不直, 而彼爲直, 人得以易見而取舍焉。爲直而爲不直者, 亂於直, 人不得以易見。不但人不得易見, 有不能自見者。夫不直者, 猶對直而直見焉。直而不直者, 不但不見其不直。而所謂直者以直亂直, 而遂亡焉, 豈不甚害矣乎。苟害於道, 事無大小, 聖人之所懼也。惡夫似者, 而常愼其幾微, 以爲後世戒也。)

다른 사람들 중에 곧지 않은 경우는 대개 또한 미생고가 천시하고 싫어해서 하지 않는 것이 있다. 비록 그렇다고 하지만 곧은 것을 해치는 경우는 없으니, 비록 아주 곧지 않을지라도 곧지 않은 것이 심하지는 않다. 일이 비록 아주 미미할지라도 또 곧은 것을 해친다면 곧지 않은 것이 심하다. 그러므로 성인께서 미생고를 나무란 것은 곧은 것을 해쳤기 때문에 그것을 말씀하신 것이다.(世之不直者, 甚多也, 而聖人未嘗言。獨於微生高 譏其乞隣之一事, 謂爲不直。則天下之不直 無甚於高者乎。是不然。微生之事乃甚微, 而天下之盜行而僞言者, 乃不可勝言也。雖然他人之不直者, 不直而已矣。微生之事, 旣不直矣, 又害直大焉。聖人之言, 爲其害直而言之也。他人之不直者, 蓋亦有高之所賤惡而不爲矣。雖然無所害直, 則雖甚不直, 不直不甚。事雖甚微, 且害於直, 則不直甚也。故聖人之譏微生, 爲其害直而言之也。)

이광려는 이상과 같이 『노자』에 대한 자신의 시각을 나름대로 공자와 직접 연결시킴으로써 이단으로 도외시되는 『노자』의 사상을 정당화시키고 있다. 통행본 『이참봉집』에는 누락되었지만 그 모본母本에서 "육경은 『노자』와 하나이다"[42]라고 하는 것은 이와 같은 그의 견해 때문일 것이다. 그런데 사실 그의 전반적인 견해는 공자마저도 다소 이탈하고 있음을 살필 수 있어야 한다. 공자의 "군군신신君君臣臣, 부부자자父父子子"[43]라는 정명론正名論은 명名이 실實을 벗어났으니 명을 실에 걸맞게 하라는 것이기 때문이다.[44] 다시 말해 이광려가 보기에 노자는 명을 없앰으로써 '실질'[實] 그 자체의 유지와 회복을 강조하는 데 비해 공자는 명을 실에 맞춤으로써 세상사를 바로잡으려고 하기 때문이다.[45] 필자가 보기에 이광려가 「독노자오칙」에서 『논어』의 명실名實 곧 문질文質과 관계해서 "군군신신, 부부자자"를 언급하지 않은 것은 이런 이유 때문이다.

3. 「독노자오칙」의 영향

1) 이충익의 『초원담노』에 미친 영향

「독노자오칙」에 나타나는 이광려의 견해는 이충익의 『초원담노』 1장·2장

---

42) 『李參奉集』(개인소장 필사본) 권1, 「雜著」, "六經與五千文一也." 김윤경의 「하곡학파의 『노자』 독법」 212쪽에서 재인용했음.

43) 『論語』「顏淵」, "齊景公問政於孔子. 孔子對曰, '君君臣臣, 父父子子.'"

44) 『論語』「子路」, "子曰, '必也正名乎.' 子路曰, '有是哉. 子之迂也, 奚其正.' 子曰, '野哉由也. 君子於其所不知, 蓋闕如也. 名不正, 則言不順, 言不順, 則事不成, 事不成, 則禮樂不興, 禮樂不興, 則刑罰不中, 刑罰不中, 則民無所措手足. 故君子名之, 必可言也, 言之必可行也. 君子於其言, 無所苟而已矣.'"

45) 박성규, 「공자의 정명(正名)의 의미」, 『철학연구』 84집, 철학연구회, 2009, 81쪽. 김기주, 「공자의 정치적 이상사회, 正名의 세상」, 『동방한문학』 43집, 동방한문학회, 2010, 125-127쪽. 손영식, 「孔子의 正名論과 老子의 無名論 비교」, 『철학』 31집, 한국철학회, 1989, 184-186. 辛正根, 「공자의 正名의 논의에 대한 正名」, 『규장각』 20집, 서울대학교 규장각 한국학 연구원, 1997, 36-47쪽.

등에서 계승된다. 곧 실질로서의 도가 이름으로 분리되어 드러나서는 안된다는 것이 『노자』에 대한 이광려의 주된 시각인데, 비록 표현은 다를지라도 이충익은 이런 점을 거의 그대로 계승하고 있으니, 필요한 부분을 『초원담노』 1장과 2장에서 직접 살펴보자.

> 도를 도라고 할 수 있는 경우는 행위로 말미암는 것이고 자취에 의지하는 것이다. 이름을 이름이라고 할 수 있는 경우는 형태로 이르는 것이고 사물로 부르는 것이다. '항구한 도'[常道]라면 이치가 행위와 자취의 앞에 동떨어져 있다. '항구한 이름'[常名]이라면 의미가 형태와 사물의 바깥에 숨어있다. 항구한 도란 지극하고 높아 말로 표현할 수 있는 것이 아니다. 항구한 이름이란 이름이 '저절로 그렇게 되는 것'[自然]에서 나왔다. 도를 도라고 이름 붙인 것이라면, 그것은 행위와 흔적에서 빌려온 것이니, 진실로 이름 붙일 수 있는 이름이다.[46]

이광려에게 '실질'[實]로서의 도道가 이충익에게는 '항구한 도'[常道]와 '항구한 이름'[常名]인데, 이것들은 드러나게 행위나 자취에 의지해서 있는 것이 아니라 그 앞에 '저절로 그렇게 되는 것'[自然]으로서 드러나지 않고 사물의 바깥에 있는 것으로 표현되었으니, 표현만 다르지 그 내용은 엇비슷하다. 이충익은 『노자』 1장의 유와 무에 대해서도 동일하게 이광려의 사상을 계승하고 있다.

> 천지가 존재하기 이전은 무無라고 이름 붙이고, 만물이 생겨 나온 이후는 유有라고 이름 붙인다. 무는 유에 상대적인 무가 아니고, 유는 무에서 유로 된 것이 아니다. 무는 바로 '항구한 무'[常無]이어서 이름붙일 수 있는 무가 아니니, 그 묘함을 헤아릴 수 없다. 유도 '항구한 유'[常有]이어서 이름붙일 수 있

---

46) 『椒園談老』 1장, "道之可道者, 行之緣, 而跡之寄也。 名之可名者, 形之喩, 而物之號也。 若夫常道者, 理絶於行跡之先。 常名者, 趣隱於形物之表。 常道者, 至矣尙矣, 非言之所及也。 常名者, 名出於自然。 如道之名道, 其假借於行跡者, 固可名之名。"

는 유가 아니니, 그 이어짐에 빈틈이 없다. …. 무가 그냥 독자적으로 무이기 때문에 유와 다르지 않고, 유가 그냥 혼자서 유이기 때문에 무와 구별되지 않는다. 둘은 이름이 비록 다를지라도 '항구한 것'[常]은 동일하고 '저절로 그렇게 되는 것'[自然]에서 나온 것은 같으니, 이것을 '현묘하다'[玄]고 한다.[47]

이광려가 『노자』 1장의 유와 무를 같은 것이라고 했던 것에 대해 이충익은 이것들이 '항구한 유'[常有]와 '항구한 무'[常無]이기 때문에 서로 다르지 않다고 한다. 그러면서 이충익은 '현묘함'[玄]에 대해 설명하는데, 이런 견해 역시 유와 무를 동일하게 여기는 연장선에서 현묘함을 언급하는 것이기 때문에 이광려의 입장을 벗어난 것이 아니다. 이런 점은 『초원담노』 2장에서도 동일하게 계속 이어진다.

아름다운 것과 선한 것이 이름으로 명명되어 저절로 그렇게 되는 것에서 나오지 않게 되니, 천하가 모두 아름다움과 선함이 욕심낼만한 것이라는 것을 알게 되어 악한 것과 선하지 않은 것이 서로 말미암아서 이루어진다.[48]

위의 인용문 역시 "이름으로 실질이 드러나면, 선과 악이 그것으로부터 나오니, 도의 흥폐와 천하의 치란이 여기에서 갈라진다"[49]라는 이광려의 말과 그 내용이 다르지 않다. 이런 점에서 사실 이들의 『노자』에 대한 시각은 조선시대의 다른 『도덕경』 주석보다 더 『도덕경』 그 자체의 의미에 가깝게 접근했다고 할 수 있다. 신작이 위진현학의 중심인물인 왕필과 하안까지 비판하

---

47) 『초원담노』 1장, "天地未有, 名之曰無, 萬物旣生, 名之曰有。無非對有之無, 有非自無爲有。無乃常無, 而非可名之無, 則其妙不測。有亦常有, 而非可名之有, 則其徼無際。…。無乃特無, 故不殊於有, 有乃獨有, 故不別於無。二者名雖異, 而同其常, 而同出於自然, 斯之謂玄矣。"

48) 『초원담노』 2장, "美善可名, 而不出於自然, 則天下皆知美善之可欲, 而惡與不善, 相因以成。"

49) 「독노자오칙」, "名實形矣, 善惡之所由生, 而道之興替, 天下之治亂係焉。"

는 것은 바로 이광려와 이충익의 선구적 연구에 힘입어 『도덕경』을 그만큼 깊이 연구했기 때문일 것이다. 그런데 안타깝게도 『노자지략』 「서문」만 남아 있으니, 다음 절에서 이것으로 신작과의 관계를 살펴보자.

2) 신작의 『노자지략』에 미친 영향

신작의 『노자지략서』에서도 역시 이광려는 물론 이충익의 영향이 나타나고 있다. 다만 이광려와 이충익에게서의 명名은 신작에게서 문文으로, 실實은 질質이라는 용어로 전환되는데 그 의미는 동일하다. 이런 점에서 이광려를 기점으로 출발된 강화학파의 『도덕경』 주석은 이충익을 징검다리로 신작에게로 이어지는 일관된 흐름 속에 있다고 평가할 수 있다.

> 노자는 주대 말기에 태어나 주나라의 도道가 문文에서 잘못되는 것을 보았다. 문을 바로잡는 데는 질質을 사용하는 것만 한 것이 없었다. …. 그러므로 "선을 행하는 것은 이름을 위한 것이 아닌데도 이름이 뒤따르게 되고, …"라고 했다. 그렇다면 노자가 어짊과 의로움을 내친 것은 거의 근본으로 되돌아가고 질質을 되찾아서 다투지 않는 덕을 순리대로 이룩하기 위함이다. 무를 체득해 유를 제어하고, 박樸으로 말미암아 이름을 멈추게 하며, …, 노자의 도술은 이와 같은 것에 있다.[50]

신작은 '노자가 문文을 바로잡기 위해 질質을 사용했'고 하면서 또 '선을 행하는 것이 이름을 위한 것이 아님에도 이름이 뒤따르게 된다'고 하고 있으니, 이런 관점 역시 이광려와 이충익의 맥락을 그대로 잇고 있는 것이다. 또 '박樸으로 말미암아 이름을 멈추게 하는 데 노자의 의도가 있었다'고 보는

---

50) 「노자지략서」, "老君生于周末, 見周道之弊於文. 救文無如以質, …。故曰, 爲善非以爲名也, 而名隨之, …。然則老子之黜仁義, 殆欲歸根反質, 而馴致不爭之德也。夫體無而禦有, 因樸而止名, …, 老氏之術, 有如是者。"

관점 역시 동일하게 선배들의 견해를 잇고 있는 것이다. 박樸의 의미가 실實이나 질質의 의미이기 때문이다.

> 장주는 …. 양주는 …. 신불해와 한비자는 이름에 구속되어 멈출 곳을 아는데 미혹되었으므로 그 잘못은 무자비함에 있다. 왕필과 하안은 무無로 절제없이 흘러가 유有를 이롭게 보지 못했으니 그 잘못은 허망함에 있다. 이들은 모두 하나에 치우쳐 둘을 가렸다.[51]

신작이 제자백가는 물론 왕필과 하안까지 언급하는 것으로 봐서 노자의 사상을 제자백가와 비교했음은 물론 왕필이나 하안과 관련된 『노자』 자료까지 두루 폭넓게 참고했음을 알 수 있다. 왕필과 하안이 무에 치우쳤다는 신작의 비판은 이광려의 관점을 계승한 것이다. 이광려가 "『노자』에서 '천지의 시작'과 '만물의 어미'라고 했던 것은 바로 '있는 것'과 '없는 것'으로 이름 붙였다는 것뿐이지 두 가지로 말하려는 것은 아니다"[52]라고 곧 무는 질박한 실질이라서 무인 동시에 유라고 했기 때문이다. 이광려의 유·무론을 계승할 때, 왕필이나 하안이 무를 강조하는 것은 실질의 세계가 무이면서 유인 것을 모르는 것이 되니, 신작은 이렇게 비판할 수 있는 것이다.

이상에서 살펴본 것처럼 강화학인들이 『노자』에 대해 깊이 연구할 수 있었던 것은 이광려의 자유로운 학문적 분위기가 강화도라는 지역적 테두리 속에서 혈연으로 얽힌 이충익과 신작에게로 전해졌기 때문이다. 곧 이광려는 불교서적을 좋아한 형들의 영향아래[53] 자신의 자유로운 학문적 성향을 집

---

51) 「노자지략서」, "莊周…. 楊朱…. 申韓拘於名, 而迷於知止, 故其失也慘. 王何流於無, 而疏於利有, 故其失也誕. 此皆偏於一, 而蔽於二也."
52) 「독노자오칙」, "其曰天地之始, 萬物之母, 乃名之有無耳, 非二言也."
53) 심경호, 「강화학파 관련 새 자료의 발굴과 강화학파 연구의 과제」, 64쪽.

안의 조카뻘인 이충익에게로, 이충익은 또 이종 동생인 신작에게로 이어지게 했기 때문이다.[54] 아마도 『노자지략』의 본문이 사라지지 않았다면, 이광려에서 이충익을 거쳐 신작에게로 이어지는 강화학파의 자유롭고 폭넓은 노자관을 더 정확하게 확인할 수 있었을 텐데 몹시 아쉽다.

4. 끝맺는 말

조선조 『도덕경』 주석에서 상수학적 시각을 가진 보만재 서명응은 다소 예외지만 율곡 이이, 서계 박세당, 연천 홍석주는 모두 주자성리학이든 원시유학이든 유학의 시각을 벗어나지 못했다. 그런데 이광려의 「독노자오칙」을 기점으로 출발하는 강화학파의 『도덕경』 연구는 모두 유학의 세계관을 벗어날 수 있었으니, 이것은 월암 이광려의 영향이 그만큼 지대했다는 것이다. 곧 실질의 세계를 벗어나면 사람들이 이름에 집착해서 잘못된다는 이광려의 노자관 때문에 이충익과 신작이 유학을 벗어나 다른 세계관으로 보다 자유롭게 『도덕경』을 주석할 수 있었다는 것이다.

이광려는 『노자』 81장 전체에서 극히 일부를 취해 설명을 가함으로써 자신의 사상을 압축했다. 그 때문에 「독노자오칙」은 몇 쪽 되지 않는 분량임에도 불구하고 그 의미 파악이 만만치 않다. 정양완의 번역과 김윤경의 논문이 있지만 새로운 입장으로 「독노자오칙」 전문을 번역하고 분석했다. 곧 『노자』라는 책의 특성을 고려할 때, 정양완의 문학적 시각이 가미된 번역을 탈피하

---

54) 물론 강화학파의 『노자』 연구에는 양명학의 영향이 깊이 자리 잡고 있음에도 본고에서 그것을 함께 다루지 않은 것은 지면과 필자의 학문적 역량이 부족하기 때문이니, 그 연구는 다음 기회나 다른 분들께 넘긴다.

여 철학적으로 정밀하게 해석할 필요가 있었고, 또 김윤경이 분석한 이광려의 노자관은 필자와 많은 차이가 있었기 때문에 다소의 지루함을 무릅쓰고 그 전문을 빠짐없이 해석하고 분석했던 것이다.

조선조 『노자』 주석에서 강화학파 외에는 유학을 이탈하지 못했다. 강화학파에서 유학을 벗어난 배경에는 주자성리학은 물론 원시 유학의 명분론까지 벗어나야 한다는 비판이 깔려 있다. 공자 사상의 핵심인 문질빈빈文質彬彬이 아니라 공자의 미생고 비판을 강조함으로써 문文으로 나아가는 출구를 아예 처음부터 막고는 그 출구를 벗어나 문文으로 세상을 바라보면 잘못된다는 반성을 가해 실질 곧 본질의 세계로 되돌아오도록 하기 때문이다. 이런 주장이 진리탐구의 입장에서는 당연하지만 어쩌면 당쟁에 패한 자신들의 아픔을 반영한 것일 수 있다는 생각에 가슴 한편이 아리다.

본고에서 이광려의 「독노자오칙」을 다루면서 미처 살피지 못한 자료가 있으니, 심경호가 최근에 보고한 것으로서 이광려 문중에서 필사본으로 소장하고 있다는 편지글이다. 심경호는 『이참봉집』 '서무수에게 보낸 서찰' 네 편 곧 정조 4(1789)년 여름 편지 99편에서 『노자』의 '谷'에 대해, 100편에서 '장생구시長生久視'에 대해, 101편에서 '출생입사出生入死'에 대해, 102편에서는 자신이 노자와 장자를 좋아하는 이유에 대해 언급했음을 밝혔다.[55] 본고에서는 지면이 부족한 관계로 다음 기회에 '강화학파의 노자관' 전체를 분석할 기회가 오면 이것들까지 함께 다루겠다.

---

55) 심경호, 「이광려의 서찰에 관한 일고찰」, 280쪽. 심경호, 「강화학파 관련 새 자료의 발굴과 강화학파 연구의 과제」, 63-64쪽과 79-80쪽.

「초원담노」의 생명 사상[1]

– 왕필의 『노자주』와 비교를 중심으로 –

1. 들어가는 말

『초원담노』[2]는 중기 강화학파의 한 사람인 초원椒園 이충익李忠翊(1744~1816)의 『노자』 주석이다. 조선시대 학자들의 현존하는 『도덕경』 주석은 모두 다섯 권인데, 보만재保晚齋 서명응徐命膺(1716~1787)의 『도덕지귀道德指歸(1769~1777)』만 다소 예외이고, 모두 통치이념의 근거인 성리학에 대한 반성과 비판이다. 율곡栗谷 이이李珥(1536~1584)의 『순언醇言(1580년 혹은 그 이전)』[3]은 성리학의 형이상학적인 명분론을 기반으로 점점 더 가열되는 정쟁을 완화시키기 위해 마음 비움과 절제의 수양을 강조한 것이다.[4] 서계西溪 박세당朴世堂(1629~1703)의 『신주도덕경新註道德經(1681)』은 심원한 성리학을 토대로 예송논쟁까지 벌일 정도로 치열하게 대립하는 당쟁을 공자의 "문질빈빈文質彬彬"으

---

1) 김학목, 「초원담노」의 생명사상, 『생명연구』 21집, 2011년
2) 『초원담노』는 고려대학교 중앙도서관 한적실에 소장된 2권 1책의 필사본으로 등록 번호는 '166000100'과 '465008673'이다.
3) 김학목, 「江華學派의 『道德經』 주석에 관한 고찰」, 『東西哲學研究』 34호, 한국동서철학회, 2004, 278쪽.
4) 김학목, 「『醇言』에 나타난 栗谷의 經世思想」, 『民族文化』 25집, 민족문화추진회, 2002, 194-207쪽.

로 비판한 것이다.[5]

　보만재 서명응의 『도덕지귀』는 통치이념인 성리학과 무관하게 상수학이나 선천역과 같은 사상으로 『도덕경』을 주석했기 때문에[6] 다른 주석서와는 다소 다르지만 역시 한편으로 성리학에서 벗어나고자 했던 것으로 볼 수 있다. 이충익의 『초원담노』이후에 나온 것으로 주자학을 신봉하는 연천淵泉 홍석주洪奭周(1774~1842)의 『정노訂老(1813)』는 이상의 주석에 대한 비판 특히 박세당의 『신주도덕경』에 대한 강한 비판으로 주자성리학에서 성리학만을 따로 분리·제거하여 주자학을 원시유학으로 다시 정초하려는 것이다.[7] 이런 점에서 조선시대 『노자』주석은 성리학 비판이 주된 흐름이었다고 평가할 수 있다.

　그런데 본고에서 논의하려는 초원 이충익의 『초원담노』는 조선시대의 다른 『도덕경』주석과 달리 성리학은 말할 필요도 없고 원시유학까지 이탈한다는 점에서 아주 특이하다. 『논어』의 "문질빈빈"과 인의仁義마저도 『초원담노』에서는 설 자리가 없다. 『초원담노』에 나타나는 이충익의 사상은 모든 생명의 자연스러운 발현 곧 인위적인 제약이 가해지지 않은 생명의 고양을 목표로 하고 있다. 그가 젊은 시절에 불교에 심취하고[8] 결국 통치 이념인 유학

---

5) 김학목, 「『新註道德經』에 나타난 西溪의 體用論」, 『철학』 64집, 한국철학회, 2000, 42-51쪽.
6) 金文植, 「徐命膺 著述의 種類와 特徵」, 『한국의 경학과 한문학』, 태학사, 1996, 197-198쪽. 서명응(조민환·장원목·김경수 역주), 『도덕지귀』, 예문서원, 2008, 28-41쪽. 김학목, 「『道德指歸』 編制에 나타난 保晚齋 徐命膺의 象數學」, 『哲學研究』 64집, 철학연구회, 2004, 36-48쪽.
7) 김학목, 「淵泉 洪奭周가 『道德經』을 주석한 목적」, 『철학연구』 60집, 철학연구회, 2003, 16-22쪽.
8) 유호선, 「陽明學者 李忠翊의 佛教觀 一考」, 『한국어문학연구』 48집, 한국어문학연구학회, 2007, 123-138쪽. 조남호, 「강화학파의 중흥」, 『인천학연구』 9, 인천대학교 인천학연구원, 2008, 164-170쪽.

을 벗어나 이단으로 낙인찍힌 『도덕경』을 노자의 시각으로 주석할 수 있었던 이유는[9] 노자의 무위無爲가 모든 생명을 고양시키고 발현시킨다는 그의 사상 때문이다.

『도덕경』의 목표는 천지가 자신을 비움으로써 만물을 다스리는 것을 통치자가 본받아 백성들을 무위로 다스리게 하는 것이다.[10] 『도덕경』에서 무위의 다스림을 주장하는 이유는 유위有爲의 다스림은 백성들의 생명을 억제·훼손시키기 때문이다. 유위에는 유가에서 최고의 덕목으로 내세우는 인의仁義의 교화까지 포함된다. 『도덕경』 2장의 "천하가 모두 아름다움이 아름다운 것이 되는 줄 아는 것, 이것은 추악한 것일 뿐이고, 모두 선함이 선한 것이 되는 줄 아는 것, 이것은 선하지 않은 것일 뿐이다"[11]라는 구절로 볼 때, 유가의 인의는 천하가 아름답고 선한 것으로 알아야 할 덕목이기 때문에 추악하고 선하지 않은 것이며 생명의 발현을 막는 유위이다.

조선시대 다른 『도덕경』 주석에서 유학의 근본 사상을 부정하지 않는 것과 달리 이충익은 유학독존의 시대에 인의를 부정함으로써[12] 국가의 통치이

---

9) 조남호, 「이충익의 노자 이해」, 『인문학연구』 15집, 경희대학교 인문학연구소, 2009, 116쪽.

10) 김학목, 「老子의 道와 無爲」, 『동서철학연구』 29호, 한국동서철학회, 2003, 189-204쪽.

11) 『초원담노』 2장, "天下皆知美之爲美, 斯惡已, 皆知善之爲善, 斯不善已." 필자가 보기에 이 구절은 왕필보다는 이충익의 주석이 더 탁월하기 때문에 『초원담노』의 주석에 따라 해석했다. 왕필주와의 차이는 본문에서 다시 서로 비교하면서 자세히 밝히겠다.

12) 『초원담노』 19장의 주, "어째서 반드시 한숨 쉬며 어짊과 의로움을 말한 다음에 이롭게 되겠는가? …. 그렇다면 효도·자애·충성·믿음은 불화와 혼란에서 드러나는 미덕이지만 그렇게 되기를 원해서는 충분하지 못한 것이다. 그러므로 효도·자애·충성·믿음이 조화롭고 고요한 곳으로 되돌아가 이름으로 내세워지지 않으면 거의 제대로 된 것이다.(何必太息言仁義, 而後利哉? …. 然則孝慈忠信, 所以爲不和昏亂之文美, 而不足以願然者。故孝慈忠信, 還之和靖, 而名不立焉, 則幾矣。)", 18장의 주, "위대

념에 반대했다. 『순언』에서 율곡 이이는 『도덕경』을 통해 수기치인이라는 자신의 의도를 드러내기 위해 유학에 어긋나는 『도덕경』의 구절들을 제외시켰고,[13] 『신주도덕경』과 『도덕지귀』에서 박세당과 서명응은 원시유학의 이념이나 상수학 등의 논리로 유학에 대치되는 『도덕경』의 구절들을 긍정하거나 적극적인 주석을 회피했다.[14] 『정노』에서 홍석주는 노자는 이단이 아닐 뿐만 아니라 인의를 부정한 것 역시 당시의 세속적인 병폐를 지적한 것일 뿐이라고 변명했다.[15]

그런데 이충익은 망설임 없이 유학에 어긋나는 『도덕경』의 구절들까지 노자의 시각 그대로 수용했으니, 그만큼 노자의 무위를 생명 존엄의 사상으로 절실하게 받아들였기 때문이다. 그에게 유위는 사람들을 병들게 하고 세상을 혼란하게 하는 것이며, 무위는 사람들의 생명을 온전하게 발현하게 하는 것이다. 『도덕경』의 가장 권위 있는 주석은 왕필王弼의 『노자주老子注』[16]인데,[17] 이충익은 그것보다 훨씬 더 간결하고 정교하게 『노자』를 주석하고 있

한 도가 없어지자 어짊과 의로움이 있게 되었다는 것을 어떻게 알았는가? 육친이 불화하고 나라가 혼란해지자 충신과 효자가 나오는 것을 가지고 알았다.(何以知大道廢, 而有仁義也。以親不和國昏亂, 而有忠孝, 知之。何以知智慧出, 而有大僞。以有違情以徇忠孝之名者, 知之。)"

13) 김학목, 「『醇言』에 나타난 栗谷 李珥의 사상」, 『동서철학연구』 23호, 한국동서철학회, 2002, 298-308쪽.

14) 박세당(김학목 역), 『박세당의 노자』, 예문서원, 1999, 2장·18장·19장 등의 주석. 서명응(조민환·장원목·김경수 역), 『도덕지귀』, 예문서원, 2008, 2장·18장·19장 등의 주석.

15) 김학목, 「淵泉 洪奭周가 『道德經』을 주석한 목적」, 『철학연구』, 철학연구회, 2003, 19-21쪽.

16) 왕필의 『노자주』는 「신흥서국新興書局」에서 영인한 「사부집요四部集要」 「자부子部」에 속해있는 화정장씨본華亭張氏本을 말한다.

17) 왕필의 『노자주』는 추만호가 '우리문화연구소'를 통해 1996년에 『老子講義』로, 임채우가 '예문서원'을 통해 1997년에 『왕필의 노자』로, 김학목이 '홍익출판사'를 통해 2000년에 『노자 도덕경과 왕필의 주』 등으로 번역·출간함으로써 아주 익숙하

다.[18] 그것도 왕필처럼 풍요롭고 자유로운 사상적 분위기가 아닌 독존유술의 시대적 조류와 멸문지화의 역경 속에서[19] 그가 이런 주석을 했다는 것은 고무적인데 아직까지 그 진면목이 제대로 알려지지 않고 있다.[20]

『도덕경』은 각 구절들을 다르게 해석하는 수많은 주석 때문에 그 의미를 밝히기가 결코 쉽지 않다. 이런 문제 때문에『초원담노』와『도덕경』그 자체와의 의미 차이를 밝히기 위해 아직까지 최고의 권위를 가진 왕필의『노자주』를 부분적으로 참고하겠다. 필자가 보기에 왕필이나 이충익 모두『노자』의 무위를 통해 궁극적으로 생명의 고양과 발현을 강조하고 있다는 점에서는 동일하지만 그들의 주석방식은 여러 곳에서 같지 않다. 그 차이를 단적으로 알아볼 수 있는 곳이『도덕경』2장과 37장 등의 주석이니, 이것들을 비롯

다. 추만호와 김학목의 번역은 제각기 모두 자신들 나름대로의 이해를, 임채우의 번역은 대만의 학자 루우열의 연구를 토대로 한 것이다.

18) 이충익의『초원담노』가 왕필의『노자주』보다 더 간결하다고 하는 이유는『초원담노』각 장의 주석 대부분이 원문의 글자보다 더 적기 때문이다. 물론 왕필의『노자주』는 그렇지 않다.

19) 朴浚鎬,「椒園 李忠翊의 生涯와 詩」,『한문학연구』제 9집, 1994년, 211-216쪽.

20) 沈慶昊가 고려대학교 도서관에 소장되어 있던『椒園談老』를 1998년에 우연히 발굴하여 2000년에 아세아문화사를 통해 간행한 李種殷의『한국도교문화의 초점』이라는 단행본에서「椒園 李忠翊의『談老』에 관하여」라는 논문으로 발표했고, 이후에 필자를 비롯하여 송항룡·조민환·조남호·민홍석·김윤경 등에 의해 다소 연구되었다. 송항룡·조민환,「李忠翊의『談老』에 나타난 老子哲學」,『東洋哲學硏究』27집, 성균관대학교 동양철학연구회. 조남호,「강화학파의 중흥 ― 이충익의 양명학적 사고 ―」,『인천학연구』제 9호, 인천학연구원, 2008. 조남호,「이충익의 노자이해」,『인문학연구』15집, 경희대학교 인문학연구소, 2009. 김윤경,「이광려의「讀老子五則」에 대한 讀法」,『정신문화연구』32권 4호, 한국학중앙연구원, 2009. 김윤경,「하곡학파의『노자』독법」,『도교문화연구』33집, 한국도교문화학회, 2010. 김윤경,「李忠翊의『椒園談老』에 드러난 有無觀」,『도교문화연구』28집, 2008. 김학목,「李忠翊의『椒園談老』研究」,『인천학연구』2-2, 인천대학교 인천학연구원, 2003. 김학목,「江華學派의『道德經』주석에 관한 고찰」,『東西哲學硏究』34호, 한국동서철학회, 2004.

하여 필요에 따라 왕필의 주와 비교를 통해 노자의 무위가 어떻게 이충익에게 생명의 고양과 발현으로 나타나는지 살피겠다.

2. 생명의 훼손인 유위

이충익의 생명사상을 알기 위해서는 먼저 『노자』에서 유위有爲와 무위無爲의 의미가 무엇인지 이해해야 한다. 이것들을 직역하면, '유위有爲'는 '시행함이 있음'이고, '무위無爲'는 '시행함이 없음'이다. 그 자세한 의미는 48장의 "배움을 시행하면 날마다 보태고, 도를 시행하면 날마다 덜어낸다"[21]는 구절을 이해하면 드러난다. 배움과 도에는 여러 가지가 있겠지만 『도덕경』과 관계할 때, 아름답고 선한 것이 무엇인지 아는 것이 배움이고, 거꾸로 그런 배움을 없애는 것이 도이다. 이미 앞의 1장에서 살펴본 것으로 『도덕경』 2장의 "천하가 모두 아름다움이 아름다운 것이 되는 줄 아는 것, 이런 것은 추악한 것일 뿐이다"[22]에서 아름다움이 아름다운 것인 줄 천하가 아는 것은 교화를 시행하는 유위이다. 반면에 교화를 시행하지 않고 도리어 그런 일을 날마다 덜어서 없애버리는 것이 무위이다.

무위에 대해서는 다음 3장에서 다루고, 먼저 유위에 대해서 알아보자. 48장의 배움을 2장과 연결할 때, 이미 살펴본 것처럼 아름다운 것과 선한 것 등

---

21) 『초원담노』 48장, "爲學日益, 爲道日損。"
22) 『초원담노』 2장, "天下皆知美之爲美, 斯惡已。" 필자가 보기에 이 구절은 왕필보다는 이충익의 주석이 더 탁월하기 때문에 『초원담노』의 주석에 따라 해석했다. 왕필의 주를 따르면, "천하가 모두 아름다운 것이 아름다운 것인 줄 아는데, 이것은 추악한 것 때문일 뿐이다"로 해석해야 한다. 뒤에서 이충익과 서로 비교하면서 자세히 밝히겠다.

통치에 필요한 것들을 백성들에게 교육시켜 알게 하는 것 곧 교화를 시행하는 것은 모두 유위이다. 교화를 시행하면, 무엇이 배울 내용인지 알게 해야 하고, 또 그것을 넓고 자세히 시행하기 위해 여러 가지로 힘써야 하기 때문에 하는 일이 점점 더 많아질 수밖에 없다. "배움을 시행하면 날마다 보탠다"는 말의 의미는 대략 이처럼 이해하면 된다. 그런데 인의처럼 선한 것과 아름다운 것으로 백성들이 교화되도록 배움을 시행하는 것에 대해 곧 유학의 이념인 통치이데올로기를 시행하는 것에 대해 무엇 때문에 추악한 것이라고 단정하는지 그 까닭에 대해 알아보자.

1) 욕망의 자극인 유위의 교화

한마디로 노자가 유위를 반대하는 이유는 통치자들이 교화 곧 유위를 시행하면 백성들이 그것을 본받아 교묘한 행위로 자신들의 욕망을 채움으로써 국가를 혼란하게 만들어 결국 모든 생명을 위험하게 한다는 것이다. 3장에서 "현자를 높이지 않아 백성들이 다투지 않게 하고, 얻기 어려운 재화를 귀하게 여기지 않아 백성들이 도적이 되지 않게 하며, 욕심날만한 것을 드러내지 않아 마음이 어지러워지지 않게 한다. 이 때문에 성인의 다스림은 …, 항상 백성들이 알고 싶은 것과 하고 싶은 것을 없게 하며, 지혜로운 자가 감히 어떤 일도 하지 못하게 한다"[23]라는 구절이 이것에 대한 설명이다. 3장에서 현자와 얻기 어려운 재화 및 욕심날만한 것은 2장에서 말하는 아름다운 것과 선한 것으로 보면 될 것이다. 이것에 대해 이충익은 다른 장의 주석과는 달리 길고 자세히 설명하고 있다.

현자를 높이고 어리석은 자를 천대하니, 어리석은 자가 (현명해지려고) 노력

---

23) 『초원담노』 3장, "不尙賢, 使民不爭, 不貴難得之貨, 使民不爲盜, 不見可欲, 使心不亂. 是以聖人之治, …, 常使民無知無欲, 使夫知者不敢爲也."

하며 자신이 있는 곳을 편하게 여기지 않는다. 금과 옥을 귀하게 여기고 잡다한 기구를 천하게 여기니, 농업과 공업에 종사하는 사람들이 그들의 의복과 먹을거리를 맛나고 아름다운 것으로 여기지 않고 그들의 직업을 버린다. 높은 명예와 드러나는 직위를 사람들에게 과시하니, 영화를 바라는 것이 끝이 없어지고 풍속이 어지러워진다. …. 이 때문에 성인의 다스림은 백성들이 마음과 뜻을 물리쳐 배와 뼈를 기르도록 하고 '알고 싶은 것'[知]과 '하고 싶은 것'[欲]이 중심을 어지럽히지 못하도록 한다. 그렇게 한 다음에야 농업과 공업에 종사하는 사람들이 자신들의 일에 전념해서 쇠약해지지 않는다. ….[24]

통치자가 유위 곧 교화를 시행할 때 나오는 폐단은 어리석은 사람이 현명하게 되려고 하는 것이고, 평범한 백성들이 일상적으로 필요한 것들을 하찮은 것으로 여기고 또 명예와 영화에 눈이 멀어 끝없는 욕망으로 세상을 어지럽히는 것이다. 곧 유위로 아름다움과 선함을 드러내서 백성들을 교육시키면, 교화되기보다는 오히려 욕망이 자극되어 마침내 국가나 자신의 생명을 해치는 쪽으로 달려가게 된다는 것이다. 2장의 "천하가 모두 아름다움이 아름다운 것이 되는 줄 아는 것, 이것은 추악한 것일 뿐이고, 모두 선함이 선한 것이 되는 줄 아는 것, 이것은 선하지 않은 것일 뿐이다"라는 구절의 의미가 바로 여기에서 분명하게 살아난다.

이충익의 이와 같은 해석은 노자의 사상을 노자의 시각으로 받아들인다는 점에서는 왕필과 동일하다. 그러나 왕필이 『도덕경』의 각 구절마다 모두 하나하나 주석한 것과 비교해보면, 이충익은 왕필과 다르게 노자를 이해하고 있다. 이충익은 각 장의 끝에서 그 장의 내용을 전체적으로 요약해서 주석

---

24) 『초원담노』 3장의 주, "尚賢而賤愚, 則愚者有所跂, 而不安其所矣。貴金玉而賤什器,
則農工不甘美其衣食, 而失其業矣。高名顯位以夸示於人, 則榮願無窮, 而俗亂矣。
…。是以聖人之爲治, 使民黜其心志, 而養其腹骨, 知與欲得無以滑其中。然後農工專
其業, 而無羸瘠矣。…。"

했기 때문에 왕필보다 더 간결·정교하고, 심지어 많은 곳에서 『도덕경』 본문보다도 그 주석이 짧은 곳도 많다.[25] 본 논문에 인용된 『초원담노』와 『노자주』 모두를 비교한다는 것은 지면과 시간 낭비일 뿐이니, 여기서는 먼저 절을 바꾸어서 무위와 유위를 모두 설명하는 단서가 되는 2장의 왕필주를 중심으로 『초원담노』와의 차이를 살펴보도록 하겠다.

2) 이충익과 왕필의 2장 주석 차이

『도덕경』 2장의 첫 구절 곧 "천하개지지미지위미天下皆知美之爲美, 사오이斯惡已, 개지선지위선皆知善之爲善, 사불선이斯不善已."에 대해 이충익과 왕필의 해석이 달라지는 까닭은 대명사 '사斯'자 때문이다. 곧 이충익은 '사斯'자가 "천하개지지미지위미天下皆知美之爲美"를, 왕필은 "미지위미美之爲美"를 의미한다고 보았다. 그래서 이 구절에 대해 이충익은 "천하가 모두 아름다움이 아름다운 것이 되는 줄 아는 것, 이런 것은 추악한 것일 뿐이고, 모두 선함이 선한 것이 되는 줄 아는 것, 이런 것은 선하지 않은 것일 뿐이다"라는 의미로, 왕필은 "천하가 모두 아름다움이 아름다운 것이 되는 줄 아는데, 이것은 추악한 것 때문일 뿐이고, 선함이 선한 것이 되는 줄 아는데, 이것은 선하지 않은 것 때문일 뿐이다"라는 의미로 주석했다.

이충익은 이 구절에 대해 "아름다운 것·선한 것이 이름으로 명명되어 저

---

25) 대표적으로 짧은 곳은 12·43·47장 등으로 다음과 같다. 『초원담노』 12장 본문, "五色令人目盲, 五音令人耳聾, 五味令人口爽, 馳騁畋獵, 令人心發狂, 難得之貨, 令人行妨. 是以聖人爲腹不爲目. 故去彼取此." ⇒ 주석, "爲腹, 外於心知也, 不爲目, 耳目內通也." 43장 본문, "天下之至柔, 馳騁天下之至堅, 無有入無間. 吾是以知無爲之有益. 不言之教, 無爲之益, 天下希及之." ⇒ 주석, "無爲之有益, 有爲者敗之. 不言之教, 神道設教, 而天下服." 47장 본문, "不出戶, 知天下, 不闚牖, 見天道. 其出彌遠, 其知彌少. 是以聖人不行而知, 不見而名, 不爲而成." ⇒ 주석, "離道而逐物, 彌遠而彌失."

절로 그렇게 되는 것에서 나오지 않게 되니, 천하가 모두 아름다운 것·선한 것이 욕심낼만한 것이라는 것을 알게 되어 추악한 것·선하지 않은 것이 서로 말미암아서 이루어진다"[26]라고 주석했다. 곧 그는 통치자들이 아름답고 선한 것을 이름으로 명명해서 교화를 통해 백성들에게 강조하기 때문에 백성들의 욕망이 자극되어 추악한 것과 선하지 않은 것이 나오게 된다는 것이다. 다시 말해 교화를 통해 아름답고 선한 것을 강조할수록 백성들의 욕망이 더 자극되어 결국 국가나 개인의 생명을 어지럽히고 훼손시키니, 유위를 시행하지 않아야 한다는 것이다.

왕필은 2장의 첫 구절에 대해 "아름다운 것과 추악한 것은 기뻐하는 것과 노하는 것과 같고, 선한 것과 선하지 않은 것은 옳은 것과 그른 것과 같다. 기뻐하는 것과 노하는 것은 근원이 같고, 옳은 것과 그른 것은 문호門戶가 같으므로, 한쪽만을 거론해서는 안 된다"[27]라고 주석했는데, 그 의미가 애매하다. 그런데 18장의 주 "매우 아름답다고 부르는 것은 아주 추악한 것에서 생기니, 이른바 아름다움과 추악함은 문門을 같이한다는 것이다"[28]라는 말을 참고할 때, 2장의 첫 구절에 대한 왕필주의 의미가 분명해진다. 곧 선하지 않은 것과 추악한 것 때문에 선한 것과 아름다운 것이 드러나니, 선한 것과 아름다운 것은 결국 상대적인 가치에 지나지 않는다는 것이다.

이충익이나 왕필은 2장의 첫 구절에 대해 서로 다르게 주석했지만, 궁극적으로 모두 노자의 무위를 목표로 하고 있다. 곧 이충익은 위에서 교화를 시

---

26) 『초원담노』 2장의 주, "美善可名, 而不出於自然, 則天下皆知美善之可欲, 而惡與不善, 相因以成."
27) 『노자주』 2장의 주, "美惡猶喜怒也, 善不善猶是非也。喜怒同根, 是非同門, 故不可得而偏擧也."
28) 『노자주』 18장의 주, "甚美之名, 生於大惡, 所謂美惡同門."

행하는 것 때문에 백성들이 잘못되어 나라를 혼란스럽게 하고 생명을 해치니, 통치자들이 무위하면 비록 백성들 스스로 시행하는 것이 있을지라도 멀리 벗어나지 않고 제자리로 돌아온다고 강조한다. 곧 그는 "유가 있으면 반드시 무가 있게 되고, …, 장단과 고하가 불붙듯이 존립하니, 이에 있는 재주를 다해 헤아려도 헤아릴 수 없는 지경까지 가게 된다. 이 때문에 성인은 만물이[29] 시행한 것에 의지하지 않고 만물의 공에 머물지 않아서 바로 저절로 그렇게 되는 것으로 되돌릴 수 있으니, 만물의 아름다운 것과 선한 것을 영원히 하고 길이 떠나지 않게 한다"[30]라고 주석한다.

반면에 왕필에게 아름다운 것은 추악한 것에 의해 성립하는 상대적인 가치를 지닌 것에 불과하듯이 나머지 본문의 유무 등도 동일한 맥락에서 해석되고, 성인이 무위하는 것도 유위가 상대적인 것에 지나지 않기 때문이라는 것이다. 다시 말해 상대적인 것을 절대적인 것으로 잘못 파악하여 교화를 베풀면 세상이 어지럽게 된다는 것이다. 왕필에게 절대적인 세계는 아름다운 것과 선한 것이 추악한 것과 선하지 않은 것으로 분리되지 않고 함께 있는 '저절로 그런 것'[自然]이기 때문에 한쪽만 거론해서는 안되는 것이다.[31] 이런 점에서 이충익이 2장을 해석하는 관점과는 이상의 설명처럼 서로 차이가 있음을 알아야 한다.

---

29) 주석의 '其'자를 만물로 해석한 것은 본문 "萬物作焉而不辭, 生而不有, 爲而不恃, 功成而不居。" 구절에서 萬物을 대신한 것이기 때문인데, 만백성을 의미하는 것으로 보면 될 것이다.

30) 『초원담노』 2장의 주, "有有必有無, …, 長短高下, 熾然存立, 乃至巧歷所不能算。是故聖人不恃其爲, 不居其功, 乃能反乎自然, 常其美善, 而長不去也。"

31) 『노자주』, 2장의 주, "기뻐하는 것과 노하는 것은 근원이 같고, 옳은 것과 그른 것은 문호門戶가 같으므로, 한쪽만 거론해서는 안 된다. 본문의 여섯 가지[有無·難易·長短·高下·音聲·前後]는 모두 '저절로 그렇게 되는 것'[自然]들을 진술했으니, 한쪽만을 거론해서는 안 되는 '분명한 이치'[明數]이다.(喜怒同根, 是非同門, 故不可得而偏擧也。此六者皆陳自然, 不可偏擧之明數也。)"

2장의 첫 구절 외에 나머지 본문을 이충익의 관점대로 해석하면 "그러므로 유有와 무無가 서로 낳아주고 어려움과 쉬움이 서로 이루어지며, 긴 것과 짧은 것이 서로 드러나고 높은 것과 낮은 것이 서로 비교되며, 성聲과 음音이 서로 조화를 이루고 앞과 뒤가 서로 연결된다. 이 때문에 성인은 아무 것도 시행함이 없는 일삼음을 지키고 말없는 교화를 행한다. 만물이 어떤 것을 일으켜도 말하지 않고, 무엇인가 내놓아도 있다고 하지 않으며, 무엇을 시행해도 그것에 의지하지 않고, 공을 이루어도 머물지 않는다. 오직 머물지 않기 때문에 떠나가지 않는다"[32]로 해야 한다.

2장의 나머지 본문을 왕필의 시각으로 보면, 그 문구가 동일할지라도 의미 내용은 다르다. 왕필에게 '유와 무가 서로 낳아준다'는 의미는 유와 무가 상대적으로 서로 의지해서 성립한다는 말이다. 그런데 이충익에게 그 의미는 아름다움이 아름다운 것인 줄 알게 하는 교화를 시행하는 것이 잘못이라는 점에서 유무상생이다. 곧 아름다움을 강조하는 것을 유라고 하면, 강조하는 것 때문에 도리어 잘못되어 아름다움이 사라지는 것을 무라고 한다는 의미이다. 또한 왕필에게 '성인의 시행함이 없는 일삼음'이나 '말없는 교화'도 상대적인 것을 시행하지 않는다는 말이고, 이충익에게는 교화를 시행하면 잘못되기 때문에 아무것도 하지 않는다는 의미이다.

이충익이나 왕필 모두 궁극적으로 노자의 무위를 설명하기 위해 이상처럼 서로 다른 관점에서 『도덕경』2장을 설명했다. 필자가 보기에 두 사람의 설명 방법이 비록 서로 다를지라도 모두 노자의 의도를 충실히 따르고 있다. 일반

---

32) 『초원담노』2장, "故有無相生, 難易相成, 長短相形, 高下相傾, 聲音相和, 前後相隨。是以聖人處無爲之事, 行不言之敎。萬物作焉而不辭, 生而不有, 爲而不恃, 功成而不居。夫唯不居, 是以不去。"

적으로 왕필의 『노자주』는 노자의 의도를 아주 간략하게 잘 드러낸 최고의 주석으로 평가된다. 그런데 이충익의 『초원담노』는 왕필주보다도 훨씬 더 간략하게 노자의 의도를 잘 드러내고 있다.[33] 그러니 그 만큼 더 『초원담노』의 가치가 높다고 평가할 수 있다. 계속해서 생명을 고양시키는 무위에 대해 장을 바꾸어서 살펴보자.

3. 생명의 고양인 무위

48장의 "배움을 시행하면 날마다 보태고, 도를 시행하면 날마다 덜어낸다. 덜어내고 또 덜어내서 아무것도 시행하는 것이 없게 되면, 시행하는 것이 없지만 시행하지 않는 것이 없게 된다"[34]라는 구절에서 배움은 2장의 아름다움 등에 대해 백성들이 알게 하는 것으로 교화를 시행하는 것 곧 유위이다. 그런데 유위는 백성들의 욕망을 자극함으로써 그 목적과 상반되게 도리어 나라는 물론 백성들의 생명까지 위태롭게 한다는 것을 이미 살펴보았다. 무위는 앞에서 간략히 살펴본 것처럼 통치자가 시행하는 것을 없애는 것이다. 48장의 말로 볼 때, 통치자가 시행할 것을 없애고 또 없앰으로써 아무것도 시행하지 않아 오히려 백성들이 제대로 되는 것이 무위이다.

---

33) 간혹 『초원담노』가 『노자주』보다 분량이 더 많은 곳도 있지만 대부분 그렇지 않다. 2장의 주를 다음처럼 비교해 보면, 『노자주』의 분량이 더 많다. 『초원담노』: "美善可名, 而不出於自然, 則天下皆知美善之可欲, 而惡與不善, 相因以成。有有必有無, 有難必有易, 長短高下, 燦然存立, 乃至巧歷所不能算。是故聖人不恃其爲, 不居其功, 乃能反乎自然, 常其美善, 而長不去也。" 『노자주』: "美者, 人心之所進樂也。惡者, 人心之所惡疾也。美惡猶喜怒也, 善不善猶是非也。喜怒同根, 是非同門。故不可得而偏擧也。此六者皆陳自然, 不可偏擧之明數也。自然已足, 爲則敗也。智慧自備, 爲則僞也。因物而用, 功自彼成。故不居也。使功在己, 則功不可久也。"
34) 『초원담노』 48장, "爲學日益, 爲道日損。損之又損之, 以至于無爲, 無爲而無不爲矣。"

지금까지의 논의를 참고할 때, 무위는 유위로 사람들의 욕망을 자극하지 않는 것이다. 곧 무위는 욕망을 자극하지 않기 때문에 백성들이 제 자리에서 자신의 능력을 발휘하면서 소박하게 살아가는 것이다. 무위를 행하면 간혹 백성들 중에서 욕망을 자극시키는 일을 하는 자들이 있을지라도 아무도 주목하지 않게 됨으로써 저절로 안정된다고 이미 이충익이 앞의 2장 2절에서 설명했다.[35] 이충익의 관점에서 무위의 시작은 유위로는 아름답고 선한 세상을 만들 수 없고 도리어 혼란만 가중시킨다는 것을 깨닫는 것이다. 곧 천하가 모두 아름다움이 아름다운 것인 줄 아는 것, 이것은 추악한 것일 뿐이고, 모두 선함이 선한 것인 줄 아는 것, 이것은 선하지 않은 것일 뿐임을 깨닫는 것이 무위의 시작이다.

　무위는 도를 본받는 것으로 "도는 비우면서 작용해 그 무엇으로도 채울 수 없을 듯하다. 그러니 …. 그 예리함을 꺾어 분란을 해소한다"[36]라는 구절과 "천지는 아마도 풀무와 같을 것이니, 비어 있어 다하지 않고 움직이면 움직일수록 더욱 더 내놓는다. 말이 많으면 자주 궁해지니 마음속으로 지키고 있는 것만 못하다"[37]라는 구절과 관련된다. 이 구절들은 결국 '천지와 성인이 만물과 백성들에게 어질게 대하지 않은 것'[38]에 대한 까닭으로 압축된다. 곧 통치자가 유위의 폐단을 깨달아 자신을 비우고 무위로 무관심할 때 백

---

35) 『초원담노』 2장의 주, "이 때문에 성인은 만물이 시행한 것에 의지하지 않고 만물의 공에 머물지 않아서 바로 저절로 그렇게 되는 것으로 되돌릴 수 있으니, 만물의 아름다운 것과 선한 것을 항구히 하고 길이 떠나지 않게 한다.(是故聖人不恃其爲, 不居其功, 乃能反乎自然, 常其美善, 而長不去也。)"
36) 『초원담노』 4장, "道冲而用之, 或不盈。 …. 挫其銳, 解其紛。"
37) 『초원담노』 5장, "天地之間, 其猶橐籥乎, 虛而不屈, 動而愈出。多言數窮, 不如守中。"
38) 『초원담노』 5장, "천지는 어질지 않아 만물을 지푸라기로 엮어 만든 강아지처럼 취급하고, 성인은 어질지 않아 백성을 지푸라기로 엮어 만든 강아지처럼 취급한다.(天地不仁, 以萬物爲芻狗, 聖人不仁, 以百姓爲芻狗。)"

성들이 무위의 교화 속으로 흡입되어 그들의 생명을 스스로 고양시킨다는 것이다. 무위에 대한 이충익의 설명을 32장과 37장을 통해 살펴보자.

1) 생명의 고양인 무위의 교화

32장의 "도는 항상 '이름'[名]이 없다. 질박함이 비록 하찮을지라도 천하에서 아무도 신하 삼을 수 없다. 후왕이 만약 그것을 지킬 수 있다면 만물은 저절로 복종할 것이고, 천지는 서로 합침으로 단 이슬을 내릴 것이며, 사람들은 아무런 명령을 내리지 않아도 저절로 바르게 될 것이다"[39]라는 말에서 첫 구절의 '이름'[名]이 2장의 아름다운 것·선한 것 등과 어떻게 연관되는지 살필 수 있어야 한다. 이충익이 "아름다운 것·선한 것에 이름을 붙여 저절로 그렇게 되는 것에서 나오지 않게 되니, 천하가 모두 아름다운 것·선한 것이 욕심낼만한 것이라는 것을 알게 되어 추악한 것·선하지 않은 것이 서로 말미암아서 이루어진다"[40]라고 하는 것으로 볼 때, 이름의 있음과 없음 곧 이름으로 드러내는지 여부가 유위와 무위의 기점이다.

아름다운 것과 선한 것을 이름으로 드러내어 알림으로써 교화시키면 그 때문에 세상이 잘못되어 서로의 생명을 훼손한다는 의미로 이충익은 『노자』 2장의 첫 구절을 해석했다. 위의 단락에서 "도는 항상 이름이 없다"는 구절 이하의 의미는 진정한 도는 이름으로 드러낼 수도 없고 드러내서도 안된다는 의미이고, 또 후왕이 도의 이름 없음을 본받으면 만물과 백성들이 저절로 복종하고 바르게 된다는 것이다. 이충익은 이것에 대해 다음처럼 설명하고

---

39) 『초원담노』 32장, "道常無名。樸雖小, 天下不敢臣。侯王若能守, 萬物將自賓, 天地相合, 以降甘露, 人莫之令而自均。"
40) 『초원담노』 2장의 주, "美善可名, 而不出於自然, 則天下皆知美善之可欲, 而惡與不善, 相因以成。"

있다.

> 도에 대해 비록 억지로 이름을 붙여 도라고 할 수는 있을지라도 도의 영원함
> 과 같은 것은 도라고 이름붙일 수 있는 것이 아니다. 그렇다면 도는 거칠게
> 비유한 것이다. 또 '질박함'[樸]으로 도의 크게 온전함에 대해 비유하고, 나누
> 어서 마름질한 것으로 '그릇'[器]이라고 이름 붙였다. 질박함을 그릇으로 비
> 유하면 하찮다고 할 수 있다. 그렇지만 도의 크게 온전함은 바로 임금의 도
> 이니, 후왕이 그것을 지킴으로써 만물을 복종시킬 수 있는 것이다. 질박함이
> 나누어져서 그릇이 되면 온갖 이름이 성립한다.[41]

위의 내용은 질박함으로 만물을 복종시킬 수 있다는 것인데, 통치에 필요
한 덕목을 이름으로 드러내어 교화시키면 도리어 백성들이 다스려지지 않
고, 이름으로 드러내지 않으면 오히려 다스려진다는 의미이다. 58장의 "화에
는 복이 기대어 있고, 복에는 화가 엎드려 있으니, 누가 그 종극을 알겠는가?
그것에는 일정한 것이 없는 것 같구나! 일정한 것이 다시 느닷없는 것이 되
고, 선하게 하는 것이 다시 재앙이 되게 하니, 사람들이 헷갈린 지가 시간적
으로 꽤나 오래되었다"[42]라는 구절도 이상의 의미를 알면 쉽게 이해할 수
있다. 곧 유위를 복으로 여겨 시행하면 잘못되고, 무위로 가만히 놔두는 것
이 재앙처럼 여겨질지라도 그렇게 하면 결국 제대로 된다는 의미이다.

이 시점에서 백성들에게 덕목을 드러내지 않게 시행하는 것은 어떨까 하
는 의문을 가져볼 수 있는데, 노자는 그 대답까지 준비해 놨다. 그는 37장에

---

41) 『초원담노』 32장의 주, "道雖强名之曰道, 然若道之常, 非道之可名. 則道是取譬之粗
也. 又以樸取譬於道之大全, 而以散而制器, 名之曰器. 樸譬之器, 可謂小矣. 然道之
大全, 卽君道也, 侯王所以守之, 以賓萬物者也. 樸散而爲器, 衆名立焉."
42) 『초원담노』 58장, "禍兮福所倚, 福兮禍所伏, 孰知其極. 其無正邪. 正復爲奇, 善復
爲祅, 人之迷也, 其日固久矣."

서 "도는 언제나 아무것도 시행함이 없지만 하지 못하는 것이 없다. 후왕이 만약 이것을 지킬 수 있다면 만물이 저절로 감화될 것이다. 감화된다고 이것을 일으키고자 하면, 나는 이름 없는 질박함으로 진정시킬 것이다. 이름 없는 질박함마저도 하고자 함이 없어야 할 것이니, 하고자 하지 않아 고요해진다면 천하가 저절로 바르게 될 것이다"[43]라고 했기 때문이다. 37장은 『도덕경』의 핵심인데, 여기서 노자는 '드러나지 않게 시행하는 것마저도 절대로 해서는 안된다'고 했다. 이충익의 주석을 보면 더욱 분명해진다.

질박함으로 사물을 진정시키는 것을 일으키려고 하는 것은 사물이 근원으로 돌아가도록 하는 것이다. 그러나 이미 질박함이라고 말해버렸다면 형태로 드러난 것이 되어 32장의 시작을 마름질해 나누면 이름이 서로 함부로 생겨난다는 것과 비슷하게 염려되므로, "이름 없는 질박함"이라고 했다. 그러나 그것을 이름 없음이라고 말했다면 말을 없앨 수 없으므로, 또 이름 없음마저도 하고자 하지 않는 것이다. 질박함이라고 이름 붙인 것은 단지 고요함을 사용하는 것에 대해 핵심을 지적한 것일 뿐이다. 고요해지는 것을 사용하니, 성대한 것은 근본으로 돌아가 저절로 바르게 된다. ….[44]

이충익은 이름 없음이라는 말마저도 없애야 한다고 분명하게 언급하고 있다. 곧 통치자가 무위 그것까지도 의도적으로 행해서는 결코 생명을 고양시킬 수 없다고 강조했던 것이다. 37장은 『노자』에서 해석하기 어려운 곳 중의 한 곳인데, 이충익은 노자의 핵심을 놓치지 않고 간파하고 있다. 37장에 대한 왕필의 관점도 이충익과 다르지 않지만 이충익의 주석만큼 분명하지가 않다.

---

43) 『초원담노』37장, "道常無爲而無不爲。侯王若能守, 萬物將自化。化而欲作, 吾將鎭之以無名之樸。無名之樸, 亦將無欲, 不欲以靜, 天下將自定。"
44) 『초원담노』37장의 주, "以樸鎭物之欲作, 欲物之歸根也。然旣謂之樸, 則涉於形, 似恐與始制之名相濫, 故曰無名之樸。然謂之無名, 則不能無謂矣, 故又不欲以無名。名樸, 只要以靜。以靜, 則芸芸者, 歸根而自正。…。"

그들의 주석을 서로 비교해 보면, 이충익의 『초원담노』가 얼마나 뛰어난지 바로 실감할 수 있으니, 절을 바꾸어 왕필의 『노자주』를 살펴보자.

2) 이충익과 왕필의 37장 주석 차이

『초원담노』와 『노자주』의 차이를 직접 살펴봄에 왕필 『노자주』에서 구절마다의 본문과 주석을 쉽게 구분하기 위해 원번호를 사용하겠다. 곧 본문 ①에 대해 그 주석에도 ①로 표시하겠다는 것이다. 『초원담노』는 이미 앞의 1절에서 살폈으니, 이것을 가지고 왕필주와 서로 비교하면 된다.

> 본문: ①도는 언제나 아무것도 시행함이 없지만, ②하지 못하는 것이 없다. ③후왕이 만약 이것을 지킬 수 있다면, 만물이 저절로 감화될 것이다. 감화된다고 이것을 일으키려고 한다면, 나는 '이름 없는 질박함'[無名之樸]으로 그것을 진압할 것이나, ④이름 없는 질박함, 그것마저도 하고자 함을 없애겠다. ⑤하고자 하지 않아 고요해지면, 천하가 저절로 안정될 것이다.(①道常無爲, ②而無不爲。③侯王若能守之, 萬物將自化。化而欲作, 吾將鎭之以無名之樸, ④無名之樸, 夫亦將無欲。⑤不欲以靜, 天下將自定。)

> 왕필의 주석: ①저절로 그렇게 됨을 따른다. ②만물은 도로 말미암아 시행하는 것에 의해 다스려지고 완성되지 않는 것이 없다. ③ '교화된다고 일으키려고 한다'라는 구절은 완성시키겠다고 일으킨다는 의미이고, '나는 이름 없는 질박함으로 그것을 진압할 것이다.'라는 구절은 근본으로 여기지 않는다는 의미이다. ④내세우려고 함이 없다.(①順自然也。②萬物無不由爲以治以成之也。③化而欲作, 作欲成也, 吾將鎭之無名之樸, 不爲主也。④無欲競也。)

『도덕경』의 전체적인 내용을 파악했다면, 37장의 의미는 이충익의 해석처럼 쉽게 다가올 수 있다. 그런데 왕필의 주석을 참고할 경우, 노자의 의도를 어긴 것은 아니지만 2장의 주석에서처럼 또 그 의미 파악이 다소 모호해진다. 이충익이 "그것을 이름 없음이라고 말했다면 말을 없앨 수 없으므로, 또 이름 없음마저도 하고자 하지 않는 것이다"라고 함으로써 의미파악을 쉽게 할 수 있도록 한 것과 서로 비교된다. 왕필이 모호하게 주석한 것 때문에 이미 몇 권의 번역본이 시중에 나왔음에도 불구하고 해석에서 대부분 전체적인 초점을 찾지 못하고 있다.[45] 사실 왕필 『노자주』 번역에 책임이 있는 필자도 『초원담노』를 참고한 다음에 『도덕경』을 더욱 깊이 이해했고, 또 왕필의 의도에 대해 대부분 이해할 수 있었음을 고백한다.

물론 왕필 『노자주』의 모든 곳이 이충익의 『초원담노』보다 못하다는 것은 아니다. 어느 곳은 왕필의 주석이 뛰어난 곳도 있지만 전체적으로 이충익의 주석이 훨씬 더 간결하고 정교하다는 것이다. 왕필은 『도덕경』 2장·11장·40장의 유와 무를 통해 우리의 지성이 절대적인 세계를 파악할 수 없음을 주장하고, 이어 천도와 합일하는 유일한 방법은 지성의 사용이 아니라 그것을 없애는 마음 비움을 통해 도달할 수 있음을 체계적으로 언급한다.[46] 『노자주』의 이런 점은 유有와 무無로 이루어진 사물의 자연스러운 존재 방식 곧 '사물로 드러나는 부분'[有]과 '사물이 사물로 드러나게 하는 그 상대적 이면'[無]을 통해 『도덕경』 전체를 설명하려는 구도로 왕필주의 탁월함이다.

그런데 이충익은 이미 2장의 주석에서 보았듯이 유有·무無의 상대적 구조보다는 바로 아름다움이나 선을 고양하려는 유위 때문에 세상과 모든 생명이 잘못된다고 지적하여 깨닫게 함으로써 무위의 절대적인 세계에 접근시키려고 한다. 곧 왕필이 유·무라는 사물의 존재 구조를 통해 마음 비움을 강조

---

45) 추만호 역, 『老子講義』, 우리문화연구소, 1996년. 임채우 역 『왕필의 노자』, 예문서원, 1997년. 김학목 역, 『노자 도덕경과 왕필의 주』, 홍익출판사, 2000년.

46) 김학목, 「王弼의 『老子注』에서 有·無에 대한 考察」, 『철학』 제 63, 2000년, 59-76쪽.

하고 결국 마음 비움을 통해 무위에 도달할 수 있음을 차례대로 설명하는 방법과는 다르다. 이충익은 1장의 "무명천지지시無名天地之始, 유명만물지모有名萬物之母."구절에 대해 왕필이 "무명無名, 천지지시天地之始, 유명有名, 만물지모萬物之母."로 구두한 것과 달리 "무無, 명천지지시名天地之始, 유有, 명만물지모名萬物之母."로 구두하고는[47] 이곳의 유와 무로 나머지 11장과 40장의 유와 무를 설명하는데,[48] 2장의 유와 무도 이 틀을 벗어나지 않는다.[49]

이충익의 논리 전개로 볼 때, 2장의 유와 무 역시 무이면서 유라는 1장의 구조로[50] 설명할 수밖에 없는데, 2장 2절에서 이미 설명했듯이 아름다움을

---

47) 『초원담노』1장의 주, "천지가 아직 있지 않은 것을 무無라고 이름 붙이고, 만물이 이윽고 생겨나오는 것을 유有라고 이름 붙이는데, 무는 유에 상대적인 무가 아니고, 유는 무에서 유로 된 것이 아니다. 무는 바로 '항구한 무'[常無]이어서 이름붙일 수 있는 무가 아니니, 그 오묘함을 헤아릴 수 없다. 유도 '항구한 유'[常有]이어서 이름 붙일 수 있는 유가 아니니, 그 미묘함이 끝이 없다. 헤아릴 수 없는 오묘함과 끝이 없는 미묘함을 꿰뚫어 볼 수 있다면, 유와 무는 '항구한 유'[常有]와 '항구한 무'[常無]가 되어서 이름 붙일 수 있는 유와 무가 아님을 알 수 있다. 무가 그냥 독자적으로 무이기 때문에 유와 다르지 않고, 유가 그냥 혼자서 유이기 때문에 무와 구별되지 않는다.(天地未有, 名之曰無, 萬物旣生, 名之曰有, 無非對有之無, 有非自無爲有。無乃常無, 而非可名之無, 則其妙不測。有亦常有, 而非可名之有, 則其徵無際。能觀不測之妙, 與無際之徵, 則有無之爲常有無, 而非可名之有無, 可知矣。無乃特無, 故不殊於有, 有乃獨有, 故不別於無。)"
48) 『초원담노』11장의 주, "유와 무가 서로에게 있어 이로움과 효용이 되는 것을 알면, 1장에서의 '나온 곳이 같은데 이름이 달라진다'는 구절의 뜻을 알게 된다.(知有無之相卽, 而爲利用, 則同出異名之旨, 見矣。)", 40장의 주, "만약 '무가 있어 유를 낳고 유가 있어 사물을 낳았다'고 말한다면 막혀서 이해되지 않는 곳이 허다할 것이니, 생사와 주야가 서로 일관되는 (1장의) '항구한 무'[常無]와 '항구한 유'[常有]가 아니다.(若曰有無生有, 有有生物, 許多隔斷, 非死生晝夜, 相爲一貫之常無常有也。)"
49) 김윤경이 「李忠翊의 『椒園談老』에 드러난 有無觀」에서 이충익과 왕필의 유무를 서로 비교·연구했지만, 아직까지 심도 있는 고찰은 이루어지지 않았다.
50) 『초원담노』1장의 주, "무가 그냥 독자적으로 무이기 때문에 유와 다르지 않고, 유가 그냥 혼자서 유이기 때문에 무와 구별되지 않는다.(無乃特無, 故不殊於有, 有乃獨有, 故不別於無。)"

이름으로 드러내어 강조하면 그 때문에 추함이 나오듯이 유와 무는 상생한다는 것이다. 곧 유와 무는 구분되지 않고 이름 없는 상태에서는 하나이기 때문에, 유를 드러내면 무가 나오고 무를 드러내면 유가 나온다는 것이다. 다시 말해 '좋은 것을 드러내어 교화하려고 하면 백성들이 자신의 분수를 망각하고 억지로 따라하려고 해서 잘못되고, 추악한 것을 드러내어 교정하려고 하면 자신이 추악한 것에 편하지 않아 억지로 회피하려고 해서 잘못된다는 것이다.[51] 결국 무엇이든 이름으로 드러내어 교화시키면 그 의도를 벗어나 나쁘게 된다는 의미이다.

유와 무가 상생하는 것은 그것들이 원래 하나였기 때문에 한쪽을 드러내면 다른 한쪽이 나타난다는 것이 이충익의 관점이다. 곧 백성들을 교화시키려고 선한 것을 이름으로 드러내면 선하지 않게 되니, 선한 것과 선하지 않은 것이 함께 있기 때문이라는 말이다. 이런 점에서 아무리 아름다운 것일지라도 절대로 드러내서는 안되니, 그것이 무위의 교화이다. 곧 통치자가 이것을 깨닫고, 말하지 않고 시행함이 없는 교화로 모든 생명을 고양·발현시켜야 한다는 것이 『도덕경』의 궁극적인 가르침이다. 유와 무가 하나라는 이충익의 논리에는 불교의 '색즉시공, 공즉시색'과 양명학의 '심즉리'가 묘하게 전제되

---

51) 『초원담노』 3장의 주, "현자를 높이고 어리석은 자를 천대하니, 어리석은 자가 (현명해지려고) 노력하며 자신이 있는 곳을 편하게 여기지 않는다. …. 높은 명예와 드러나는 직위를 사람들에게 과시하니, 영화를 바라는 것이 끝이 없어지고 풍속이 어지러워진다. 성인의 다스림은 백성을 근본으로 한다. 그런데 좋지 않은 자들을 '구제할 대상'[資]으로 취급하면 좋지 않은 자들이 좋지 않은 것에 불안해서 욕심낼만한 좋은 것으로 달려가니, 이것은 좋지 않은 자들이 다투어 일어나 도적질을 하고 난을 일으켜서 성인이 구제해야 할 대상을 잃어버리는 것이다.(尙賢而賤愚, 則愚者有所政, 而不安其所矣。…. 高名顯位以夸示於人, 則榮願無窮, 而俗亂矣。聖人之治, 以民爲本。而以不善人爲資, 不善人不安於不善, 而騖善之可欲, 則是不善人爭起爲盜亂, 而聖人失其資矣。)

어 있는데,[52] 이것에 대한 논의는 다른 지면을 통해 발표하겠다.

4. 끝맺는 말

어느 사상이든 그것이 생명의 고양과 발현을 목표로 한다는 점에서는 모두 동일하다고 볼 수 있는데, 노자의 사상은 여타의 사상과 다르다. 도가 이외의 다른 학파에서는 인의나 겸애 같은 것을 생명 고양의 근본 덕목으로 강조한다. 그런데 노자는 무엇이든 드러내어 강조하면 도리어 생명을 훼손하니 아무 것도 주장하지 않아야 된다고 한다. 이것이 노자의 무위로 여타의 사상과 확연히 다른 점이다. 노자의 사상은 수없이 많은 학자들이 주석했지만, 일반적으로 왕필(226~249)의 『노자주』가 간결하게 노자의 의도를 가장 잘 드러낸 것으로 평가된다. 그런데 필자가 보기에 왕필보다 더 간결하고 정교하게 노자의 의도를 드러낸 것이 이충익(1744~1816)의 『초원담노』이다.

이충익은 당쟁에 패한 가문의 후손으로 독존유술의 시대에 온갖 고난과 가난을 견디면서 『노자』를 노자의 시각으로 주석했다. 그 주석 이면에는 양명학과 불교의 영향도 있지만 조선후기로 갈수록 심각하게 폐단을 드러내는 주자성리학은 물론 그 원초적 기반인 원시유학까지 반성함으로써 생명의 가치를 새롭게 창조하려는 진리탐구의 정신이 숨어 있다. 그런데 이충익의 통치이념 부정에는 조선조 『노자』 주석 유학자들이 대부분 성리학의 새로운 활로를 『노자』에서 모색한 것과 절대로 무관하지 않다. 이충익(1744~1816) 바로

---

52) 금장태, 『한국유학의 노자이해』, 서울대출판부, 2006년, 258쪽. 유호선, 「陽明學者 李忠翊의 佛敎觀 一考」, 119쪽-139쪽. 김학목, 「江華學派의 『道德經』 주석에 관한 고찰」, 『동서철학연구』 제 34호, 293쪽.

다음의 자타가 공인하는 정통주자학자 홍석주(1774~1842)까지 그의 『도덕경』 주석 『정노』에서 성리학을 긍정하지 않고 있기 때문이다.

춘추시대의 무위 교과서 『노자』가 2천년 이상의 엄청난 세월 후에 유학 일색의 조선시대에 노자의 의도 그대로 생명을 고양하는 사상으로 재조명되었으니, 모두 초원 이충익의 진리탐구에 대한 열정 때문이다. 율곡 이이의 『순언』으로부터 이어지는 『도덕경』 주석의 대부분이 모두 성리학을 비판한다는 점에서는 동일하지만 『초원담노』처럼 노자의 입장에서 원시유학까지 비판하지는 않았다. 더구나 『도덕경』 주석에서 최고의 권위를 가진 왕필의 『노자주』를 능가하는 간결하고 정교한 논리로 생명의 고양을 위해 조선조의 통치이념을 비판했다는 점에서 이충익의 『초원담노』는 조선시대 지성사에서 큰 획을 긋는 자랑스러운 우리의 문화유산이다.

이충익(1744~1816)이 왕필(226~249)보다 1,500년 이상 이후에 귀무론을 대표하는 왕필의 『노자주』와 이것에 대립하는 숭유론[53] 및 수많은 주석들을 참조하고 『도덕경』을 주석했으니, 왕필보다 훌륭할 수밖에 없다고 말할 수도 있다. 물론 그런 점은 당연히 인정해야 하겠지만 그렇다고 그것으로 『초원담노』의 탁월함이 결코 평가절하 될 수는 없다. 다만 피비린내 짙게 풍기는 당쟁의 반동으로 『초원담노』가 나왔을 수도 있다는 생각에 곧 가문의 당쟁 패배 여파로 어린 시절부터 겪은 혹독한 아픔과 헤어날 길 없는 좌절 때문에 이념의 대립을 무화시키는 노자의 사상에 강렬하게 매혹되어 이토록 훌륭한 주석을 남겼을 수도 있다는 생각에 가슴 한편이 저민다.

---

53) 『초원담노』 「後序」, "'무를 귀하게 여기는 학파'[無家]는 세속의 학문이 근본에 헷갈리는 것을 비천하게 보고, '유를 높이는 학파'[有家]는 현묘한 이치가 일을 처리하지 못하는 것을 싫어하였다. 제각기 스스로 높이고 폄하하여 서로 융합되지 못하니, 유와 무가 모두 성립하지 못하고 도술이 분열되었다. …. (無家, 卑世學之迷其本, 有家, 嫌玄理之不綜物。各自主奴, 不相融攝, 有無俱不成立, 而道術裂。….)"

1. 원전

『論語』

『孟子』

申綽, 『石泉遺稿』(한국문집총간 279), 민족문화추진회.

李匡呂, 『李參奉集』(한국문집총간 237), 민족문화추진회.

李匡呂, 『李參奉集』(개인소장 필사본).

李忠翊, 『椒園談老』, 고려대 도서관 소장본.

李忠翊, 『椒園遺稿』(한국문집총간 255), 민족문화추진회.

王弼, 『老子注』, 「新興書局」의 華亭張氏本.

2. 연구서

金文植, 「徐命膺 著述의 種類와 特徵」, 『한국의 경학과 한문학』, 태학사,
　　　　1996.

서명응(조민환·장원목·김경수 역주), 『도덕지귀』, 예문서원, 2008.

李鍾殷, 『한국도교문화의 초점』, 아세아 문화사, 2000.

鄭良婉, 『江華學派의 文學과 思想』1, 한국정신문화연구원, 1993.

금장태, 『한국유학의 노자이해』, 서울대출판부, 2006.

박세당(김학목 역), 『박세당의 노자』, 예문서원, 1999.

王弼(추만호 역), 『老子講義』, 우리문화연구소, 1996.

王弼(임채우 역),『왕필의 노자』, 예문서원, 1997.

王弼(김학목 옮김),『노자 도덕경과 왕필의 주』, 홍익출판사, 2012.

3. 연구논문

김기주,「공자의 정치적 이상사회, 正名의 세상」,『동방한문학』 43집, 동방
한문학회, 2010.

김윤경,「이광려의「讀老子五則」에 대한 讀法」,『정신문화연구』 32권 4호,
한국학중앙연구원, 2009.

김윤경,「李忠翊의『椒園談老』에 드러난 有無觀」,『도교문화연구』 28집,
2008.

김윤경,「하곡학파의『노자』독법」,『도교문화연구』 33집, 한국도교문화학
회, 2010.

김학목,「李忠翊의『椒園談老』研究」,『인천학연구』 2-2, 인천대학교 인천
학연구원, 2003.

김학목,「江華學派의『道德經』주석에 관한 고찰」,『東西哲學硏究』 34호,
한국동서철학회, 2004.

김학목,「『醇言』에 나타난 栗谷의 經世思想」,『民族文化』 25집, 민족문화
추진회, 2002.

김학목,「『新註道德經』에 나타난 西溪의 體用論」,『철학』 64집, 한국철학
회, 2000.

김학목,「『道德指歸』編制에 나타난 保晚齋 徐命膺의 象數學」,『哲學硏
究』 64집, 철학연구회, 2004.

김학목,「淵泉 洪奭周가『道德經』을 주석한 목적」,『철학연구』 60집, 철학
연구회, 2003.

김학목,「老子의 道와 無爲」,『동서철학연구』 29호, 한국동서철학회, 2003.

김학목, 「『醇言』에 나타난 栗谷 李珥의 사상」, 『동서철학연구』 23호, 한국 동서철학회, 2002.

김학목, 「王弼의 『老子注』에서 有·無에 대한 考察」, 『철학』 제 63, 2000.

박성규, 「공자의 정명(正名)의 의미」, 『철학연구』 84집, 철학연구회, 2009년.

朴浚鎬, 「椒園 李忠翊의 生涯와 詩」, 『한문학연구』 제 9집, 1994.

徐慶淑, 「初期 江華學派의 陽明學에 關한 硏究」, 성균관대학교 대학원 박 사학위논문, 2000.

손진태, 「감저전파고(甘藷傳播考)」, 『진단학보』 13집, 진단학회, 1941.

손영식, 「孔子의 正名論과 老子의 無名論 비교」, 『철학』 31집, 한국철학회, 1989.

송항룡·조민환, 「李忠翊의 『談老』에 나타난 老子哲學」, 『東洋哲學硏究』 27집, 성균관대학교 동양철학연구회.

辛正根, 「공자의 正名의 논의에 대한 正名」, 『규장각』 20집, 서울대 규장각 한국학연구원, 1997.

심경호, 「이광려의 서찰에 관한 일고찰」, 『어문논집』 63, 민족어문학회, 2011.

심경호, 「조선후기 지성사와 제자백가」, 『한국실학연구』 13, 한국실학학회, 2007.

심경호, 「강화학파 관련 새 자료의 발굴과 강화학파 연구의 과제」, 『인천학 연구』 13, 인천대학교 인천학연구원, 2010.

吳壽京, 「李匡呂의 實學思想과 現實主義 文學世界」, 『嶠南漢文學』 5, 1993.

유호선, 「陽明學者 李忠翊의 佛敎觀 一考」, 『한국어문학연구』 48집, 한국 어문학연구학회, 2007.

이현일, 「이광려(李匡呂)의 실심실학(實心實學)과 경세학(經世學)」, 『민족문학 사연구』 35집, 민족문학사학회, 2007.

조남호, 「이충익의 노자 이해」, 『인문학연구』 15집, 경희대학교 인문학연구소, 2009.

조남호, 「강화학파의 중흥」, 『인천학연구』 9, 인천대학교 인천학연구원, 2008.

가

자

초원 이충익의 담노 역주

– 조선을 다시보게 만드는 한 철인의 혁명적 『노자』 풀이

2014년 3월 30일 초판발행
2020년 10월 30일 1판 2쇄

지은이 김학목
펴낸이 남호섭
펴낸곳 통나무

서울특별시 종로구 동숭동 199-27
전화: 02) 744-7992
출판등록 1989. 11. 3. 제1-970호